KÖNIGS FURT

Über dieses Buch

Irische Märchen. In keinem Land Europas ist die mündliche Märchenüberlieferung so lebendig geblieben wie in Irland: Die Sicherung des folkloristischen Gutes der Irischen Folklore-Kommission in Dublin ist beispielhaft. Aus der Fülle des Quellenmaterials hat der Herausgeber die schönsten Märchen und Feengeschichten zusammengestellt. Seine Auswahl spiegelt wider, was für die irische Märchenwelt bezeichnend ist: Stärker als in anderen Ländern knüpft sie an die Motive und Themen der Barden an. Von Königssöhnen und Helden wird berichtet, von der Mythengestalt Deirdre, deren Schicksal auch die modernen Schriftsteller nicht losläßt. Daneben spielen Tiere eine wichtige Rolle, vor allem aber die Geister und Feen, die für die Iren Wirklichkeit besaßen.

Über den Herausgeber

Frederik Hetmann (Hans-Christian Kirsch), geb. 1934 in Breslau, hat zahlreiche, preisgekrönte Romane, Biographien und Jugendbücher veröffentlicht. Ende der 1960er Jahre begann Hetmann, in Westirland Folklore zu sammeln. Seitdem widmet er sich der lebendigen Erzählkunst und der Geschichte der Grünen Insel. Er gilt darüber hinaus als hervorragender Kenner der gesamten keltischen sowie indianischen Überlieferungen. Der populäre Autor lebt in Limburg/Lahn.

Im Königsfurt Verlag sind von ihm bereits erschienen:
Die Reise in die Anderswelt. Feengeschichten und Feenglaube in Irland. Mit dem »Who is who der Anderswelt«. ISBN 3-89875-009-4
Madru oder Der große Wald. Das Märchen vom Baumtarot.
ISBN 3-933939-08-9 (Buch). ISBN 3-933939-29-1 (Buch und Karten im Set) ISBN 3-933939-31-3 (Karten)
Märchen und Märchendeutung – erleben und verstehen.
ISBN 3-933939-02-X
Büffelfrau und Wolfsmann. Märchen, Mythen und Legenden der nordamerikanischen Indianer. ISBN 3-89875-008-6
Das Indianerlexikon. ISBN 3-89875-010-8

Der Dornbusch in Donegal

Irische Märchen

Herausgegeben, übersetzt
und mit einem Nachwort versehen
von Frederik Hetmann

Königsfurt
Märchenschätze

Die Erstausgabe erschien unter dem Titel »Irische Märchen« im Fischer Taschenbuch Verlag, Frankfurt a. M.
Die Texte wurden für die vorliegende Ausgabe durchgesehen und um Vorbemerkung und Anhang ergänzt.

Die Deutsche Bibliothek – CIP-Einheitsaufnahme

Hetmann, Frederik:
Der Dornbusch in Donegal : irische Märchen / Frederik Hetmann. - Neuausg., veränd. Aufl.. - Krummwisch : Königsfurt, 2002
ISBN 3-89875-032-9

Erweiterte Neuausgabe
Krummwisch bei Kiel 2002

D-24796 Krummwisch
www.koenigsfurt.com

Agentur: Montasser Medienagentur, München
Redaktion: Harald Jösten, Kiel
Umschlag: Zembsch' Werkstatt, München
Satz: Satzbüro Noch, Witten
Druck und Bindung: Bercker, Kevelaer

ISBN 3-89875-032-9

Inhalt

»Märchenschätze«

Warum heute Märchen lesen?

Das Interesse an Märchen hat seine Höhen und Talsohlen. Unabhängig davon gibt es Menschen, die Märchen einfach immer lieben. Warum?

In einer Zeit, da die Reklame die Phantasie kommerziell besetzt und als Gefangene hält, begegnen wir im Märchen noch echter Phantasie, den Urphantasien der Menschheit. In einer Zeit, da Unkenntnis des Abweichenden zu Furcht, Fremdenhaß und Gewalttätigkeit führt, läßt uns das Märchen das Andere eines fremden Landes, einer anderen Kultur besser verstehen.

Wir reisen mehr als die Generationen vor uns – aber wissen wir auch mehr von den Ländern, die wir bereist haben? Von der Eigenart ihrer Menschen, von ihrer Kultur?

Kluge Touristen, die die Dimensionen ihrer Wahrnehmungen erweitern wollten, hatten immer Märchenbände in ihrem Reisegepäck oder verlängerten sich die Freuden eines Urlaubs in der Toskana oder in Mexiko, indem sie sich hinterher einen Märchenband des betreffenden Landes vornahmen.

Was mich persönlich an Märchen immer wieder begeistert, ist, daß sie, je nachdem, wie wir es betrachten, höchst einfache, unkomplizierte, sofort einleuchtende Geschichten mit einem hohen Unterhaltungswert und großem poetischen Zauber sind. Denkt man aber etwas genauer über das nach, was man da gelesen oder gehört hat, so stellt sich heraus, daß das Märchen die Eigenschaft besitzt, Weisheit über viele Generationen hin in sich aufzunehmen, in Handlung umzusetzen und als Botschaft für den, der Augen hat zu sehen und

Ohren hat zu hören, zu übermitteln – ohne erhobenen Zeigefinger, gewissermaßen mit sanfter Gewalt.

Warum sind unsere Träume Märchen so ähnlich? Weil sie eine Verwandtschaft mit den Märchen haben, weil auch in das Märchen die Fähigkeit eingeschlossen ist, unsere individuellen Probleme besser zu verstehen, indem wir begreifen, daß es Probleme sind, die mit unserem Sein als Menschen zusammenhängen. Das kann trösten, stärken, Rat geben.

Ich bin froh, daß es der Königsfurt Verlag unternimmt, all jene Märchen, die ich im Laufe meines Lebens in Ländern, die ich bereiste und deren Kultur ich erkundete, gesammelt habe, in neuen Ausgaben wieder herauszubringen.

Märchen zu übersetzen, zu edieren, vorzulesen oder zu erzählen bedeutet auch, andere an dem teilhaben zu lassen, was man als seinen besonderen individuellen Schatz ansieht.

Die Schatztruhe ist geöffnet …!

Frederik Hetmann

Der Schwarze Dieb

Vor langer Zeit lebte in Erin ein König, der heiratete eine Königin, die war schön und freundlich. So freundlich war sie, daß alle Menschen sie gern hatten, besonders aber die Armen, denn sie baten im Schloß nie vergebens um eine milde Gabe.

Nun gebar diese Königin dem König drei gesunde Söhne, und sie waren die glücklichste Familie in ganz Erin, bis eines Tages die Königin krank wurde. Da sie wußte, daß sie würde sterben müssen, rief sie den König zu sich und sprach zu ihm: »Wenn ich gestorben bin, und du heiratest wieder, so schicke meine drei Söhne zuvor in eine entlegene Gegend des Königreiches. Ich will nicht, daß eine fremde Frau Gewalt über sie hat.«

Der König versprach dies, und darauf starb die Königin in Frieden.

Der König trauerte um sie ein Jahr oder zwei, und er dachte nicht daran, eine andere Frau zu nehmen, bis seine Räte zu ihm sagten, er müsse wieder heiraten, dies sei gut für sein Reich.

Da befahl er zuerst, daß ein Schloß gebaut werde in der entlegensten Gegend seines Landes, und schickte seine drei Söhne mit Dienern und Lehrern dorthin. Dann heiratete er wieder und war glücklich mit dieser zweiten Frau, bis sie selbst einen Sohn gebar.

Eines Tages, kurz nachdem das Kind zur Welt gekommen war, ritt der König aus zur Jagd, und die Königin ging in der Umgebung des Schlosses spazieren. Als sie nun an der Hütte einer seltsamen alten Frau vorbeikam, hörte sie, wie sich diese darüber beklagte, daß neuerdings die Armen keine Gaben mehr erhielten, und das alte Weib rief ihr hinterdrein: »Du solltest dir an der ersten Frau des Königs ein Beispiel nehmen. Sie war gütig und großzügig. Sie war eine große Dame, und doch nahm sie ihren eigenen Mantel von den Schultern und gab ihn denen, die frieren mußten.«

Als sie das hörte, blieb die junge Königin stehen, fragte das alte Weib über die verstorbene erste Frau des Königs aus und versprach der Alten hundert gescheckte Ziegen, hundert Schafe und hundert Kühe, wenn sie ihr nur alles sage, was sie wisse. So hörte sie davon, daß die drei Söhne des Königs aus erster Ehe in einer entlegenen Gegend des Königreiches auf einem Schloß lebten.

»Und«, so fügte die alte Frau hinzu, »wenn sie erst einmal erwachsen sein werden, dann wird für deinen eigenen Sohn kein Platz mehr sein, an dem er am Abend seinen Kopf zur Ruhe betten kann, und es wird ihm gehen wie den Vögeln unter dem Himmel.«

Die junge Königin begann, sich Sorgen zu machen um das Schicksal ihres Kindes, aber die alte Frau tröstete sie: »Hör mir gut zu«, sprach sie, »ich will dir sagen, wie du dich der drei Söhne des Königs für immer entledigen kannst. Dringe darauf, daß der König sie zurückruft, und wenn sie hier sind, so fordere sie alle zu einer Schachpartie heraus. Ich will dir ein verzaubertes Schachbrett geben, auf dem du jedes Spiel gewinnen wirst. Wenn du alle drei im Schachspiel besiegt hast, dann befiehl ihnen als Strafe, daß sie ausziehen und dir die drei Stuten des Königs Conal bringen sollen. Sag ihnen, du wolltest auf den Pferden dreimal um die Grenzen des Königreiches reiten. So werden sie in die Welt ziehen, und du wirst nie mehr etwas von ihnen hören und aller Sorgen ledig sein, denn schon so manch guter Mann ist ausgezogen, um die Pferde des Königs Conal zu suchen, und nie mehr heimgekehrt. Dann wird dein eigener Sohn König werden, wenn er herangewachsen ist.«

Die Königin ging heim, und noch am selben Abend, als

der König von der Jagd zurückkam, fragte sie ihn nach seinen drei Söhnen.

»Rufe sie heim«, bat sie ihn, »und du wirst sehen, ich werde sie liebhaben, als seien es meine eigenen Kinder.«

Der König ließ die drei Söhne heimkommen und bereitete ein großes Fest zu ihrem Empfang, und alle Leute im Land freuten sich, die drei Prinzen wiederzusehen.

Nach dem Fest forderte die Königin jeden der drei Brüder zu einem Schachspiel heraus. Sie spielte mit jedem drei Spiele, gegen die beiden älteren Brüder gewann sie immer, nur die Spiele gegen den Jüngsten verlor sie, aber mit Absicht, damit es nicht auffiel, daß sie ein Zauberbrett benutzte.

An diesem Abend kam der älteste unter den drei Prinzen zu ihr und sprach: »Wir haben beim Schachspiel verloren, nun sag, was verlangst du von mir und meinen Brüdern für deinen Sieg?«

»Ich verlange von euch«, sprach die Königin, »daß ihr nicht zweimal unter demselben Dach schlaft, noch zweimal am selben Tisch eßt, ehe ihr mir nicht die drei Stuten des Königs Conal heimgebracht habt, auf denen will ich dreimal um die Grenzen des Königreiches reiten.«

»Wo, o Königin, finden wir die Pferde des Königs Conal?«

»Es gibt vier Himmelsrichtungen«, sprach die Königin, »in einer der vier Himmelsrichtungen werdet ihr sie gewiß finden.«

»Wir nehmen diesen Auftrag an, aber dich stellen wir unter einen Bann«, sagte der älteste Bruder, »bis wir mit den Pferden zurückkommen, sollst du auf dem Turm des Schlosses stehen und dich nicht mehr von der Stelle bewegen.«

»Nehmt diesen Bann zurück«, bat die Königin, »und ich will auch meine Strafe zurücknehmen.«

»Wenn ein junger Mann von der ersten Strafe freigesprochen wird, die über ihn verhängt ist, so nimmt das nie ein gutes Ende«, antwortete der Sohn des Königs, »wir wollen in die Welt ziehen und nach den Pferden suchen.«

Am nächsten Tag nahmen die drei Brüder Abschied von ihrem Vater und zogen fort, um das Schloß des Königs Conal zu finden.

Nachdem sie viele Tage gereist waren, ohne eine Kunde von dem zu erhalten, wonach sie suchten, begegneten sie einem lahmen Mann, der eine schwarze Mütze auf dem Kopf trug.

»Wer seid ihr, und was führt euch hierher?« fragte der Mann mit der schwarzen Mütze, als er vor ihnen stand.

»Wir sind die drei Söhne des Königs von Erin«, antwortete der Älteste der drei Brüder, »wir suchen nach den Pferden des Königs Conal, die sollen wir unserer Stiefmutter bringen.«

»Kommt, bleibt bei mir über Nacht«, sagte der Fremde, »morgen will ich mit euch gehen und euch zum Schloß König Conals führen.«

Da es schon dunkel wurde, nahmen die drei Brüder die Einladung des Fremden gern an und verbrachten die Nacht unter seinem Dach.

Am nächsten Morgen weckte sie der Mann mit der schwarzen Mütze zeitig und erklärte ihnen, der Versuch, die Pferde des Königs Conal zu entführen, habe schon so manch tapferen Mann das Leben gekostet. »Aber«, so fuhr er fort, »ich werde euch helfen, und vielleicht habt ihr mehr Glück als all die anderen. Ohne meine Hilfe aber hättet ihr nicht die geringste Chance.«

Die vier Männer brachen sogleich auf, und ehe es Nacht wurde, erreichten sie das Schloß des Königs Conal. Sie warteten bis Mitternacht. Dann schlichen sie sich in die Stallungen. Zu ihrer großen Freude trafen sie die Wachen fest schlafend an. Die drei Brüder und der Mann mit der schwarzen Mütze sattelten die Stuten und wollten gerade aufsitzen, als die Tiere so unruhig wurden, zu schnauben und zu wiehern begannen, daß jemand im Schloß davon wach wurde.

Die Wachen sprangen herbei, ergriffen die Brüder und den Mann mit der schwarzen Mütze und brachten sie vor König Conal.

Der König saß auf einem Thron aus purem Gold in der großen Halle seines Schlosses. Um ihn standen Wachen mit gezogenem Schwert. Vor ihm aber war ein Kessel aufgestellt, in dem über einem Feuer Öl siedete. »Ah«, sprach der König, als er den Mann mit der schwarzen Mütze vor sich sah, »wüßte ich nicht sicher, daß der Schwarze Dieb nicht mehr lebt, ich würde meinen, er stände hier vor mir.«

»Ich bin der Schwarze Dieb«, sprach der Mann mit der schwarzen Mütze.

»Wirklich?« fragte der König zweifelnd, »nun, das wird sich herausstellen. Aber wer sind diese drei jungen Männer?«

»Wir sind die drei Söhne des Königs von Erin«, antworteten die Brüder.

»Also«, sprach der König, »beginnen wir mit dem Jüngsten. Schürt das Feuer unter dem Kessel, denn das Öl siedet nicht mehr.«

Darauf wandte sich Conal wieder an den Schwarzen Dieb und sagte: »Was meinst du, ist dieser junge Mann seinem Tod jetzt nicht sehr nahe?«

»Ich war meinem Tod schon näher«, sprach der Schwarze Dieb, »und dennoch bin ich entkommen.«

»Erzähl mir diese Geschichte«, sagte der König Conal, »wenn es so ist, wie du behauptest, wenn du dem Tod wirklich einmal näher gewesen bist als dieser junge Mann in diesem Augenblick, dann will ich dem Prinzen das Leben schenken.«

»Das ist ein Wort«, sagte der Schwarze Dieb, und er begann, König Conal die folgende Geschichte zu erzählen:

Die drei verzauberten Mädchen

Als ich ein junger Mann war, besaß ich Land und Reichtümer in Hülle und Fülle, lebte froh und vergnügt, bis drei Hexen kamen und meinen gesamten Besitz zerstörten.

Da nahm ich die Straße unter meine Füße und wurde ein berühmter Dieb, der berühmteste Dieb, der jemals in Erin gelebt hat, der Schwarze Dieb.

Nun waren aber diese drei Hexen Töchter eines Königs, der damals in Erin regierte, und während des Tages waren sie die schönsten Mädchen im Land, doch in der Nacht verwandelten sie sich durch den Bann eines Zauberers in drei häßliche, böse Weiber.

Nun war es geschehen, in der Zeit, ehe ich all meinen Besitz verlor und die Straße unter meine Füße nehmen mußte, daß ich meinen Männern befohlen hatte, mir einen Vorrat an Torf hereinzubringen, der für sieben Jahre reichen sollte.

Die Torfstücke wurden also vor meinem Haus aufgeschichtet, und so viele waren es, daß es aussah wie ein schwarzes Gebirge.

Eines Nachts spät, es muß schon gegen Mitternacht gewesen sein, kam ich heim von einem Festmahl, und was sah ich da? Die drei häßlichen Hexen machten sich an meinen Torfstücken zu schaffen, packten den Torf in drei Kiepen, luden sie auf den Rücken und rannten damit davon.

Den ganzen Winter über ging das so, bis ich auch nicht mehr ein Stück Torf besaß.

Im nächsten Jahr lagerte ich wieder Torf ein für sieben Jahre, und wieder kamen die Hexen und schleppten alles fort. Eines Nachts beobachtete ich sie, wie sie wieder ihre Kiepen füllten. Ich folgte ihnen, als sie sich zu den Hügeln davonschlichen. Ich sah, wie sie in einem Spalt zwischen den Felsen verschwanden, der mochte zwanzig Faden tief hinabführen.

Ich beugte mich vor und erkannte, wie sie dort unten in einem riesigen Kessel einen ganzen Ochsen über einem großen Feuer siedeten. Wenn sie das jede Nacht so machten, war es kein Wunder, daß sie so viel Torf als Brennmaterial brauchten.

Ich hielt nach etwas Ausschau, das ich hinabwerfen konnte, und entdeckte einen großen Felsbrocken. Den rollte ich zum Rand des Spalts und ließ ihn hinabpoltern. Er traf sein Ziel. Der Kessel barst, die Brühe floß ins Feuer und löschte es.

Ich nahm meine Beine in die Hand und rannte davon, aber die Hexen waren mir dicht auf den Fersen. Ich kletterte auf einen hohen Baum, um ihnen zu entkommen, aber sie blieben vor dem Baum stehen und sahen durch die Zweige zu mir hinauf. Die älteste der Hexen verwandelte die eine Hexe in eine scharfe Axt und die andere in einen schnellen Hund. Und dann machte sie sich mit der Axt daran, den Baum zu fällen. Schon mit dem ersten Hieb grub sich die Schneide tief in den Stamm. Nach dem zweiten Hieb hing der Baum nur noch an einem Stückchen Rinde. Sie hob die Axt zum dritten Mal, aber gerade da krähte der erste Hahn, und vor meinen Augen verwandelten sich das alte Weib, die Axt in ihrer Hand und der flinke Hund vor ihrem Fuß in drei schöne junge Mädchen. Sie faßten sich bei den Händen und liefen davon. Sie blickten so glücklich und unschuldig drein wie niemals mehr drei junge Mädchen zuvor oder danach in Erin.

»Nun«, sprach der Schwarze Dieb zu König Conal, »war ich damals nicht dem Tod näher als dieser junge Mann hier?«

»Zugegeben«, antwortete der König, »er ist frei, aber statt seiner muß jetzt sein Bruder den Tod fürchten. Das Öl siedet schon. Gleich wird ihn sein Tod ereilen.«

»Mag sein«, sprach der Schwarze Dieb, »und doch war ich dem Tod auch schon näher als er.«

»Laß uns auch diese Geschichte hören«, sagte der König, »und wenn sie uns beweist, daß du die Wahrheit sprichst, so will ich ihn ziehen lassen, und er soll sein Leben behalten.« Da begann der Schwarze Dieb mit seiner zweiten Geschichte:

Die dreizehn verzauberten Katzen

Nachdem ich den Kessel der drei Hexen zerbrochen hatte, die mir all meinen Torf und mein Vieh stahlen, drehten sie auch noch meinen Hühnern den Hals um, zertrampelten meine Ernten, und ich wurde arm, so arm, daß ich mein Weib und meine Kinder als Dieb durchbringen mußte.

Eines Nachts trieb ich einen alten Gaul und eine Kuh heim, um meinen Kindern etwas Fleisch zukommen zu lassen. Ich war so müde vom langen Gehen, daß ich mich einen Augenblick unter einen Baum in einem dichten Wald setzte, um auszuruhen.

Es war kalt, und da ich einen Feuerstein in meiner Tasche hatte, zündete ich mir ein kleines Feuer an, um mich daran zu wärmen. Ich saß noch nicht lange am Feuer, als ich dreizehn der wildesten, größten und schaurigsten Katzengesichter sah, die man je auf der Welt erblickt hat. Zwölf von ihnen hatten die Größe eines ausgewachsenen Mannes, die dreizehnte aber war so groß, als hätte man zwei ausgewachsene Männer übereinandergestellt. Der Anführer der Katzenmeute hatte wilde grüne Augen, die funkelten und sprühten, und er setzte sich mir gegenüber ans Feuer; die anderen Katzen setzten sich neben ihn, und alle begannen so laut zu schnurren, daß es sich in der stillen Nacht wie Donner anhörte.

Nach einer Weile hob die größte der Katzen ihren Kopf, sah mich über das Feuer hin an und sagte: »Ich halte es vor Hunger nicht länger aus. Gib mir etwas zu essen. Aber sofort.«

»Ich habe nichts, es sei denn, ihr würdet mit dem alten weißen Gaul vorliebnehmen, der dort drüben an den Baum gebunden ist.«

Die Riesenkatze war mit einem Sprung bei dem Pferd, schlug es mit einem Pfotenschlag in zwei Teile, fraß die eine Hälfte auf und ließ die andere Hälfte für ihre Gefährten übrig. Die machten sich eilig über die Pferdehälfte her und nagten sie ab bis auf die Knochen.

Darauf kamen die dreizehn Katzen wieder ans Feuer zurück. Sie leckten sich die Lippen und schnurrten so laut, daß es wieder in der stillen Nacht wie Donner klang.

Nach einer Weile sagte die große Katze abermals: »Ich bin schon wieder hungrig. Gib mir etwas zu essen.«

»Ich habe nichts als die Kuh ohne Hörner da drüben«, antwortete ich.

Die riesige Katze sprang zu der Kuh und zerschlug sie in zwei Hälften, wie sie das schon zuvor mit dem alten Gaul getan hatte. Eine Hälfte verschlang sie selbst, die andere Hälfte überließ sie wieder ihren zwölf Gefährten.

Während die wilde Katzenmeute fraß, zog ich meinen Mantel aus, wickelte ihn um einen Holzkloben und setzte meinen Hut darauf, so daß es aussah wie ein Mensch, denn ich konnte mir schon denken, was nun geschehen werde. Dann kletterte ich rasch auf einen Baum.

Bald hatten die Katzen ihr Fleisch verschlungen und kamen wieder zurück ans Feuer. Sie sahen auf den Holzkloben, dem ich meinen Mantel umgehängt und meinen Hut aufgesetzt hatte, und die größte unter den Katzen sprach wieder: »Hast du noch etwas zu essen? Ich habe immer noch schrecklichen Hunger.«

Der Holzkloben gab keine Antwort. Also sprang der Anführer der Katzenmeute über das Feuer und begann, nach ihm zu beißen und auf ihn mit seinen Krallen einzuschlagen. Aber bald erkannte er, was er da vor sich hatte. »Aha!« fauchte er, »du hast dich also davongemacht. Wir werden dich aber bald gefunden haben, wo immer du dich auch versteckt haben magst.«

Und dann befahl er seinen zwölf Katzen, über ganz Erin hin zu laufen und nach mir zu suchen; sechs unter der Erde und sechs über der Erde. Er selbst setzte sich unter den Baum, auf dem ich hockte. In kürzester Zeit hatten die Katzen unsere ganze Insel durchstöbert, ohne eine Spur von mir gefunden zu haben. Da blickte die Riesenkatze zufällig nach oben und sah mich.

»So, so!« kreischte das Katzenuntier, »da steckst du also. Ich werde dich bald haben! Los ...!« rief sie den zwölf anderen Katzen zu, »nagt den Baumstamm durch.«

Die zwölf Katzen hockten sich im Kreis um den Stamm und begannen zu nagen. Es dauerte nicht lange, da stürzte der Baum um, ihrem Anführer genau vor die Füße. Aber als der Baum langsam fiel, gelang es mir, mich auf die Zweige des nächsten Baumes hinüber zu retten. Natürlich sahen die Katzen das, und im Handumdrehen hatten sie auch diesen Baum gefällt, doch abermals entkam ich auf den Baum nebenan. Das ging so die ganze Nacht, bis nur noch ein letzter, einziger Baum im ganzen Wald stand, auf dem ich angstvoll hockte. Sie machten sich daran, auch diesen Baum umzulegen, und ich hatte keine Ahnung, wohin ich mich nun retten sollte.

Doch plötzlich kamen dreizehn Wölfe angerannt, ein ganzes Rudel, alles kräftige Tiere, aber der dreizehnte größer, mächtiger, wilder, fürchterlicher als die anderen.

Die Wölfe griffen die Katzen an. Wild und blutig war der Kampf, bis am Ende zwölf Katzen und zwölf Wölfe tot ausgestreckt dalagen und nur noch die beiden Anführer miteinander kämpften.

Der Anführer des Wolfsrudels versetzte der Riesenkatze einen schrecklichen Biß, aber die Katze hieb den Schädel des Wolfes mit einem Schlag ihres Schwanzes in zwei Teile. Beide sanken tot zusammen. So konnte ich also von meinem Baum herabklettern und heimgehen. Aber wie ich nun herabkletterte, da quietschte und schwankte der Stamm, denn die zwölf Katzen hatten ihn auch schon fast durchgenagt.

»Nun«, sprach der Schwarze Dieb, »war ich damals im Wald nicht dem Tod noch näher, als ihm dieser junge Mann jetzt ist?«

»Das warst du«, sagte König Conal, »er ist frei, denn ich breche nie mein Wort. Aber da ist noch der dritte Bruder. Heizt den Kessel wieder an, und seht, daß das Öl siedet.«

Und als dieses geschehen war, fragte er: »Nun, warst du dem Tod näher als dieser junge Mann?«

»O gewiß doch«, sagte der Schwarze Dieb.

»Erzähl davon«, sagte der König, »und wenn dem wirklich so ist, wie du behauptest, soll auch dieser Prinz frei sein wie seine beiden Brüder.«

Da erzählte der Schwarze Dieb seine dritte Geschichte:

Der treulose Gehilfe

Nachdem ich einige Zeit als Dieb gearbeitet hatte, bekam ich in diesem Handwerk – denn ein Handwerk ist es, wie jedes andere auch – eine solche Geschicklichkeit, daß ich Gehilfen annahm, die bei mir lernen wollten.

Unter ihnen war ein junger Mann, der war klüger und geschickter als die anderen, und ich verwendete viel Zeit darauf, ihm auch noch die letzten Kniffe und Fingerfertigkeiten beizubringen.

Zeit verging, er konnte alles, was ich konnte; er wußte alles, was ich wußte, er war nahezu ein besserer Dieb als ich.

Um diese Zeit lebte ein Riese in einer großen Felsspalte am anderen Ende des Landes, und er hatte von all den großen Herren so viele Reichtümer zusammengestohlen, daß seine Höhle vollgestopft war mit Gold und Silber.

Ich plante, mit meinem Gehilfen dorthin zu gehen und so viel von dem Schatz fortzuschleppen, wie wir tragen konnten.

Wir machten uns also auf den Weg und erreichten die Höhle des Riesen im Gebirge. Es war eine unterirdische Höhle, und es gab nur einen Zugang durch einen tiefen, dunklen Spalt zwischen den Felsen, etwa so wie ein Schornstein.

Wir beobachteten den Riesen mehrere Tage. Er ging gewöhnlich am Morgen fort und kam am Abend heim, mit einem Sack voller Gold über der Schulter. Eines Morgens, nachdem der Riese ausgegangen war, legte ich meinem Gehilfen ein Seil um den Leib und begann, ihn in den engen Spalt hinabzulassen. Als er auf halbem Wege nach unten in der Luft hing, begann er, so laut zu brüllen und zu schreien, daß ich ihn wieder hochziehen mußte. Er hatte Angst bekommen.

»Steig doch selbst hinab«, sprach er zu mir, »ich will das Seil halten, dich hinablassen und dich auch wieder heraufziehen.«

Gesagt, getan. Ich band mir das Seil um. Er ließ mich hinab. Unten drang ich bis zur Schatzkammer des Riesen vor und sah dort einen großen Haufen gelben Goldes, mattblinkendes Silber und prächtige Edelsteine. Ich öffnete meinen Beutel, tat so viel hinein, wie ein Mann tragen kann, und lief zu der Stelle zurück, an der das Seil herabhing, um mich von meinem Gehilfen wieder hinaufziehen zu lassen.

Als ich nach ihm rief, erhielt ich zuerst gar keine Antwort. Doch dann erschien er oben und erwiderte auf meinen Befehl: »Meine Lehrzeit ist zu Ende. Ich bin längst ein besserer Dieb als du. Auf Wiedersehen. Ich hoffe, du verbringst einen angenehmen Abend mit dem Riesen.« Darauf hörte ich nichts mehr von ihm. Ich blickte mich um, suchte nach einem Weg, auf dem ich aus dem Spalt nach oben klettern konnte, aber nicht einmal eine Fliege hätte an den steilen, feuchten Felsen Halt gefunden.

Da entdeckte ich in der Küche des Riesen in einer Ecke einen ganzen Berg von Toten.

Ich wühlte mich unter sie, denn ein anderes Versteck fand ich nicht, und tat so, als ob ich zu den Toten gehörte.

Am Abend kam der Riese zurück. Er schleppte drei weitere Leichen herbei, warf sie auf den Haufen zu den anderen, zündete ein Feuer an in der Küche und hängte darüber einen großen Kessel mit Wasser auf. Dann kam er mit einem großen Korb und packte Leichen hinein. Ich war der erste, den er in den Korb legte. Über mich aber stapelte er noch sechs weitere leblose Körper. Er trug den Korb hinüber zu dem Kessel und schüttete ihn in das Gefäß aus. Die Leichen stürzten in das kochende Wasser, mir aber gelang es, mich am Boden des Korbes festzuhalten.

Darauf legte er den Korb verkehrt herum in eine Ecke. So war ich für eine Weile in Sicherheit. Als der Riese sein Abendessen verzehrt hatte, wurde er müde und träge und schlief schließlich im Stuhl ein. Jetzt kroch ich unter dem Korb hervor. Ich schlich mich zum Eingang der Höhle, und siehe da, der Riese hatte vergessen, die Leiter, die er benutzte, um hinauf- und wieder hinabzusteigen, umzudrehen. Diese Leiter bestand nämlich aus einem gewaltig hohen und dicken Baum, in den Stufen geschlagen waren auf der einen Seite. Er brauchte so den Baum jeweils nur umzukehren, und niemand konnte herein und heraus, es sei denn, er wäre so stark gewesen wie der Riese.

Ich kletterte rasch nach oben, und es dauerte nicht lange, da war ich in Sicherheit.

»Nun, was meint Ihr, war ich da nicht dem Tod näher als dieser junge Mann hier?«

»Alles, was recht ist«, sagte der König, »du bist in der Höhle des Riesen dem Tod sehr nahe gewesen. Ich schenke auch dem dritten Prinzen Leben und Freiheit. Aber dafür bist du selbst an der Reihe. Möglich, daß du nun in den Kessel geworfen wirst. Jedenfalls würde ich meinen, daß du nie dem Tod näher gewesen bist als in dieser Minute.«

»Auch falsch«, antwortete der Schwarze Dieb, »ich mag dem Tod jetzt sehr nahe sein, aber es gab doch eine Zeit, da war ich ihm noch näher.«

»Und wann wäre das gewesen?« fragte der König, »erzähle mir davon, und ich lasse dich frei wie die drei Prinzen.«

Da erzählte der Schwarze Dieb die Geschichte, wie er den drei Riesen entkommen war:

Die drei Riesen

Eines Tages, begann der Schwarze Dieb, fühlte ich mich müde und hungrig, und als ich zu einem Haus kam, bat ich um etwas zu essen. Drinnen saß eine junge Frau mit einem Kind auf dem Schoß. Die junge Frau hatte ein Messer in der Hand und erhob es, als wolle sie das Kind damit erstechen. Das Kind lachte und kreischte vor Vergnügen, aber die Frau weinte bitterlich.

»Warum erhebst du das Messer gegen das Kind?« fragte ich sie, »und warum weinst du so jämmerlich?«

Da erzählte sie mir ihre Geschichte:

»Letztes Jahr, als ich mit meinem Vater und mit meiner Mutter auf den Markt ging, kamen plötzlich drei Riesen daher und sprangen unter die Menge. So erstaunt waren alle, daß ein Mann, der ein Stück Brot in der Hand hielt, es nicht mehr zum Munde führte, und ein anderer Mann, der ein Stück von einem Apfel abgebissen hatte, vor Schreck vergaß, es herunterzuschlucken. Die Riesen raubten alle Leute aus, mich aber rissen sie von meinem Vater und meiner Mutter fort und brachten mich in dieses Haus hier.

Man sagte mir, ich müsse den ältesten der Riesen heiraten, aber es gelang mir wenigstens, durchzusetzen, daß ich ihn erst heiraten muß, wenn ich achtzehn Jahre alt geworden bin. In ein paar Tagen ist es nun soweit. Dann gibt es für mich keine Rettung mehr, es sei denn jemand brächte es fertig, die drei Riesen zu töten.«

»Aber warum versuchst du, dieses Kind hier zu erstechen?« fragte ich weiter.

»Gestern brachten sie mir dieses Kind und sagten, es sei der Sohn eines Königs. Sie übergaben es mir und befahlen mir, es zu schlachten und aus seinem Fleisch und Blut einen Kuchen zu backen. Der muß heute abend, wenn sie heimkommen, auf dem Tisch stehen.«

»Töte das Kind nicht«, sagte ich, »ich habe hier ein junges Schwein. Wir können es schlachten und aus seinem Fleisch und Blut einen Kuchen backen. Das Fleisch eines jungen Schweines ist dem eines Kindes sehr ähnlich. Dem Kind aber wollen wir ein Glied von seinem kleinen Finger abschneiden und es in den Kuchen tun, und wenn bei den Riesen ein Zweifel aufkommt, kannst du ihnen das Stück des kleinen Fingers zeigen.«

Das Mädchen tat, wie ich ihm geheißen hatte, und backte einen Kuchen aus dem Schweinefleisch. Die drei Riesen aßen den Kuchen mit großem Vergnügen. Es war ein guter Kuchen, aber es war nicht genug davon da. Nicht genug für drei Riesen, ihr versteht! Der älteste Bruder schickte also den jüngsten der Riesen in den Keller. Er sollte ein paar Scheiben von den Leichen abschneiden, die dort lagen. Der Riese bekam gerade mich zu fassen und schnitt ein gutes Stück von meinem Beinfleisch über dem Knie ab. Das schmeckte nun dem ältesten Bruder so gut, daß er selbst herabkam, um sich noch mehr von diesem Schinken zu holen. Er hielt mich fest, warf mich über den Rücken, aber er war noch keine drei Schritte gegangen, da hatte ich ihm auch schon mein Messer ins Herz gestochen, und er stürzte zu Boden.

Dann kam der zweite Riese, um sich noch etwas Fleisch zu holen. Auch er fing mich, warf mich über den Rücken und wollte mich hinauf in die Küche tragen. Auch ihm stach ich mein Messer ins Herz, und er fiel tot um.

Der jüngste Bruder saß immer noch am Küchentisch und wartete darauf, daß ihm jemand etwas zu essen bringen werde.

Endlich wurde er ungeduldig und kam auch hinunter in den Keller, um nach seinen Brüdern zu schauen. Als er sie leblos auf dem Boden liegen sah, beugte er sich nieder, schüttelte sie und merkte dann, daß sie tot waren. Unsere Blicke kreuzten sich. Er rannte auf mich zu und schwang eine große eiserne Keule über seinem Kopf. Er zielte auf meinen Schädel und ließ dann die Waffe mit einer solchen Wucht niedersausen, daß sie sich mannstief in den Boden bohrte. Ich war rasch auf die Seite gesprungen, und mir war auch nicht ein Haar gekrümmt worden. Während er versuchte, die Keule aus dem Boden zu ziehen, warf ich mich auf ihn und stach ihn dreimal in die Seite. Aber er bekam die Keule frei und erhob sie abermals gegen mich. Wieder wich ich dem Schlag aus, und während er sich wieder mühen mußte, sie freizubekommen, rammte ich ihm mein Messer in den Bauch. Doch schon holte der Riese zum dritten Schlag aus. Diesmal verletzte mich ein verdammter Haken am Keulenschaft. Doch auch der Riese fiel um und schien dem Sterben nahe.

Mir war elend. Aus meiner Wunde quoll Blut. Ich wollte gerade die Augen schließen, als das junge Mädchen die Kellertreppe heruntergerannt kam. Als ich sie sah, richtete ich mich auf, stützte mich auf den Ellbogen und rief ihr zu: »Rasch, lauf hinauf und hole das Schwert des Riesen, das über seinem Bett hängt, und dann schlag ihm damit den Kopf ab.«

Sie rannte wieder nach oben, war geschwind mit dem Schwert wieder zur Stelle, und tapfer wie ein Mann hob sie die gewaltige Waffe mit beiden Händen hoch und ließ sie auf den Nacken des Riesen niedersausen.

»Jetzt wird mir das Sterben nicht schwer werden«, sagte ich zu ihr leise.

»Du wirst nicht sterben«, sprach sie, »denn ich werde dich zu dem Zauberkessel des Riesen tragen, und der Trank wird deine Wunden heilen.«

Dann lud sie mich tatsächlich auf ihren Rücken, trug mich in einen anderen Keller, in dem die Riesen das Lebenselixier aufbewahrten. Sie hob mich, so daß mein Kopf über den Rand des Kessels hing. Ich verlor das Bewußtsein, und ein Todesgeschmack breitete sich schon in meinem Mund aus. Sie tauchte mich vorsichtig in das Wasser, und sobald die Flüssigkeit meine Haut netzte, war ich wieder gesund und stark.

»Nun, war ich in diesem Augenblick nicht dem Tod näher als irgend jemand zuvor oder danach?« fragte der Schwarze Dieb den König Conal.

»Du warst dem Tod sehr nahe«, sagte der König, »aber selbst wenn dem nicht so gewesen wäre, würde ich dich nicht töten lassen, denn ohne dich säße ich heute nicht hier. Ich war das Kind, das das Mädchen damals auf den Knien hielt und das getötet werden sollte.«

Und der König hielt seine linke Hand hoch, und wahrlich, am kleinen Finger fehlte ein Glied.

»Mein Vater wußte, daß es der Schwarze Dieb war, der mir das Leben rettete«, sagte der König, »er ließ in der ganzen weiten Welt nach dir suchen, weil er dich belohnen wollte, aber niemand konnte dich finden. So ein hunderttausendfaches Willkommen! Wir werden ein großes Fest ausrichten lassen, dir zu Ehren.«

Das Fest kam, und als alles vorüber war, lud der König dem Schwarzen Dieb so viel Gold und Silber auf, wie ein Mann tragen kann, und den drei Söhnen des Königs von Erin gab er die drei Stuten, damit sie sie ihrer Stiefmutter zeigen konnten.

»Wenn sie damit um das Königreich herumgeritten ist«, sagte der König, »laßt die Tiere frei, und sie werden von allein zu mir zurückkommen.«

Also brachten die drei Brüder die Pferde des Königs Conal zurück nach Erin, und die Prinzen stiegen hinauf auf den Turm, wo die Stiefmutter die ganze Zeit nach ihnen Ausschau gehalten hatte.

»Habt ihr die Pferde?« fragte die Stiefmutter.

»Wir haben sie«, sagten die Brüder, »aber wir denken nicht daran, sie dir zu geben. Dein Spruch lautete: Findet die Pferde des Königs Conal und bringt sie her. Das ist geschehen.«

Und so ließen sie ihre Knechte die Pferde wenden, und die Stuten jagten so schnell wie der Wind wieder zurück zu König Conal.

»Darf ich jetzt vom Turm herabsteigen?« fragte die Stiefmutter.

»Noch nicht«, sagte der jüngste der drei Brüder, »denn ich habe noch keinen Spruch getan für das Spiel, bei dem ich gewann, ehe wir fortzogen.«

»Und wie lautet also dein Spruch?« fragte die Königin zornig.

»Du sollst hier bleiben, bis du drei andere Königssöhne findest, die ausziehen, um die Pferde des Königs Conal zu holen.«

Als die Königin diesen Spruch vernahm, stürzte sie sich vom Turm herab und gab sich selbst den Tod.

Der König, der nicht schlafen konnte

Vor langer Zeit war Cormac König über ganz Irland. Er besaß Burgen und Schlösser an vielen Orten, und wenn der Sommer kam, reiste der König durchs Land, teils zu seinem Vergnügen, teils um zu hören, was in seinem Königreich vorgehe.

Cormac hatte nur einen Sohn gehabt, der aber war gestorben. Geblieben waren ihm seine drei Töchter. Alle waren sie von großer Schönheit. Um nichts brauchten sich die Mädchen zu sorgen, vom Morgen bis zum Abend. Sie verbrachten ihre Zeit damit, spazierenzugehen, zu baden und Geschichten und Lieder anzuhören. Und wenn Cormac am Abend heimkam, liefen sie ihm entgegen und begrüßten ihn mit einem Kuß. So schien alles recht und gut, bis ein sehr warmer Sommer kam.

Am ersten Tag des Juni entschloß sich Cormac mit seiner Frau, eine Rundreise durch Irland zu unternehmen und jeweils einige Tage auf seinen verschiedenen Burgen und Schlössern zu verbringen. Er nahm viele seiner Diener mit und befahl, neue Diener anzuwerben, bis er wiederkehre.

Drei Monate wollte er fortbleiben: Juni, Juli und August.

In jedem seiner Schlösser wurde ihm ein herzlicher Empfang bereitet, und das Volk lief herbei, um ihn zu begrüßen.

Seine Töchter waren daheim geblieben. Sie waren drinnen und draußen, jeden Tag, gerade so, wie es ihnen gefiel. Man hat schon oft sagen hören: wenn die Katze fort ist, haben die Mäuse gut tanzen – und so stand es auch mit König Cormacs Töchtern.

Unterhalb des Schlosses lag ein großer See, und wieder und wieder gingen sie dorthin zum Schwimmen, obwohl man sie gewarnt hatte, daß es gefährlich sei, in diesem See zu baden.

Nun, es kam ein warmer, schöner Tag, und wieder liefen die drei Mädchen hinunter zum Wasser. Die Jüngste war nicht ganz so kräftig wie ihre Schwestern. Als sie nun draußen fast in der Mitte des Sees schwammen, steckte ein großer Otter nahe bei ihnen den Kopf aus dem Wasser. Die drei Mädchen begannen, eilig zum Ufer zurückzuschwimmen, aber der Otter holte die Jüngste ein und schwamm neben ihr her, bis sie den Rand des Sees erreicht hatte.

Die beiden älteren Schwestern liefen schreiend heim und erzählten den Dienern, ihre Schwester sei von einem Otter totgebissen worden.

Als die Diener nun zum Ufer des Sees gelaufen kamen, sahen sie das Mädchen nackt und ohnmächtig daliegen. Sie freuten sich, daß es überhaupt noch am Leben war. Aber wartet nur, bis ihr hören werdet, was später geschah.

Diese Geschichte ist so wahr wie das Evangelium! Zeit verging.

König Cormac schickte einen Brief, in dem er mitteilte, er werde an einem bestimmten Tag zurückkehren. Alle freuten sich über diese Nachricht, die Töchter und die Diener. Nun war es Sitte, daß die Töchter ihren Vater empfingen, wenn er von einer Reise zurückkam, und diesmal gingen sie ihm auf der Straße einige Meilen entgegen.

Als sie ihn kommen sahen, lief eine jede zu ihm hin, schüttelte ihm die Hand und gab ihm einen Kuß auf die Wange. Die beiden Älteren zuerst und darauf die Jüngste.

Als sie ihrem Vater die Hand hinstreckte, rief er ihr zu: »Geh mir aus den Augen! Als ich vor drei Monaten fortzog, hattest du den Blick eines unschuldigen Mädchens, und nun sehe ich, daß du eine schwangere Frau bist.«

Das arme Wesen rannte unter Tränen davon.

Als Cormac sein Schloß erreicht hatte, ging er in den großen Saal und setzte sich auf seinen Thronsessel. Die Köche rannten durcheinander, um das Mahl herzurichten. Cormac achtete nicht darauf und blickte finster drein. Endlich befahl er, die jüngste Tochter zu ihm zu schicken.

»Was willst du, Vater?« fragte sie, als sie in den Thronsaal kam.

»Knie nieder«, sagte er, »und erzähle mir genau, was in meiner Abwesenheit geschehen ist, oder ich werde dich mit meinem Schwert durchbohren.«

So berichtete sie ihm unter Tränen und Schluchzen, was der Otter ihr am Ufer des Sees angetan hatte. »Ich glaube dir«, sprach der König, »wenn du dich nicht in allem genau an die Wahrheit gehalten hättest, so hätte ich dir den Kopf abgeschlagen. Ich weiß, du konntest es nicht verhindern, was geschehen ist. Hoffen wir, daß alles zum Besten ausschlägt.«

Zeit verging, und man mußte nach einer Hebamme suchen. Einen schönen Knaben ohne Makel gebar König Cormacs Tochter.

Der König freute sich über die Geburt des Kindes, weil sein eigener Sohn gestorben war.

Oh, mit so viel Fürsorge ward noch nie ein Kind umgeben im ganzen Königreich!

Der König ließ es auf seinen Schultern reiten und sah darauf, daß es nur das Beste vom Besten als Nahrung erhielt. So wurde der Junge stark und gesund.

Als er sieben Jahre alt war, wurde er zur Schule geschickt, und als er genug gelernt hatte, begleitete er den König. Der Junge nannte Cormac »Vater«, weil er es nicht besser wußte.

Eines Tages, als sie an der Küste spazierengingen, klagte Cormac darüber, daß er müde sei.

»Es ist mir aufgefallen, Vater«, sprach der Junge, »daß es während der letzten Jahre mit deiner Gesundheit bergab gegangen ist, und daß deine Glieder steif geworden sind. Wäre es deswegen nicht besser, wenn du die Krone und die Regierung des Landes mir übertragen würdest? Ich bin jung und weiß genug von den Dingen der Welt, um nach dem Rechten zu sehen, und du müßtest dann das Schloß nicht mehr verlassen.«

»Wer hat dir denn das eingegeben, mein guter Junge?« fragte Cormac, »weißt du nicht, daß du ohnehin früh genug über das Land regieren wirst. Es gibt niemanden anderen, der einmal an meinen Platz treten könnte.« Eine gute Weile später gingen sie wieder einmal zusammen spazieren, und als sie nach Hause zurückkehrten, klagte der alte Mann, daß ihn seine Beine schmerzten.

»Du würdest gut tun, mich zum König zu machen«, sprach der Junge, »dann hättest du für immer deine Ruhe.

»Wer immer dir diese Worte eingegeben hat«, antwortete der König, »er war dein Freund nicht. Ich denke nicht daran, auf den Thron zu verzichten, solange ich noch mit eigener Kraft gehen kann. Danach wirst du gewiß König werden. Ich habe ja keinen anderen Sohn.«

Da rief der junge Bursche zornig aus: »Wenn du mir dein Reich nicht freiwillig gibst, werde ich Mittel und Wege wissen, um mir mit Gewalt zu holen, was man mir verweigert.«

Als er heimkam, bat er seine Mutter, ihm Proviant für eine Reise zu packen.

»Was ist mit dir, mein Sohn?« fragte sie, »warum willst du fort?«

»Mein Vater will mir die Krone nicht geben. Wenn er mir die Herrschaft über das Reich nicht freiwillig abtritt, werde ich sie mir mit Gewalt nehmen.«

Seine Mutter schenkte solchen Reden weiter keine Beachtung, bis er gegen jedermann im Haus unfreundlich wurde und niemandem mehr ein gutes Wort gab. Da hinderte sie ihn nicht mehr daran, Proviant zu sich zu stecken und die Straße unter seine Füße zu nehmen.

Er wanderte den ganzen Tag, bis es Abend wurde. Da sah er ein großes Haus am Straßenrand und trat ein.

Er begegnete einem alten Weib, das tat sehr freundlich mit ihm. Sie wußte genau, wer er war, und lud ihn ein, bis zum Morgen zu bleiben.

Ehe er fortging, fragte er sie, wo Fionn mac Cumhail lebe. Sie verriet ihm, was sie darüber wußte, beschrieb ihm, wie weit Fionns Schloß entfernt lag, und meinte, der mächtige Mann werde ihn gewiß in seinen Dienst nehmen.

»Du wirst am Abend dort ankommen«, erklärte sie ihm, »gerade dann, wenn die Soldaten zurückkehren.« So war es denn auch. Er wanderte abermals einen Tag, und als die Dämmerung sich senkte, stand er vor Fionns Schloß. Er traf Soldaten auf der Straße und fragte sie nach ihrem Herrn. Fionn kam heraus, und der Junge erklärte ihm, er wolle sich bei ihm anwerben lassen.

»Wieviel Lohn verlangst du?« fragte Fionn.

»Der Vertrag, den ich vorschlage, sieht so aus«, antwortete der Junge, »ich werde ein Jahr und einen Tag bei dir bleiben. Wenn du irgendeinen Fehl an mir findest oder mit einer meiner Arbeiten nicht zufrieden bist, kannst du mir zahlen, was du willst. Es soll recht sein. Findest du aber an mir nichts auszusetzen, dann werde ich selbst festsetzen, was ich als Belohnung haben will.«

»Das ist ein Wort«, sprach Fionn.

Er dachte nämlich bei sich: Niemand ist vollkommen, gewiß werde ich irgend etwas an ihm auszusetzen finden.

Daheim in seinem Palast grämte sich König Cormac, und dazu spürte er die Schwäche seines Alters. Nahe dem Schloß stand ein kleines Haus, in dem lebte Gaibhne Gabha. Er fütterte die Pferde des Königs, beschlug sie und verrichtete noch andere Arbeiten im königlichen Haushalt. Dieser Schmied hatte drei Töchter. Die Jüngste von ihnen war 16 oder 17 Jahre. Cormac kam zu dem Schmied und schlug vor, er solle seine Jüngste ins Schloß zur Arbeit schicken, es werde sein Schaden nicht sein. Der Schmied war damit gern einverstanden. So trat die Tochter in den Dienst des Königs.

Sie war erst zwei Tage auf dem Schloß, da starb des Königs Frau. Jetzt war er allein. Er hatte weder Weib noch Sohn. Da kam es ihm in den Sinn, die junge Tochter des Schmieds zu heiraten, vielleicht, daß Gott ihm dann noch einen Erben schenken würde. Obwohl das Mädchen noch sehr jung war, gelang es dem König, sie zur Ehe zu überreden. Und sie wurden ein Paar gemäß den Sitten dieser Zeit.

Zeit verging, und des Jungen Vertrag mit Fionn lief ab.

Fionn sorgte sich. Er wußte, fand er an dem Jungen keinen Fehl, so konnte der seinen Lohn selbst bestimmen, und er fürchtete, der Junge werde von ihm die Führerschaft über die Fianna verlangen.

So suchte Fionn einen weisen alten Mann auf, einen Blinden, der in den schwierigsten Dingen immer Rat wußte. Diesem Weisen erzählte Fionn von dem absonderlichen Vertrag, den er mit dem Jungen geschlossen hatte.

»Du wirst ihn ohne weiteres hereinlegen können«, sprach der weise alte Mann, »wenn du dich an meinen Ratschlag hältst. Laß dein Schwert am Abend vor der Tür liegen, wenn du zu Bett gehst. Schlaf nicht ein. Gegen zwei oder drei Uhr morgens rufe den Jungen beim Namen, und wenn er nicht antwortet, dann kannst du ihm das zum Vorwurf machen.«

»Ich will es versuchen«, sagte Fionn.

Er ging heim, und in dieser Nacht, als alle längst schlafen gegangen waren, ließ er sein Schwert draußen vor der Tür. Er blieb wach bis gegen drei Uhr, dann rief er den Jungen beim Namen.

»Was steht zu Diensten, Herr?« fragte der Junge und zog rasch seine Kleider an.

»Ich habe mein Schwert draußen vergessen«, sagte Fionn, »wenn es regnet, wird es rostig werden.«

Der Junge ging hinaus und brachte das Schwert. Dann fragte er Fionn, ob es noch etwas zu tun gebe. Unwillig hieß Fionn den Jungen wieder zu Bett zu gehen. Am nächsten Tag lief er zu dem weisen Alten und berichtete ihm, was geschehen war.

»Nun bleibt nur noch eine einzige Nacht«, sprach der Alte, »wenn du ihn da nicht überlistest, ist nichts mehr zu machen. Ruf ihn in der nächsten Nacht noch einmal beim Namen. Wenn er antwortet, hast du Pech gehabt. Normalerweise schläft ein Mensch gegen drei Uhr morgens.«

In dieser Nacht rief also Fionn wieder nach dem Jungen, als alle anderen schon schliefen.

»Was steht zu Diensten, Herr?« antwortete der Junge sofort, sprang aus dem Bett und zog sich seine Hosen an.

Als er vor Fionn stand, tat der so, als ob er schlafe und schnarche.

»Ihr habt mich gerufen«, sagte der Junge.

»Wirklich?« antwortete Fionn, »ich muß im Schlaf gesprochen haben.«

Der Junge ging wieder zu Bett. Am nächsten Tag war die Frist von einem Jahr und einem Tag abgelaufen. »Ich hoffe«, sagte Fionn zu dem Jungen, »du verlangst nicht von mir, daß ich dir die Führerschaft über die Fianna abtrete. Du bist der beste Junge gewesen, den ich je in meinen Diensten gehabt habe.«

»Ich will nicht das Kommando über die Fianna«, sprach der Junge, »daran habe ich wirklich nicht im Traum gedacht. Alles, was ich von dir verlange, ist, daß ich einen Tag lang gegen König Cormac kämpfen darf, und all deine Soldaten sollen mir beistehen.«

»O weh«, rief Fionn, »das ist ein schlimmes Verlangen. Ist nicht Cormac zum König über mich gesetzt? Aber ich habe dir mein Wort gegeben. Das zählt mehr. Also, an welchem Tag soll der Kampf stattfinden?«

»Den Tag kannst du selbst bestimmen«, sagte der Junge.

»Weißt du«, meinte Fionn, »man sollte König Cormac wenigstens Gelegenheit geben, seine Armee zusammenzurufen.«

»Ich gebe ihm einen Monat Zeit«, sagte der Junge, »ich werde ihm selbst die Kampfansage überbringen.« Und so geschah es. Er machte sich zu König Cormac auf den Weg und sagte zu ihm: »Da du mir deine Krone nicht freiwillig übergeben willst, muß ich sie mir mit Gewalt nehmen. Es sei denn, du besiegst auf den Tag in vier Wochen Fionns Armee.«

Darauf kehrte er zu Fionn zurück und arbeitete dort wie zuvor.

Ein paar Tage vor der Schlacht sprach König Cormac zu seinem jungen Weib: »Du kehrst jetzt besser in das Haus deines Vaters zurück. Ich ahne, daß ich in der Schlacht fallen werde, und kommt es so, dann wird man auch dich töten.«

Ehe er sie aber heimsandte zu ihrem Vater, schlief er noch einmal mir ihr. Und er beschlief sie nicht einmal in dieser Nacht, sondern, indem er all seine Kraft zusammennahm, zwei-, dreimal, und es gefiel ihr gut.

Am Morgen aber sprach er, indem er seinen Gürtel hervorholte, auf dem in seinem gelben Schild an der Schließe sein Name eingraviert stand: »Wenn Gott gewollt hat, daß du ein Kind empfangen hast aus dieser letzten Nacht unserer Liebe, was ich sehr hoffe, so leg ihm, wenn es ein Sohn sein sollte, diesen Gürtel an, und wenn er groß geworden ist und diese Inschrift lesen kann, so wird er seines Vaters Namen wissen und seine Rechte von diesem Dieb zurückerobern, der gekommen ist, um meinen Platz einzunehmen. Am Morgen der Schlacht sollst du zu mir aufs Feld kommen, dann will ich dir so viel Gold und Silber geben, daß du das Kind aufziehen kannst. Ich werde den Schatz in einem kleinen Korb unter der Klippe gegen Osten verstecken.«

Der Tag der Schlacht kam.

Die Offiziere, Obristen und Führer versammelten sich. Der Kampf begann. Da gab es Getöse und Pulverdampf, und die Verwundeten schrien laut.

Die Tochter des Schmieds ging hinauf aufs Schlachtfeld, um den König zu treffen, aber sie erkannte ihn nicht unter all den Kriegern.

Cormac fiel im Kampf. Fionn mac Cumhail und seine Männer kehrten heim.

Die Ältesten im Land traten zusammen, um zu beraten, was nun geschehen sollte. Sie kamen überein, daß König Cormacs Sohn der neue König sein sollte, so, als wäre er der rechtmäßige Erbe. Doch alle im Land wußten, daß es nicht so war. Der neue König wurde gekrönt und führte hinfort den Namen König Conn.

Er erließ neue Gesetze und versuchte alles zu ändern.

Wer seinen Zins nicht zahlen konnte, wurde ins Gefängnis geworfen und blieb in Haft, bis die Schuldsumme erlegt war. Da begann das Volk, Conn zu hassen.

In Cormacs Regierungszeit war das Wetter günstig gewesen und die Ernten reichlich. Die Insel Irland blühte und gedieh.

Als Conn König wurde, schlug der Wind um und wehte von nun an stets aus Norden. Der Boden trug keine Ernten mehr. Sommer wurde Winter. Selbst die Schornsteine auf dem Dach des Schlosses wurden schief vor Wut über den schlechten König, und die Hälfte von ihnen fiel sogar herab. Der Sitz des Königs wurde ein elender und tödlicher Ort. So standen die Dinge. Aber wartet nur und hört weiter, wenn etwas sehr schlimm ist, kann es nur noch besser werden.

Der Tochter des Schmieds schwoll der Leib. Immer runder wurde ihr Leib, immer höher stand er. Jedermann konnte sehen, daß sie hochschwanger war.

Da schickte sie heimlich nach einer Hebamme, die nahebei wohnte, und bat sie, mit ihr in eine entlegene Hütte im Wald zu gehen. Dort gebar die Tochter des Schmieds einen Sohn.

Sobald das Kind zur Welt gekommen war, sagte die Mutter zu der Hebamme: »Dies ist der Gürtel, den mir König Cormac gegeben hat.«

Sie legten dem Kind diesen Gürtel um, und kaum war dies geschehen, als eine Wölfin aus dem Wald kam und die Frauen böse anknurrte. Sie fielen in Ohnmacht.

Da nahm die Wölfin das Kind in ihr Maul und trug es in die Höhle zu ihren eigenen Jungen.

Dem Kind geschah kein Leid. Die Wölfin leckte es sauber und hielt es warm. Sie säugte es.

Als die beiden Frauen wieder zu sich kamen und sich umschauten, war das Kind verschwunden, und sie wußten nicht, wo sie nach ihm suchen sollten.

»Sag niemandem von alledem ein Wort«, sprach die Mutter zu der Hebamme und gab ihr zwei Guineas, »wenn dich jemand fragt, was hier im Wald vorgefallen sei, so erzähl ihnen, mir sei nicht wohl gewesen, damit werden sie sich zufriedengeben.«

Das Kind blieb bei der Wölfin, die es hütete wie ihren Augapfel und es noch besser behandelte als ihre eigenen Jungen.

Zeit verging. Tag um Tag. Woche um Woche. Monat um Monat, bis das Kind eineinhalb Jahre alt war. Eines Tages verließ es mit den jungen Wölfen die Höhle, und sie spielten zusammen im Wald.

Da wollte es der Zufall, daß ein Jäger mit seinen Hunden des Weges kam und das Menschenkind mit den Wolfsjungen herumtollen sah. Die jungen Wölfe waren klüger als der kleine Mensch. Sie rannten in ihre Höhle. Das Kind entkam aber auch, ehe es der Jäger ergreifen konnte. Aber der Jäger hatte es gesehen, und am nächsten Tag kam er wieder und versteckte sich in der Nähe der Höhle.

Als die Sonne um die Mittagszeit hinter den Wolken hervorkam, kroch die alte Wölfin mit ihren drei Jungen aus dem Bau hervor, und hinterdrein trottete das Menschenkind. Sie begannen zu spielen. Die alte Wölfin lag auf dem Rücken, und die Kinder zerrten an ihren Beinen. In diesem Augenblick achtete sie mehr auf ihre Jungen als auf das Menschenkind.

Hervor brach der Jäger mit seinem Gewehr. Die Hunde stellten den Wölfen nach. Und der Jäger griff das Kind, ehe es sich in die Höhle flüchten konnte.

Das Kind schlug um sich. Es war wild. Der Jäger entdeckte den Gürtel. Er las die Inschrift und den Namen König Cormacs. Aber da dieser König lange tot war, meinte er, jemand anderes müsse wohl dem Kind diesen Gürtel umgehängt haben.

Er brachte den Jungen zu einem alten Edelmann, Cormac mhac Gheolan, der nahebei wohnte und selbst keine Kinder hatte. Dessen Frau war sehr glücklich, als man das Kind zu ihr brachte. Sie suchte zwei Ammen, und man kann sicher sein, daß es dem Jungen an nichts fehlte.

Zeit verging, und er wurde neun oder zehn Jahr alt. Man schickte ihn zur Schule, lehrte ihn, was man Kinder damals alles lehrte. Wenn die Jungen frei hatten, ging er mit ihnen Hurling spielen, und bald stellte sich heraus, daß er der beste Spieler weit und breit war. Er war größer und stärker als die anderen. Sie hatten es verständlicherweise nicht gern, beim Spiel stets von ihm geschlagen zu werden.

Wie das bei den Menschen nun einmal so geht, zahlten sie es ihm mit Necken und Spottworten heim und nannten ihn »Sohn des Wolfes«. Zuerst achtete er nicht weiter darauf, aber als er wieder einmal gewann, sie ihn umringten und zu schreien begannen »der Sohn des Wolfes wurde im Wald gefunden!«, fing er an, sich darüber Gedanken zu machen.

Als auch am nächsten Tag einige Mädchen ihm diesen Spottnamen nachriefen, geriet er in Wut und rannte heim.

»Ich will nicht mehr in die Schule gehen«, sagte er zu seinem Stiefvater, »seit drei Tagen rufen mir die anderen einen Namen nach. Ich schlage sie beim Hurling, und sie schreien: Sohn des Wolfes, dich hat man im Wald gefunden.«

»Ach«, sprach der alte Cormac mhac Gheolan, »laß sie doch rufen, was sie wollen. Sie sind nur neidisch auf dich.«

»Einen Tag will ich noch gehen und versuchen, mich nicht darum zu kümmern«, antwortete der Junge. Am nächsten Tag ging er also wieder zur Schule und gewann im Spiel nicht nur gegen seine Klassenkameraden, sondern auch gegen den Lehrer.

Da fielen sie alle über ihn her und neckten ihn wieder mit seiner Herkunft. Er rannte fort. Die Schimpfworte klangen ihm noch im Ohr.

»Sie müssen doch irgendeinen Grund haben, wenn sie mir diesen Namen geben«, sprach er zu sich selbst, »jetzt hat auch noch der Lehrer damit angefangen. Wenn nicht etwas Wahres dran wäre, würde doch wenigstens er sich hüten, so etwas zu sagen.«

Zu dem alten Cormac aber sprach er: »Ich bleibe nicht einen Tag länger bei dir, wenn du mir nicht den Grund für diese Spötteleien verrätst.«

»Nun gut, du sollst die Wahrheit erfahren«, sagte Cormac, »man hat dich im Wald bei einer Wölfin und ihren Jungen gefunden. Der Jäger hat dich hier bei mir in Pflege gegeben, und einmal wirst du mein Erbe sein.«

»Hatte ich irgendwelche Kleider an, als man mich als kleines Kind fand?«

»Du warst nackt. Lediglich einen Gürtel trugst du.«

»Und wo ist dieser Gürtel?«

Der alte Cormac hatte ihn in einer Truhe verwahrt. Er ging in das Zimmer und holte ihn. Der Junge las die Inschrift auf dem Schild.

»Eines steht fest«, sagte er darauf, »ich bin nicht der Sohn eines Wolfes. Ich bin der Sohn eines guten Mannes, des Königs Cormac. Wenn ich morgen früh noch am Leben bin, nehme ich Abschied von dir und gehe fort, um den Ort zu suchen, an dem mein Vater lebt.«

Am nächsten Morgen bereitete das Weib des alten Cormac ihm ein gutes Mahl, obwohl ihr bei dem Gedanken, daß der Junge fortziehen werde, die Tränen kamen. Cormac aber gab ihm eine große Börse voller Gold. »Steck das zu dir«, sagte er, »du wirst es gebrauchen können.«

Der Junge nahm Abschied von seinen Pflegeeltern und brach zeitig am Morgen auf. Er wußte nicht, in welche Richtung er gehen sollte, und er kannte auch niemanden, den er nach König Cormac hätte fragen können.

Der Abend kam, und es wurde sehr kalt. Er kam an einen hohen Zaun neben der Straße, hinter dem ein kleines Haus lag. Dort wohnte ein alter Mann, der ein paar Schafe besaß, und es war niemand anderes als der Schmied Gaibhne Gabha, sein Großvater. »Habt ihr eine Ahnung, wo der König Cormac lebt?« fragte der Junge.

»Ich werde es dir zeigen«, antwortete der alte Mann, und Tränen traten ihm in die Augen, »dieser Palast dort drüben am Abhang des Hügels war sein Schloß. Aber er ist nun schon seit zwanzig Jahren tot.

Ein Dieb, der uns Tag und Nacht keinen Frieden gönnt, hat sich des Thrones bemächtigt. Wir hatten schönes Wetter, als König Cormac noch regierte. Wir hatten gute Ernten. Die Bäume bogen sich unter der Last der Früchte. Seit aber dieser Dieb auf dem Thron sitzt, ist der Wind nach Norden umgeschlagen. Sommer ist wie Winter, und der Boden trägt keine Ernten mehr. Selbst die Schornsteine sind vor Zorn über diesen König schief geworden. Und Gesetze macht er! Es ist eine Schande. Wenn eines meiner drei kleinen Schafe auf sein Land gerät, behält er es für sich.«

Der Junge fragte, ob er bis zum Morgen in dem Haus des alten Mannes bleiben dürfe.

Gabha erzählte seinen drei Töchtern, da sei ein Fremder, der bitte um einen Schlafplatz für die Nacht.

»Natürlich nehmen wir ihn auf«, sprachen die drei Frauen, »ein Fremder bringt immer Neuigkeiten und neue Geschichten mit.«

Da trat der Junge ein.

»Ich muß in den Laden laufen«, sagte die eine Tochter.

Der Junge griff in die Tasche und gab ihr zwei Guineas.

»Bring auch eine kleine Flasche Whiskey mit«, sagte er, »damit wir unsere Kehlen befeuchten können. Dann redet es sich besser.«

Der Laden war nicht weit fort, und als sie zurückkam, kochte sie für den Fremden ein gutes Essen. Darauf tranken der Alte und der Junge ein Glas Whiskey, und alle waren zufrieden und guter Stimmung. »Ich mache mir Sorgen um meine drei kleinen Schafe«, sagte der alte Mann plötzlich, »ich muß nach ihnen sehen. Wenn dieser Dieb sie erwischt, sehe ich sie nie wieder. Also bis gleich.« Und er ging hinaus. Der Junge saß am Tisch und redete mit der jüngsten der drei Frauen. Dabei rauchte er seine Pfeife. Er verschränkte die Hände hinter den Kopf, wie er es oft von Leuten gesehen hatte, lehnte sich zurück, um sich zu entspannen. Da wurde sein Gürtel sichtbar. Und als die jüngste Tochter hinblickte und das Schild an dem Gürtel sah, stieß sie einen Schrei aus.

»Wenn ihr euch vor mir fürchtet und nicht wollt, daß ich über Nacht hier bleibe, so sagt es nur. Ich suche mir dann eben ein anderes Quartier«, sprach der Junge.

»Oh, das ist es nicht«, antwortete sie, »es ist der Name auf dem Gürtel, den du trägst.«

»Woher kennst du diesen Gürtel?«

»Ich war mit König Cormac verheiratet, aber nur kurze Zeit«, erzählte sie, »bevor er in der Schlacht fiel, gab er mir diesen Gürtel und riet mir, ich solle ihn, falls ich ein Kind bekäme, dem Baby umlegen. Das tat ich auch. Aber eine Wölfin raubte mein Kind, und seither fehlt von ihm jede Spur.«

»Ich verstehe«, sagte der Junge, »macht euch auf eine große Überraschung gefaßt. Ihr seid meine Mutter, und ich bin euer Sohn.«

Glücklich sanken sie sich in die Arme.

»Wo ist der alte Mann?« fragte der Junge nach einer Weile.

Sie riefen ihn herein, und der Junge füllte zwei Gläser mit Whiskey und gab eines davon dem alten Mann. Sie redeten, und der Alte kam wieder darauf zu sprechen, was für ein schlechter König doch Conn sei.

Jemand müsse jede Nacht bei ihm wachen und ihm Geschichten erzählen, und wenn Conn die Geschichten nicht gefielen, so wurde der Mann am nächsten Morgen gehängt.

»Ich verstehe«, sagte der Junge.

»Spring hinaus«, bat der Alte eine seiner Töchter, »und sieh nach den Schafen.«

Sie tat, wie ihr geheißen, und entdeckte, daß die Männer des Königs die drei Schafe fortgetrieben hatten, weil sie auf seinem Land geweidet hatten. Zurück kam sie mit dieser schlechten Kunde.

»Mag unser Unglück mit ihnen gehen«, sagte der alte Mann, »wir müssen eben ohne sie auskommen.«

»Nein«, widersprach ihm der Junge, »man muß der Willkür dieses Königs widersprechen. Du mußt zu ihm gehen und deine Schafe zurückverlangen. Sag, daß du nur ins Haus gegangen bist, um deine Hände zu wärmen, und daß die Tiere in eben diesem Augenblick fortgelaufen sein müssen.«

»Das werde ich besser nicht tun«, antwortete der Alte, »Conn würde mich gewiß töten.«

»Wenn du nicht gehst, dann gehe ich«, sagte der Junge.

»Nein, auch dich würde er töten lassen. Lieber gehe ich dann doch selbst.«

Der Alte kam zum Schloß und wurde vor den König geführt. Er erzählte ihm, wie die Schafe für einen Augenblick aus Versehen auf das Königsland geraten seien, und bat, die Tiere ihm zurückzugeben.

»Weißt du nicht«, sagte König Conn, »daß du die Gesetze, die ich gemacht habe, nicht brechen darfst?«

»Es war ein Versehen, kein Vergehen, König, und es soll auch gewiß nicht wieder vorkommen.«

»Ich kann das Gesetz, das ich selbst gemacht habe, nicht brechen und beugen«, entgegnete Conn, »täte ich das, wäre gleich morgen schon wieder jemand da und würde auch Tiere von mir verlangen.«

»Wäret ihr damit einverstanden, wenn wir den Urteilsspruch in dieser Sache dem ersten besten Mann überlassen, der des Weges kommt?«

»Von mir aus«, sagte der König, denn er konnte sich nicht vorstellen, daß jemand den Mut haben würde, sich seinem Wort zu widersetzen.

Der alte Mann ging heim und erzählte dem Jungen, was vereinbart worden war.

Als der Morgen kam, stand der Alte auf und lief zum Schloß. Der Junge aber folgte ihm in einigem Abstand.

Der Alte holte den König ab. Sie spazierten die Straße hinauf und hinab und warteten darauf, daß jemand käme. Schließlich sah der König den Jungen.

»Bist du ein Fremder hier?« fragte ihn Conn.

»So ist es.«

»Dann bist du der Mann, den wir suchen. Ich habe ein Gesetz erlassen, niemand auf der Insel Erin darf seine Tiere auf anderer Leute Grund und Boden weiden. Wer diese Vorschrift nicht beachtet, dessen Tiere sollen eingezogen werden. Dieser Mann hier hat drei Schafe, die auf mein Land kamen. Er kannte das Gesetz, aber nun will er, daß ich es beuge.«

Darauf erzählte der Mann die Geschichte von seinem Gesichtspunkt.

»Du wußtest«, sagte der Junge, »daß du die Schafe nicht auf dem Land des Königs weiden lassen durftest. Andererseits, sie alle drei einzubehalten, erscheint mir eine gar zu harte Strafe.«

»Nun«, erklärte der König, »wir haben uns darauf geeinigt, daß der erste beste Mann, der des Weges kommt, den Streitfall entscheiden soll.«

»In meinen Augen«, sprach der Junge, »habt ihr beide gleich viel Recht und Unrecht. Laß du, König, deine Leute die Schafe scheren und behaltet die Wolle ein, als Entgelt für das Gras, das sie fraßen. Wenn du die Tiere noch einmal auf deinem Land antriffst, dann zieh sie ein, diesmal aber gib sie an den alten Mann zurück.«

Der Junge ging seines Weges. Des Königs Knechte schoren die Schafe und gaben sie dann an den Eigentümer zurück. Aber Conn behielt einen Groll in seinem Herzen, daß der Fall nicht so ausgegangen war, wie er es sich gewünscht hatte.

Soviel davon, aber wartet, gleich werdet ihr mehr hören.

Zwei Tage später schickte Conn seinen Diener zu dem alten Mann und befahl ihn zu sich zum Geschichtenerzählen bei Nacht.

Als der Abend kam, wusch sich der alte Mann sein Gesicht, zog sich ordentlich an und wollte aufbrechen.

»Wohin gehst du?« fragte ihn der Junge.

»Ich gehe dem Dieb Gesellschaft leisten«, antwortete der alte Mann voller Grimm, »ich weiß, daß er darauf sinnt, mich zu töten.«

»Du rührst dich nicht aus dem Haus«, sagte der Junge, »ich will statt deiner hingehen. Ich weiß viele Geschichten für ihn.«

Er dachte daran, was ihm seine Mutter über die Abstammung Conns verraten hatte.

»Nein«, sagte der alte Mann, »es wäre doch eine Schande, wenn du sterben würdest. Du bist noch jung, und mein Leben ist ohnehin bald abgelaufen.«

»Er wird mich nicht so schnell töten, wie du denkst«, erwiderte der Junge, »ruh dich nur aus und bleibe daheim.«

Darauf steckte er sein Schwert in sein Wehrgehänge und dachte bei sich: Ich will doch sehen, was das für ein Mensch ist.

Als er dann vor dem König stand, sprach Conn: »Was willst du denn hier?«

»Ich wohne in dem Haus, das dem alten Mann mit den drei Töchtern gehört. Der Alte erzählte mir, daß Eure Majestät ihn zu sich rufen ließen, damit er Euch bis zum Morgen

Geschichten erzähle. Nach dem Essen wurde der alte Mann krank. Ich hatte Mitleid mit ihm und bin statt seiner hier.«

»Mir soll's recht sein«, sagte Conn, er lag auf einer Bettstatt aus Vogelfedern neben dem Feuer, »fang an und erzähle die besten Geschichten, die du kennst.«

Darauf drehte er sein Gesicht zur Wand und zog die Bettücher über den Kopf. Erst als der Morgen graute, wandte er sich wieder dem Jungen zu und sagte: »Du bist der beste Geschichtenerzähler, der je in mein Schloß und in meine Stadt gekommen ist.«

»Ihr habt doch wohl nicht einmal die Hälfte von dem gehört, was ich erzählt habe«, sagte der Junge.

»Ich habe jedes Wort gehört!« behauptete der König.

»Das kann nicht stimmen. Die halbe Zeit habt Ihr geschlafen.«

»Ich habe nicht geschlafen«, antwortete der König, »seit sieben Jahren habe ich kein Auge mehr zugetan.«

»Dann«, sprach der Junge, »müßt Ihr fast so etwas sein wie ein Otter.«

»Sag das nicht noch einmal«, warnte ihn der König.

»Ich behaupte, Ihr könnt höchstens die Hälfte von dem gehört haben, was ich erzählte.«

»Ich habe jedes Wort gehört«, schrie der König, »und sag nicht noch einmal, ich sei halbwegs so etwas wie ein Otter!«

Er richtete sich auf und stützte sich auf den Ellbogen.

»Lebt Eure Mutter noch?« fragte der Junge.

»Ja.«

»Dann geht zu ihr und fragt sie, wer Euer Vater ist.«

Da sprang der König aus dem Bett, rannte durch den Palast, bis er in das Zimmer kam, wo seine Mutter im Bett lag. Er faßte sie am Arm und schüttelte sie.

»Mutter«, sagte er, »wer ist mein Vater?«

»Wer anders als König Cormac, mein Sohn?«

»Nun, was hat sie gesagt?« fragte der Junge, als der König zurückkam.

»Sie sagte, ich sei König Cormacs Sohn«, antwortete Conn.

Der König legte sich wieder hin, zog die Bettdecke wieder über den Kopf, und der Junge begann wieder, Geschichten zu erzählen. Als der König ihn wieder lobte, sagte der Junge wieder, er habe doch wohl kaum die Hälfte von allem mit angehört.

»Ich habe jedes Wort gehört«, beharrte der König eigensinnig.

»Dann müßt Ihr doch halbwegs ein Otter sein«, stichelte der Junge wieder.

»Sag das noch einmal«, schrie der König, »und dein Kopf rollt hier über die Dielen.« Und er griff nach seinem Schwert, das am Fußende des Bettes hing.

»Nur ruhig«, sagte der Junge, »ein Schwert habe ich auch.« Und er zog die Waffe aus seinem Wehrgehänge. »Nehmt Euer Schwert«, sagte er zu dem König weiter, »geht zu Eurer Mutter, faßt sie beim Hals, werft sie quer über das Bett, setzt ihr die Spitze Eures Schwertes auf die Brust und schwört ihr, daß Ihr sie mit dem Schwert durchbohren werdet, wenn sie Euch nicht sagt, wer in Wahrheit Euer Vater gewesen ist.«

Der König tat, was ihm der Junge geraten.

Die Mutter wußte, daß es Conn Ernst war mit seinen Drohungen, und so hielt sie mit der Wahrheit nicht länger zurück.

»Jetzt verstehe ich«, sagte der König, »ich wußte immer schon, daß irgend etwas an mir seltsam war. Dieser Junge war der ehrlichste Mensch, der je in dieses Schloß gekommen ist.«

Als er in den Thronsaal zurückgekehrt war, faßte er den Jungen bei den Händen, warf sich vor ihm auf die Knie und bat um Verzeihung.

»Ich war drauf und dran, dich umzubringen«, sagte er, »aber jetzt weiß ich, daß du die Wahrheit gesagt hast.«

Der König kleidete sich an und unterhielt sich noch eine Weile mit dem Jungen.

»Ehe eine Woche um ist«, sprach der Junge, »will ich dafür sorgen, daß Ihr wieder schlafen könnt.«

»Wenn du das tust«, sagte der König, »geb ich dir die Hälfte meines Besitzes und verspreche dir die Krone nach meinem Tod. Nichts ist ärger, als schlaflos zu sein.«

»Schreibt Euer Versprechen nieder«, sagte der Junge, »ich will meinen Teil des Vertrages rasch erfüllen.« Der König Conn schrieb also alles auf, wie es zwischen ihnen vereinbart worden war, und als es schwarz auf weiß dastand, fragte der Junge: »Habt Ihr gute Boote in Eurem Hafen?«

»Viele gute Boote«, antwortete der König.

»Nun, dann laßt eines herbeischaffen und es an eine lange Kette legen. Rudert dann in die Mitte des Sees, ankert dort und streckt Euch auf Eurem Lager aus Vogelfedern aus. Spannt einen Baldachin über das Boot, damit es nicht hineinregnen kann. Dann, so verspreche ich Euch, werdet Ihr Schlaf finden.«

Alles geschah, wie es der Junge geraten hatte. Der König ließ ein Boot mit einem Baldachin ausrüsten, und man trug sein Lager aus Vogelfedern auf Deck. Der König bestieg das Fahrzeug und ruderte das Boot, das an einer Kette befestigt war, zur Mitte des Sees. Im Augenblick fiel der König dort in tiefen Schlaf, und er schlief und schnarchte drei Tage und drei Nächte, und danach gab es immer noch kein Anzeichen dafür, daß er nun genug geschlafen hatte. Auf dem Grund des Sees aber wohnte sein Vater, der Otter. Er witterte, daß ein menschliches Wesen auf dem See schlief, und in der folgenden Nacht kletterte er an Bord des Bootes. Er packte den schlafenden König, tauchte mit ihm auf den Grund des Sees.

Als die Diener meinten, der König habe nun doch wohl lange genug geschlafen, zogen sie das Boot an der Kette zum Ufer zurück. Es war leer.

Dann begannen sie, den See mit Netzen und Stangen abzusuchen und zogen endlich einen Leichnam ohne Kopf aus dem Wasser.

Der tote König Conn, denn um niemand anderen handelte es sich bei der Leiche, wurde in den Palast gebracht. Man bahrte ihn auf und hielt für ihn Totenwache. Und der Junge ging zu Conns Mutter und sagte ihr, daß der König ihm die Hälfte seines Besitzes und die Krone vermacht habe, und als sie das anzweifelte, sprach er: »Ich werde die Edelleute des Landes zusammenrufen lassen. Sie sollen prüfen, ob der Vertrag, den ich mit Eurem Sohn schloß, rechtsgültig ist oder nicht.« So geschah es.

Die Edelleute und die Rechtsgelehrten traten zusammen, und der Junge zeigte ihnen den Vertrag. Da gaben sie Befehl, daß alle Diener des alten Königs das Schloß verlassen sollten. Dann aber setzten sie dem Jungen die Krone auf machten ihn zum König. Er sandte nach Cormac mhac Gheolan und seiner Frau, ließ sie zu sich kommen und sorgte für sie bis ans Ende ihrer Tage. Er brachte auch seinen Großvater, seine Mutter und deren Schwestern auf das Schloß. Darauf ließ er Boten ausreiten in alle Himmelsrichtungen des Königreichs. Arm und reich versammelten sich, und ein Fest wurde gefeiert, wie man es in Erin noch nie erlebt hatte.

Und das ist das Ende meiner Geschichte: König Cormacs Sohn nahm den Platz von Conn ein. Diese Geschichte ist so wahr, wie ihr, die ihr sie hört, lebendig seid.

Deirdre von den Schmerzen

Die Edlen von Ulster feierten im Hause des Felimy, Sohn des Dall, der da Sänger bei König Conor war. Da war das Weib des Felimy hochschwanger, aber sie ließ es sich nicht nehmen, ihre Gäste zu bedienen. Die Becher kreisten, und die Wände des guten Hauses warfen das Echo von viel Gelächter zurück.

Plötzlich schrie das Kind im Leib der Mutter, und die Frau überkamen die bitteren Schmerzen der Geburt.

Da erhob sich Cathbad, der Druide, und prophezeite: »Unter deinem Gürtel, o Weib, in deinem hochgewölbten Leib schreit ein weibliches Kind. Zu einem blondhaarigen, helläugigen, schönen Mädchen wird es heranwachsen. Viel Leid wird es bringen über Ulster. Tödlich wird sein Blick sein für die Männer, die es begehren, ein Kind des Unglücks und der großen Schmerzen für Erin wird geboren werden, und sein Name wird sein Deirdre.«

Alle waren starr vor Schrecken, und keiner sprach ein Wort, bis das Kind geboren war und hereingebracht wurde, und wirklich, es war ein Mädchen mit hellgrünen Augen.

Die Edlen von Ulster riefen wie mit einer Stimme: »Dieses Kind soll nicht leben!«

Aber Conor nahm Felimy das Kind ab und befahl, daß es in seiner Familie aufgezogen werde, und als es gesäugt worden war, ließ er es in ein einsames Fort bringen, wo es nie einen Mann zu Gesicht bekommen sollte, bis es der König selbst zum Weib machen würde.

In der Wildnis lebte Deirdre, bis sie zu dem schönsten jungen Mädchen in ganz Irland herangewachsen war. Nie sah sie ein männliches Wesen, außer ihrem alten häßlichen Wächter.

Aber an einem Tag im Winter, als der Alte vor dem Tor des Forts ein Hirschkalb erlegt hatte, erblickte sie einen Raben, der das Blut, das in den Schnee geflossen war, trank.

Da sprach sie zu ihrer Amme: »Liebe, sag mir die Wahrheit. Wo ist der Mann mit den Farben: einem Leib wie Schnee, Wangen wie geronnenes Blut, Haaren schwarz wie die Flügel der Raben. Ach, Lewara, sag mir, gibt es einen solchen Mann draußen in der Welt? Ich will ihn lieben, und er soll mich lieben.«

»Es gibt ihrer viele«, sprach Lewara, »aber der Schönste von allen wohnt in des Königs Haus. Es ist Naisi, der Sohn des Usnach.«

»Ach«, rief Deirdre, »wenn ich diesen Mann nicht zu sehen bekomme, will ich sterben.«

Da überlegte die Amme, wie sie Naisi und Deirdre zusammenbringen könnte. Und alles Unglück begann.

An einem bestimmten Tag geschah es, daß Naisi in der Mitte der Ebene von Eman saß und Harfe spielte. Süß war die Musik der Söhne von Usnach. Die Rinder hörten zu, und wenn diese Musik erklang, gaben sie zweidrittel soviel Milch wie sonst, und von Mann und Weib fielen alle Pein und jeglicher Schmerz ab, sobald sie diese Musik vernahmen.

Groß war auch die Stärke der Söhne von Usnach. Wenn sie sich Rücken an Rücken stellten im Kampf, vermochten alle Männer aus Conors Reich sie nicht zu überwinden. Sie waren flink wie Hunde bei der Jagd, und sie übertrafen die Rehe an Geschwindigkeit.

Als nun Naisi auf der Ebene von Eman sang, sah er, wie sich ein Mädchen ihm näherte. Sie hielt ihren Kopf gesenkt. Er sah nur ihr Haar, das war gelb wie Weizen. Sie kam nahe heran, ging vorbei, ohne ein Wort zu sagen, aber der Sternblick aus ihren hellgrünen Augen brannte auf seiner Stirn.

»Lieblich ist diese junge Dame, die an mir vorbeiging«, sprach Naisi.

Da sah ihn das Mädchen an und erwiderte: »Was nützt einem Mädchen all seine Schönheit, wenn es nie die Hand eines jungen Mannes auf seinen Brüsten spürt.«

Da wußte Naisi, daß es Deirdre war, denn kein anderes Mädchen hätte es gewagt, so zu reden, und große Furcht befiel ihn.

»Der Provinzkönig ist dein Verlobter, meine Schöne«, sagte er.

»Ich liebe ihn nicht«, antwortete sie, »er ist ein alter Mann. Viel lieber würde ich einen zum Mann nehmen, der jung ist wie du.«

»Sprich nicht so«, sagte Naisi, »besser ist es, den König zum Ehegemahl zu haben als nur dessen Diener.«

»Welch eine Torheit«, antwortete Deirdre, »wenn einer in sich immer nur die Vernunft zu Wort kommen läßt.«

Dann brach sie eine Rose von einem wilden Rosenstrauch, warf die Blume Naisi vor die Füße und sagte: »Für immer sollst du entehrt sein, wenn du mich zurückweist.«

»Versuche mich nicht, ich bitte dich«, sprach Naisi.

»Ich will dich«, erwiderte Deirdre, »wenn du mich nicht zum Weibe nimmst, nach dem, was zwischen uns gesagt worden ist, wirst du vor allen Männer dieses Landes entehrt sein. Das weiß ich von meiner Amme Lewara.«

Da wußte Naisi nichts mehr zu sagen, und Deirdre nahm seine Harfe, setzte sich zu ihm und spielte eine süße Musik. Die Männer von Ulster überfiel ein Zauber, als sie diese Klänge hörten. Aber die Söhne des Usnach kamen herbeigelaufen und sprachen zu ihrem Bruder: »Ach, was hast du getan? Ist dies nicht das Mädchen, von dem gesagt ist, sie werde großes Leid über Ulster bringen?«

»Was konnte ich tun«, antwortete Naisi, »wer kann gegen die Liebe kämpfen. Wenn ich sie nicht zum Weibe nehme, nach dem, was zwischen uns geschehen ist, bin ich entehrt vor allen Männern in Irland.«

»Unglück wird über uns kommen«, sagten die Brüder.

»Das kümmert mich nicht«, antwortete Naisi, »besser ist's, Unglück auf sich zu ziehen, als ehrlos zu sein. Wir wollen in ein anderes Land fliehen.«

Sie berieten sich, und da sie Naisi über alles liebten, beschlossen seine Brüder, ihm zu folgen, wo immer er hingehen würde.

Schon am nächsten Morgen brachen sie auf und nahmen mit sich dreimal fünfzig kampffähige Männer und dreimal fünfzig Weiber und dreimal fünfzig Windhunde und dreimal fünfzig Diener.

In der Nacht aber vor diesem Morgen schlief Naisi bei Deirdre. Da fand er es gut, daß sie sein Weib geworden war, bis in den Tod.

Conor, der König, wutentbrannt über die Entführung des schönen Mädchens, das er bestimmt hatte, seine Frau zu werden, setzte ihnen nach.

Und sie wanderten hierhin und dorthin über ganz Irland und kamen endlich in das Reich Alba. Da schlugen sie ihr Lager auf, mitten in der Wildnis.

Wenn sie in den Wäldern des Gebirges kein Jagdglück hatten, stahlen sie Vieh von den Männern in Alba. Bei diesen Überfällen bewiesen sie große Kühnheit, und als dies dem König in Alba zu Ohren kam, ließ er sie an seinen Hof holen und nahm sie freundlich auf, denn kühne Männer sieht jeder gern in seiner Nähe.

Eines Morgens aber, als der Hofmarschall des Königs einen Rundgang durch die Gärten des Palastes machte, schaute er auch in ein Zelt und erblickte dort Naisi und Deirdre, wie sie dicht beieinander schliefen, so wie Gott sie geschaffen hatte.

Da sprach der Hofmarschall zu seinem König: »O mein König, wir haben endlich ein passendes Weib für dich gefunden. Ich habe es gesehen im Bett von Naisi, dem Sohn des Usnach, und es ist dies eine Frau, wie sie einem Herrscher der westlichen Welt wohl anstehen würde, ein Weib, dem beizuwohnen überaus herrlich sein muß. Laß Naisi erschlagen und nimm dir diese Frau.«

»Nein«, sprach der König, »wir wollen anders vorgehen. Finde heraus, ob sie mir zu Willen sein würde.«

So geschah es. Doch als der Hofmarschall sie zur Untreue verlocken wollte, erzählte Deirdre alles sogleich Naisi, der ihr am liebsten war unter allen Männern, und sprach: »Wir müssen wieder fort. Wenn wir nicht noch in dieser Nacht uns davonschleichen, wird man euch Männer morgen alle erschlagen, und uns Frauen wird man Gewalt antun.«

Da verließen die Söhne von Usnach den Palast des Königs von Alba und fuhren zu einer entfernten Insel.

An einem bestimmten Tag feierte König Conor mit seinen Edlen in dem guten Haus Emania. Liebliche Musik wurde gespielt, und nachdem der Barde die hundert Vorfahren des Königs gerühmt hatte, erhob der König selbst seine Stimme und sprach: »Ich möchte von euch wissen, ihr Prinzen und Edelleute, ob ihr je ein prächtigeres Fest erlebt habt, oder ob ihr je ein besseres Haus gesehen habt als dieses Haus Emania?«

»Nein, o König«, antworteten sie wie aus einem Mund.

»Und abermals frage ich euch«, fuhr Conor fort, »ob es irgend etwas gibt, was hier fehlt?«

»Nichts dergleichen«, antworteten sie wieder.

»Es wird die Höflichkeit sein, die euch dazu verleitet, die Unwahrheit zu sagen«, sprach Conor. »Ich weiß wohl, daß ihr alle vergebens nach etwas Ausschau gehalten habt, als ihr in dieses Haus kamt. Ich meine die drei jungen Männer, die Kriegsleuchten von Gael, die drei edlen Söhne von Usnach – Naisi, Ainli und Ardan. Ach, daß sie fern von uns sein müssen, nur wegen dieses Weibes. Hart bestraft sind sie gewiß, ausgestoßen hausen auf einer Insel im Ozean und schlagen sich mit den barbarischen Horden des Königs von Alba herum. Wie beruhigt könnten wir sein, säßen sie mit an diesem Tisch und unter diesem Dach, stets dazu bereit, das Reich Ulster verteidigen zu helfen. Ich wünschte, sie wären bei uns.«

Darauf erwiderten die Edelleute: »Hätten wir es gewagt, unsere Gedanken auszusprechen, unsere Reden hätten dieselben Worte enthalten wie die deine. Wahrlich, es ist schade, daß die drei besten Männer in ganz Erin nicht unter uns sind.«

Conor nahm wieder das Wort: »Laßt uns Boten schicken nach Alba, zu der Insel von Loch Etive und die Söhne von Usnach bitten, nach Erin zurückzukehren.«

»Aber wer ist in der Lage, sie zu überzeugen, daß ihnen in deinem Königreich kein Leid geschehen wird?« fragten die anderen.

»Es gibt nur drei unter uns allen«, sagte Conor, »deren Wort dafür bürgen kann, daß ich mich nicht von meinem Zorn fortreißen lasse; es sind dies Fergus, Cuchullan und Conell Carnach. Einen von ihnen wollen wir als Botschafter bestimmen.«

Darauf nahm der König Conell Carnach beiseite und fragte ihn, was er tun würde, falls die Söhne von Usnach zurückkehren würden unter dem Versprechen freien Geleits.

»Wer immer ihnen ein Leid zufügen würde«, antwortete Conell Carnach, »dem würde ich's mit bitterer Todespein vergelten.«

»Daraus entnehme ich«, sagte Conor, »daß ich dir nicht lieb und wichtig bin über alles.«

Dieselbe Frage wie Carnach legte Conor Cuchullan vor, und von ihm erhielt er eine ähnliche Antwort.

»Gibt es denn niemanden auf der Welt«, sprach Conor bei sich voller Trauer, »der weiß, wie bitter die Einsamkeit schmeckt?«

Darauf rief er Fergus, den Sohn des Roy, befragte ihn auf gleiche Art, und Fergus antwortete: »Dein Blut, mein König, würde ich nie vergießen, aber wer sonst Männern, denen man freies Geleit verspricht, ein Haar krümmen würde, der bliebe nicht am Leben.«

»Daraus ersehe ich«, sagte Conor, »daß du mich über alles lieb und wert hältst. Geh zu dem Clan Usnach und führe ihn her. Kehre heim auf dem Weg über Dun Barach, aber laß die Söhne von Usnach nirgends rasten, bis sie hier auf meinem Fest sind. Versprich mir, daß du dich an diesen Befehl genau hältst.«

Da band sich Fergus mit einem heiligen Eid, worauf der König und er auf das Fest zurückkehrten und mit den anderen Edlen die ganze Nacht hindurch ausgelassen feierten.

Der König ließ aber Barach an einen anderen Ort rufen und fragte ihn dort, ob er in seinem Haus ein Fest vorbereitet habe.

»Ich habe ein Fest ausgerichtet in Dun Barach«, sagte der Mann, »auf dem bist du und deine Edlen stets willkommen.«

»Laß Fergus nicht aus dem Haus«, sagte Conor, »ehe er bei dir gefeiert hat, wenn er aus Alba zurückkommt. Dadurch kannst du mir einen großen Dienst erweisen.«

»Er soll drei Tage bei mir feiern«, erwiderte Barach, »wir gehören beide dem Kampfbund des Roten Zweigs an. Sein Eid zwingt ihn, meine Gastfreundschaft anzunehmen.«

Am nächsten Morgen brach Fergus mit seinen beiden Söhnen Buini Borb und Illan Finn und mit Cailon, seinem Schildträger, von Emania nach Alba auf.

Sie segelten über die See und kamen nach Loch Etive zu der Insel, auf der die Söhne von Usnach wohnten. Deirdre und Naisi saßen zusammen in ihrem Zelt, Conors poliertes Schachbrett zwischen sich. Sie spielten Schach.

Als nun Fergus in den Hafen eingelaufen war, stieß er einen Schrei aus, den Jagdruf eines kräftigen Mannes, und Naisi, der den Schrei hörte, sprach: »Ich höre den Ruf eines Mannes aus Erin.«

»Das war nicht der Ruf eines Mannes aus Erin«, erwiderte Deirdre, »es war der Ruf eines Mannes aus Alba.«

Da rief Fergus zum zweiten Mal.

»Es war doch der Ruf eines Mannes aus Erin«, sagte Naisi.

»Nicht doch«, erwiderte Deirdre, »laß uns weiterspielen.«

Da rief Fergus zum dritten Mal. Naisi aber wußte, daß nur Fergus so rief, und er sprach: »Wenn dies nicht der Sohn des Roy ist, will ich nicht Naisi heißen. Geh, Ardan, mein Bruder und begrüße unseren Verwandten.«

»Ich wußte gleich, daß es Fergus ist, der so ruft«, sagte Deirdre leise.

»Warum hast du dann versucht, es vor uns zu verbergen, Königin?« fragte Naisi.

Da erzählte Deirdre: »In der letzten Nacht hatte ich einen Traum. Drei Vögel kamen zu uns geflogen von den Ebenen von Emania her. Sie hatten einen Tropfen Honig an ihrem Schnabel. Aber als sie wieder davonflogen, war der Tropfen Honig zu einem Tropfen Blut geworden.«

»Und was meinst du, Prinzessin, hat dieser Traum zu bedeuten?« fragte Naisi.

»Daß Fergus mit falscher Botschaft hergesandt worden ist von Conor, denn süß wie Honig ist die Botschaft des Friedens. Aber das Blut ist unser Blut, das vergossen werden wird.«

»Nein, das kann ich nicht glauben«, sagte Naisi, und zu seinem Bruder sprach er: »Fergus wird längst an Land gegangen sein. Geh, Ardan, zeig ihm den Weg zu unserem Zelt.« Da lief Ardan hinunter zum Hafen, hieß Fergus willkommen, umarmte ihn und seine Söhne und verlangte zu wissen, was für Nachricht er aus Erin bringe.

»Gute Nachricht«, antwortete Fergus, »Conor verspricht euch freies Geleit, wenn ihr nur heimkehrt nach Emania.«

»Das muß nicht sein«, sagte Deirdre, »denn größer ist unser Einfluß in Alba denn Conors Einfluß in Erin.«

»In dem Land seiner Geburt zu leben«, erwiderte Fergus, »ist besser als alles andere. Wenig wert sind Macht und Reichtum für den, der nicht jeden Tag die Erde betrachten kann, die ihn hervorgebracht hat.«

»Das ist wahr«, sagte Naisi, »Erin ist meinem Herzen weit näher, selbst wenn ich in Alba sicherer und bequemer lebe.«

»Habt Vertrauen zu mir«, sagte Fergus, »ich verbürge mich für eure Sicherheit.«

»So laßt uns gehen«, sprach Naisi, »wenn sich Fergus für unser freies Geleit verbürgt, wer wollte da zweifeln!«

Am nächsten Morgen bei Anbruch des Tages gingen sie hinunter zu den Schiffen und setzten Segel, um die See zu überqueren.

Als sie nun in den Hafen von Dun Barach einliefen, war Barach selbst unten am Kai. Er begrüßte die Söhne Usnachs und Deirdre mit tückischer Herzlichkeit. Fergus aber nahm er bald auf die Seite und sprach zu ihm: »Verweile, und nimm an meinem Fest teil, denn ich lasse dich nicht abreisen, ehe drei Tage vergangen sind beim Eid der Brüderschaft und der Gastfreundschaft, den du im Kampfbund des Roten Zweigs geschworen hast.«

Als Fergus dies hörte, wurde er purpurrot im Gesicht und sagte dies: »Du tust Böses, Barach; wie kannst du mich zu deinem Fest bitten, da du doch weißt, daß ich zu Conor unterwegs bin und die Söhne von Usnach nicht aus den Augen lassen soll, da ihnen der König doch freies Geleit gelobt hat.«

»Das kümmert mich nicht«, erwiderte Barach, »wenn du meine Gastfreundschaft zurückweist, spreche ich den Bann über dich.«

Da beriet sich Fergus mit Naisi, was er tun solle, und Deirdre antwortete: »Du mußt entweder Barach im Stich lassen oder die Söhne von Usnach. Mir scheint es eine geringere Verfehlung, die Einladung zum Fest auszuschlagen, als Freunde allein zu lassen, die deinem Schutz anvertraut sind, doch kann ich nichts für dich entscheiden.«

»Ich sehe einen Ausweg«, antwortete Fergus, »ich werde bei Barach bleiben, doch meine beiden Söhne Illan Finn und der rote Buini Borb werden euch begleiten und an meiner Statt für eure Sicherheit sorgen.«

»Wir brauchen deinen Geleitschutz nicht«, sagte Naisi zornig, »unsere starken Arme sind immer noch die beste Garantie für unsere Sicherheit gewesen.«

Ardan und Ainli, Deirdre und die zwei Söhne des Fergus folgten ihm nach. Fergus aber blieb zurück, traurig und voll düsterer Gedanken.

Dann sprach Deirdre: »Ich rate, wir wollten auf die Insel Rathlin ziehen und dort warten, bis Fergus uns begleiten kann, denn von jetzt an, meine ich, können wir uns auf die Zusicherung freien Geleits nicht länger verlassen.«

Aber Naisi und die Söhne des Fergus wollten nicht auf sie hören, und es wurde beschlossen, nach Emania weiterzureisen.

»Ach«, klagte Deirdre, »hätte ich nur nie Alba, das Land mit dem langen Gras, verlassen.«

Als sie nun zu dem Wachtturm Fincairn im Gebirge von Fuadg kamen, bemerkte Naisi, daß Deirdre nicht mehr bei ihnen war. Er kehrte um und fand sie in tiefen Schlaf versunken, und als er sie weckte, war sie voller Kummer und Angst.

»Ich fürchte Verrat«, sagte sie, »ich hatte einen Traum. Ich sah Illan Finn für uns kämpfen, aber am Ende war sein Leib ohne Kopf.«

»Deine Lippen sind lieblich, aber deine Träume sind immer nur mit Bösem angefüllt«, sagte Naisi, »ich fürchte keinen Verrat. Laß uns weiterziehen.«

Und so reisten sie weiter, bis sie nach Ardsallagh kamen. Dort sprach Deirdre zu Naisi: »Ich sehe eine Wolke über Emania, und es ist eine Wolke vollgesogen mit Blut. Ich rate euch, ihr Söhne von Usnach, geht nicht nach Emania ohne Fergus, laßt uns nach Dundalgan reisen zu unserem Neffen Cuchullan, bis Fergus sich seiner Verpflichtungen entledigt hat.«

»Ich fürchte niemanden und nichts«, sprach Naisi, »wir ziehen weiter.«

Da schrie Deirdre auf: »O Naisi, siehst du nicht die Wolke über Emania, eine Wolke aus Blut, Eitertropfen sickern aus ihren roten Rändern. Weh mir, geh nicht nach Emania heute abend.«

»Ich fürchte mich nicht«, antwortete Naisi, »ich will auf deinen Rat nicht hören. Ziehen wir also weiter.«

»Enkel des Roy«, erwiderte Deirdre, »selten genug hat es zwischen dir und mir Meinungsverschiedenheiten gegeben. Immer waren wir ein Herz und ein Gedanke, seit dem Tag, an dem mich Lewara zu dem Platz in der Ebene von Emania schickte, wo du Musik machtest.«

»Ich habe keine Furcht«, sagte Naisi wieder.

»Söhne von Usnach«, sprach Deirdre abermals, »es gibt einen Anhaltspunkt dafür, ob Conor Verrat gegen uns im Sinn führt oder nicht. Wenn man uns in die Häuser von Emania geleitet, brauchen wir nichts zu befürchten, weist man uns aber als Quartier das Haus des Kampfbundes vom Roten Zweig an, dann seid auf das Schlimmste gefaßt.«

Während sie dies sagte, kamen sie an den Toren von Emania an. Naisi klopfte, und der Türhüter fragte, wer da sei.

»Der Clan von Usnach und Deirdre«, war die Antwort. Da geleitete man sie zum Haus des Kampfbundes vom Roten Zweig auf Conors Befehl.

»Besser, ihr würdet wenigstens jetzt meinen Rat bedenken«, sprach Deirdre, »denn nun wird uns gewiß Böses widerfahren.«

»Ach was«, sprach Illan Finn, der Sohn des Fergus, »Feigheit haben die Söhne meines Vaters nie gekannt. Ich und Buini Borb werden mit euch gehen zum Haus des Roten Zweigs.«

Als sie nun dort eintraten, brachten ihnen die Diener reichlich Fleisch und süßen Wein, bis sie alle zufrieden waren und lustig, nur Deirdre und die Söhne von Usnach blieben vorsichtig und genossen nur wenig von den Speisen und dem Wein, aus Furcht um ihr Leben.

Dann sagte Naisi: »Bringt das Schachbrett her!« Und er spielte mit Deirdre Schach auf dem polierten Brett.

Da nun Conor Deirdre im Haus des Roten Zweigs wußte, hielt er es nicht mehr ruhig auf dem Fest aus. Zu seinen Gästen sagte er: »Wer geht für mich hinüber zum Haus des Roten Zweigs, um zu schauen, ob Deirdre immer noch von so großer Schönheit ist. Wenn ihr Gesicht und ihr Körper sich nicht verändert haben, gibt es keine schönere Frau auf der Welt als sie.«

Da sprach Lewara, die Amme: »Das will ich für dich tun, König«, denn sie liebte Naisi und Deirdre, die sie zusammengebracht hatte, und dies war die einzige Möglichkeit, mit ihnen zu sprechen.

Als sie nun in das Haus des Roten Zweigs kam, traf sie Naisi und Deirdre am Schachbrett an, und sie küßte und umarmte sie beide und sprach: »Meine lieben Kinder, wie könnt ihr eure Zeit mit Spielen und Vergnügen vertun, während Conor auf Verrat sinnt. Ach, weh mir, dies wird eine böse Nacht werden für den Clan Usnach, wenn ihr nicht eure Türen und Fenster verrammelt und tapfer zu kämpfen wißt. Dir aber, Sohn des Fergus, rate ich, tu deine Pflicht, bis dein Vater selbst zur Stelle ist.«

Dann vergoß sie bittere Tränen und kehrte ins Haus Emania zurück. Conor fragte sie, was sie zu berichten habe.

»Gute und böse Nachricht bringe ich«, antwortete Lewara, »meine gute Nachricht ist, daß die Söhne von Usnach immer noch die drei tapfersten Männer sind, die ihr in Erin finden werdet. Die schlechte Nachricht aber besteht darin, daß die, welche die herrlichste unter den Weibern von Erin war, als sie von hier floh, nun nicht länger lieblich anzusehen ist.«

Da stieg in Conor Zorn und Eifersucht auf. Er trank weiter auf seinem Fest, doch nach einer Weile konnte er nicht mehr an sich halten und sprach: »Wer ist hier, der bereit wäre, mir wahre Nachricht aus dem Haus des Roten Zweigs zu bringen?«

Niemand von den Edlen gab Antwort, denn alle fürchteten, der König könne sein Versprechen brechen, das er Fergus gegeben hatte.

Da sprach Conor zu einem von seinen Leuten: »Erinnerst du dich, Trendorn, wer deinen Vater erschlagen hat?«

»Naisi Mac Usnach hat meinen Vater erschlagen und meine drei Brüder auch.«

»Dann geh und erkunde du für mich, wie Deirdre in Wahrheit aussieht. Ich mag es einfach nicht glauben, daß ihre Schönheit vergangen ist wie der Schnee im Frühling.«

Da lief Trendorn hinüber zum Haus des Roten Zweigs, und er fand, daß ein Fenster offenstand, und sah Naisi und Deirdre drinnen vor dem Schachbrett sitzen und spielen.

Deirdre sagte zu Naisi: »Ich sehe, da ist jemand am Fenster, der beobachtet uns.«

Da warf Naisi die Schachfigur, die er in der Hand hielt, um sie zu rücken, nach dem Spion, und Trendorn verlor ein Auge. Darauf rannte er klagend zu Conor, und dieser hatte nun einen Vorwand zum Kampf gefunden. Laut tat er seine Entrüstung kund: »Dieser Mann Naisi war einst mein Vasall. Jetzt will er selbst König sein.« Leiser aber fragte er nach Deirdre.

»Sie ist immer noch so schön«, antwortete Trendorn, »daß kein Weib auf der Welt sich mit ihr an Schönheit messen könnte.«

Als Conor das hörte, lohten die Flammen des Zorns und der Eifersucht in ihm. So hell brannte dieses Feuer, daß es jeder in der Halle sah. Er sprang auf den Tisch und schrie den Männern, die am Fest teilnahmen, zu: »Auf denn, lauft hinüber, erstürmt das Haus des Roten Zweigs und bringt mir die Übeltäter her, damit ich sie bestrafe!«

Die Krieger von Ulster umstellten also das Haus, stießen ein furchtbares Gebrüll aus und legten Feuer an Türen und Fenster.

Als die Söhne von Usnach die Rufe hörten, fragten sie, wer da draußen lärme. Und die Antwort kam: »Conor und Ulster!«

»Verräter«, rief Illan Finn, »wollt ihr das Wort brechen, das der König meinem Vater gegeben hat?«

»Räudige Hunde und Schurken«, brüllte Conor zurück, »wollte ihr den Verführer meines Weibes schützen?«

»Weh mir«, klagte Deirdre, »wir sind betrogen worden, und Fergus war ein Verräter.«

»Wenn Fergus euch betrogen haben sollte«, sprach der rote Buini Borb, »so will ich doch zu euch halten«, und er stieß die Tore auf und machte einen Ausfall mit seinen Männern. Er erschlug fünfzig gute Krieger unter den Ulster-Männern und richtete eine große Verwirrung unter den Truppen des Conor an. Als der König davon hörte, verlangte er zu wissen, wer seine besten Männer erschlagen habe.

»Das war der rote Buini Borb, Sohn des Fergus.«

»Halt ein«, rief Conor zu des Fergus Sohn hinüber, »ich will dir Land in Slive Fuadh geben.«

»Und was noch?«

»Ich will dich zu meinem Kanzler machen«, versprach Conor.

Da ließ Buini Borb ab vom Gemetzel und ging seines Weges.

Aber das Land, das ihm der König versprochen hatte, verwandelte sich noch in derselben Nacht in eine Wüste; es wird seither Dalwhiuny genannt und ist ein düsteres Moor im Gebirge Fuadh.

Als Deirdre sah, daß sie auch von Buini Borb im Stich gelassen worden waren, rief sie aus: »Verräter der Vater, Verräter der Sohn, hab ich nicht gesagt, daß Fergus ein Verräter sei?«

»Wenn Fergus ein Verräter ist«, sprach Illan Finn, »so werde ich euch doch nie verraten, solange dieses kleine gerade Schwert in meiner Hand ist.«

Dann stürmte Illan Finn mit seinen Männern vor. Er lieferte den Belagerern drei heftige Gefechte und erschlug dabei dreimal hundert Männer. Darauf kam er ins Haus, wo Naisi und sein Bruder Ainli Schach spielten, denn die Söhne von Usnach wollten nicht zeigen, daß ihre Herzen von dem Lärm erschreckt worden seien.

Mit Fackeln, die er seinen Männern in die Hand gab, machte Illan Finn abermals einen Ausfall und vertrieb jene Feinde, die Feuer an das Haus des Roten Zweigs gelegt hatten.

Da war es Conor, der rief: »Wo ist mein Sohn Fiara Finn?«

»Hier bin ich, mein König!«

»So wahr es ist, daß Illan Finn und du in derselben Nacht das Licht der Welt erblickt haben, geh hin und kämpfe mit ihm. Und da er die Farben seines Vaters zeigt, trage du meine Farben und meine Rüstung. Nimm Ozean, Flucht und Sieg, meinen Schild, meinen Speer und mein Doppelschwert, und kämpfe gut für deinen Vater mit dem Sohn des Fergus.«

Da zog Fiara die gute Rüstung seines Vaters an und ging in das Haus des Roten Zweigs, um mit Illan Finn zu kämpfen.

Sie lieferten sich einen fairen Kampf, männlich, bitter, blutig, wild, heiß, vehement und schrecklich, bis Illan Finn Fiara zu Boden schlug und ihn zwang, unter seinem Schild Schutz zu suchen. Da begannen die Wellen, am blauen Rand des Ozeans zu grollen, denn es war eine Besonderheit dieses Schilds, daß in ihm das Geräusch der sturmgepeitschten See widerklang, wenn der, welcher es trug, in Gefahr war. Und die drei Meere um Erin brüllten mit ihren Wellen zum Gesang des Ozeans. Die Wellen von Tuath und die Wellen von Cliona, die Wellen von Inver-Rory, sie alle donnerten und kündeten Fiaras Bedrängnis.

Conell Carnach saß auf dem Felsen von Sanseverich und hörte den Lärm von Loch Rory und von der See. Da griff er nach seinen Waffen, rief seine Männer zusammen und führte sie gen Emania, da er wußte, daß sein König in Gefahr war.

Dort, auf dem offenen Feld vor dem festen Haus des Roten Zweigs fanden sie Fiara Finn arg bedroht von seinem Widersacher. Sie stürmten gegen Illan Finn von hinten an und schleuderten ihre Speere auf ihn, die ihn ins Herz tragen, ihn, der nicht wußte, wie ihm geschah, da er die Männer nicht hatte kommen sehen.

»Wer hat mich von hinten durchbohrt?« schrie er, »warum haben diese Schurken nicht den Kampf Auge in Auge gesucht?«

»Sag lieber, wer du bist?« rief Conell.

»Ich bin Illan, der Sohn des Fergus!«

»Und ich bin Conell Carnach!«

»Weh dir. Bös ist die Tat, zu der du dich hergegeben hast, Conell. Gemein und hündisch ist es von dir, mich von hinten zu durchbohren, da ich den Clan von Usnach verteidige, der zurückgekehrt ist aus Alba und dem man freies Geleit zugesichert hat.«

»Bei meiner starken Hand«, rief Conell, »diese Beleidigung soll nicht ungerächt bleiben«, und mit einem gewaltigen Schlag trennte er Fiaras Haupt vom Leib und ging dann davon in großem Zorn und tiefer Sorge.

Die Schwachheit des Todes überkam Illan, und er warf seine Waffen in das feste Haus und forderte Naisi auf, nun mannhaft zu kämpfen.

Und wieder rannten die Männer von Ulster gegen das Haus des Roten Zweigs an und versuchten, es in Brand zu stecken. Hervor kamen Ardan und seine Männer, um das Feuer auszutreten, und sie erschlugen abermals hundert Krieger.

Naisi selbst griff in den Kampf ein im letzten Drittel der Nacht, und beim Morgengrauen hatte er alle Truppen aus der Umgebung des Hauses vertrieben. Doch Conor warf neue Krieger ins Gefecht, und der Kampf tobte in der Ebene mit unerhörter Verbissenheit, bis es heller Tag war.

Und das Schlachtenglück wandte sich gegen die Männer von Ulster, und bis die Sandkörner am Meer, die Blätter im Wald, die Tautropfen auf den Wiesen und die Sterne am Himmel nicht gezählt worden sind, wird man nicht auf die große Zahl der Häupter, Hände und Beine kommen, die nackt und rot, abgehauen von Naisis Hand und durch die Hände seiner Brüder, auf der Ebene lagen.

Dann kam Naisi noch einmal in das Haus des Roten Zweigs zurück, machte Deirdre Mut und sprach: »Wir werden entkommen, kämpfe tapfer und fürchte dich nicht.«

Da bildeten die Söhne von Usnach eine Schutzmauer mit ihren Schilden, stürzten sich wie die Adler auf die Streitmacht Conors, und viele gute Männer ließen wiederum ihr Leben.

Als nun Cathbad, der Druide, sah, daß die Söhne von Usnach selbst den König bedrohten, nahm er Zuflucht zur Magie und verzauberte sie, so daß ihre Waffen ihnen aus der Hand fielen und sie von den Männern von Ulster ergriffen werden konnten, denn ihre Glieder waren gelähmt von dem Zauber.

Es war aber kein Mann in der Streitmacht von Ulster zu finden, der den Söhnen von Usnach den Tod geben wollte, so beliebt waren sie beim Volk und bei den Edlen.

Doch war da im Haus des Conor ein Mann, der hieß Mami, die rauhe Hand, Sohn des Königs von Lochlin, und Naisi hatte seinen Vater und seine beiden Brüder erschlagen. Dieser Mann gab ihnen den Tod. So waren die Söhne von Usnach also erschlagen, und als die Männer von Ulster vom Tod der Recken hörten, stießen sie drei laute Schreie des Kummers und der Klage aus.

Deirdre warf sich über die Leichen und küßte die toten Leiber. Dann beutelte sie ihr eigenes Haar und zerriß ihre Kleider. Das Grab wurde geschaufelt, und Deirdre stand da mit ihrem aufgelösten Haar, vergoß viele Tränen und sang ihr Trauerlied:

Die Löwen von den Hügeln sind dahin.
Ich bin allein, allein.
Grabt tief das Grab und breit.
Denn ich bin krank und sehne mich nach Schlaf.

Die Falken aus den Wäldern sind dahin.
Ich bin allein, allein.
Grabt tief das Grab und breit,
Und laß mich ruhn an ihrer Seite.

Die Drachen von den Felsen schlafen nun.
Und Schlaf ist's, den kein Klagelied mehr weckt.
Schaufelt das Grab, macht es bereit
Und laßt mich ruhn an meines Liebsten Seite.

Dermot mit dem Liebesfleck

Einst, in alter Zeit, zogen in Erin vier Männer auf die Jagd. Dermot, Goll, Conán und Oscar waren ihre Namen. Kampferfahrene, starke, kluge Männer waren es. Sie gehörten der Fianna an, jener Mannschaft, deren Anführer der große Fin McCul war. Die vier Männer vergaßen sich, von der Leidenschaft des Jagdfiebers fortgerissen, und die sinkende Dämmerung überraschte sie weit vom Lager der Fianna entfernt.

Mit Einbruch der Dunkelheit hatte es zu regnen begonnen, und wenn dies auch Männer waren, die im Krieg, ohne zu murren bei jedem Wetter im Freien nächtigten, so fragten sie sich doch, warum sie die langen Stunden der Finsternis trübselig unter triefenden Bäumen hocken sollten, wenn vielleicht gar nicht weit entfernt ein Strohdach auf sie wartete. Sie machten sich also auf die Suche nach einer menschlichen Behausung, und nach einiger Zeit entdeckten sie in einem schmalen Tal, das keiner von ihnen je zuvor betreten hatte, eine einsame Hütte, aus deren Schornstein Rauch aufstieg.

Dermot stieß schon von weitem den Ruf der Freundschaft aus, um den Bewohnern zu verstehen zu geben, daß sie nichts zu befürchten hätten.

Ein alter Mann trat aus der Hütte. Er begrüßte die Fianna-Männer freundlich und hieß sie herzlich willkommen, als sie ihn um ein Quartier für die Nacht baten.

So traten die vier über die Schwelle. Hell lohte drinnen das Herdfeuer, vor das sie hintraten, um ihre Kleider zu trocknen.

Der Alte wohnte nicht allein in der einsamem Hütte. Ein junges Mädchen war bei ihm. Sie hatte kupferrotes Haar, schöne runde Brüste, und auf ihrem Gesicht lag ein seltsam weiches, zärtlich verlockendes Lächeln, das die Männer ihre Brauen heben und mehr als einmal zu ihr hinsehen ließ.

Außerdem beherbergte die Hütte auch noch eine Katze und einen prächtigen Hammel.

Der Hammel lag ruhig und schwer in einer Ecke und glotzte die Gäste aus großen, dummen Augen an.

Die Katze hatte sich ihren Ruheplatz nicht weit von der Feuerstelle an der Kaminwand gesucht. Sie hielt die Augen halb geschlossen und schnurrte zufrieden vor sich hin.

Das junge Mädchen hängte sogleich einen großen Topf über das Feuer, und auf den weißgescheuerten Tisch, der mitten im Raum stand, stellte sie vier hölzerne Schalen, und daneben legte sie die Löffel. Ein würziger Geruch stieg aus dem Topf, und den hungrigen Fianna-Männern lief das Wasser im Mund zusammen.

Endlich war es soweit. Eine kräftige Bohnensuppe dampfte auf dem Tisch, und das Mädchen lud die Gäste ein, Platz zu nehmen und zuzugreifen.

Die Männer ließen sich das nicht zweimal sagen. Sie setzten sich selbstbewußt auf die Schemel um den Tisch und wollten sich gerade eine reichliche Portion schöpfen, da erhob sich plötzlich der Hammel, nahm einen kurzen Anlauf und sprang mit einem Satz auf den Tisch, doch so geschickt, daß dabei weder der Topf noch die Teller umgestoßen wurden. Dermot schüttelte unwillig den Kopf. Ehe sie essen konnten, mußte das Tier wieder herunter. Der scharfe Gestank des Hammels störte ihn.

Der alte Mann und seine Tochter machten sich unterdessen in einem Nebenraum zu schaffen, wohl um den Gästen das Nachtlager zu richten.

Ärgerlich versuchten die Fianna-Männer, den Hammel vom Tisch zu stoßen. Jedesmal, wenn sie zupackten und das störrische Tier stießen, schlug es so kräftig aus, daß die Männer torkelten, ja schließlich selbst zu Boden fielen.

Endlich glückte es Goll, den Hammel mit einem überraschenden Ruck vom Tisch zu werfen. Aber das sollte den vier Gefährten schlecht bekommen.

Bis jetzt hatte der Hammel mit ihnen gespielt. Nun aber wurde er wütend und teilte nach allen Seiten so harte Stöße aus, daß nach wenigen Augenblicken alle vier stolzen Fianna-Männer mehr oder minder ächzend auf dem Rücken lagen. Goll hatte der Hammel gar seine beiden Vorderpfoten triumphierend auf die Brust gesetzt.

Wie nun die Männer sich recht jammervoll auf dem Boden wälzten, erschien aus dem Nebenraum der Alte. »Sieh da«, sprach er, »euch ist es wohl schlecht ergangen. Katze, warum hast du das zugelassen? Komm, binde den dummen Hammel fest, damit er nicht noch mehr Unheil anrichtet.«

Die Katze hatte neben dem Herd gelegen, eingesponnen in warmes Wohlbehagen. Auf die Worte des Alten sprang sie mit einem Satz dem Hammel in den Nacken, krallte sich in sein Ohr und lenkte ihn in seinen Winkel zurück, wo sie ihm mit wenigen geschickten Bewegungen einen festen Strick so um seine Hörner wand, daß er sich nicht mehr von der Stelle zu rühren vermochte.

Die vier Fianna-Männer erhoben sich. Sie rieben ihre Beulen und blauen Flecke und murmelten leise Flüche vor sich hin.

Dermot aber sprach zu dem Alten: »Wir wollen nicht länger bei Euch bleiben. Noch nie sind wir derart erniedrigt worden … von einem Hammel! Und das auch noch vor den Augen eines schönen Mädchens. Wir danken Euch für Eure Bereitwilligkeit, uns Gastfreundschaft zu erweisen. Aber Euer Haus muß verhext sein. Offenbar sind wir nicht die rechten Männer, mit diesem Zauber fertig zu werden. Lieber wollen wir in Regen und Dunkelheit lagern, als uns womöglich noch weitere Erniedrigungen einzuhandeln.«

Der Alte lachte leise, hob seine Hand und sprach: »Beruhigt euch, Fianna-Männer. Ihr braucht euch nicht zu schämen. Kein gewöhnlicher Hammel hat euch zu Boden geworfen. Auch die Katze, die euch an Kraft und Geschicklichkeit übertroffen hat, ist keine gewöhnliche Katze. Bleibt also ruhig unter diesem Dach, bis die Nacht vorüber ist. Diese Niederlage eben wird eurem Ruf als starke tapfere Krieger nicht abträglich sein.«

»Ja, bleibt«, fügte das Mädchen hinzu, und sie blickte dabei Dermot mit ihren Sternaugen bittend an. Dermot senkte den Kopf. Der Macht dieser Augen war schwer zu widerstehen.

Doch Goll war nicht so rasch zu beschwichtigen, weder von einem alten Mann noch von einem schönen Mädchen.

»Nein«, rief er zornig, »mit ein paar guten Worten und einem schönen Blick kann diese Schmach nicht getilgt sein. Wir verlangen genau zu wissen, wer es ist, vor dem unsere Kräfte so erbärmlich versagten?«

»Ich hätte es euch lieber verschwiegen«, antwortete der Alte, »aber wenn ihr so schwer gekränkt seid, will ich Licht in das Geheimnis lassen, in der Hoffnung, es möge euch nicht noch mehr beunruhigen. Der Hammel – das ist die Welt. Sie ist stärker als selbst vier Fianna-Männer zusammen. Ihr unterlegen zu sein, braucht sich niemand zu schämen. Und die Katze ...? Nun, die Katze allerdings ist das einzige Wesen, dem selbst die ganze Welt nicht standzuhalten vermöchte. Die Katze nämlich ..., das ist der Tod.«

»Der Tod!« rief Oscar erschreckt.

»Der Tod«, sprach Dermot entsetzt, »Männer, laßt uns eilig gehen.«

»Fürchtet euch nicht«, sprach der Alte weiter, »solange ihr unter diesem Dach wohnt, schläft der Tod. Kommt jetzt, es ist spät. Ich will euch euer Nachtlager zeigen. Wir haben nur drei Räume unter diesem Dach. Dort unter dem Verschlag stehen die Schafe. Hier, in dem großen Raum, wo das Feuer wärmt, schlafe ich, denn ich bin der Herr des Hauses. Ich bin uralt und brauche die Wärme. Ihr müßt also mit dem dritten Raum vorliebnehmen, in dem meine Tochter schläft. Dort haben wir euch ein Strohlager bereitet. Das Bett des Mädchens steht neben der Tür. Vier Fianna-Männer sind wohl über jeden Zweifel erhaben, der Ehre eines unschuldigen jungen Mädchens zu nahe zu treten. Kommt jetzt. Ihr werdet müde sein.«

Die vier Gefährten taten, wie ihnen geheißen, und fanden nebenan eine Schütte duftenden Gerstenstrohs, darauf legten sie sich nieder.

Sie wären wohl aber keine gesunden kräftigen Männer gewesen, wenn die Erwartung darauf, daß ein schönes junges Mädchen sich bald darauf in derselben Kammer, nur wenige Schritte von ihnen entfernt, zur Ruhe legen würde, sie nicht wach gehalten und ihnen eine große Unruhe ins Blut geträufelt hätte.

Nach einiger. Zeit hoben die vier Gefährten erstaunt ihre Köpfe. Im bisher nachtschwarzen Raum erstrahlte ein weiches, alles durchdringendes Licht, und sie erkannten, daß dieser Glanz von dem Mädchen ausging, das eben eingetreten war, sich auskleidete und sich anschickte, ins Bett zu gehen.

Eine Weile verhielten sich die vier Gefährten ganz ruhig. Ein jeder hoffte, die anderen seien schon eingeschlafen. Goll war der erste, über den das Verlangen Gewalt gewann. Vorsichtig erhob er sich, schlich zu dem Bett des Mädchens hin und flüsterte: »Laß mich zu dir, schöner Glanz. Ich will, daß du mein wirst. Ohne deine Liebe finde ich keinen Schlaf!« Das Mädchen sah ihn mit ihren weichen verlockenden Augen an und flüsterte: »O Goll, einmal habe ich dir gehört, aber nie, nie wieder darf es geschehen. Ich weise dich ab. Geh und leg dich wieder auf dein Lager.«

Zähneknirschend tappte Goll zurück und warf sich aufs Stroh. Wieder war es eine Weile still. Dann versuchte Oscar sein Glück.

Er war noch nicht bei dem Bett des Mädchens angelangt, da hörte er auch schon eine sehr bestimmte Stimme sagen:

»Auch dich kann ich nicht lieben, Oscar. Auch deine Liebste bin ich schon einmal gewesen. Aber das ist vorbei und wird nie wieder sein.«

Wiederum nach einer Weile stand Conán auf und schlich sich dorthin, wo er das Bett des Mädchens vermutete. Er meinte, es besonders schlau anzustellen, und sagte schmeichelnd: »Schöne Feenprinzessin. Niemand belauscht uns. Unwiderstehlich ist deine Anmut. Du bist schön wie die Morgenwolke über dem Slive Bilom. Wenn du dich mir hingibst, will ich dein Lob singen bis an mein Lebensende.«

»Lieber Conán«, antwortete das Mädchen, »deines Lobes bedarf ich nicht. Ich bin, wie ich bin, ob mit oder ohne dein Lob. Ich mag dich nicht mehr, nachdem ich dir einmal gehört habe.«

Conán war verwirrt. Er knurrte zwar einen Fluch, aber was sollte er machen. Liebe läßt sich nicht erzwingen. Also stampfte er wieder zu seinem Strohlager zurück.

Dermot lag auch noch wach. Er dachte: Wenn sie alle anderen abgewiesen hat, kann ich mir wohl noch eine Hoffnung machen. Also stand er auf und schlich zu dem Bett. Das, was er dort sah, verschlug ihm den Atem.

Das Mädchen hatte sich aufgerichtet. Ihr kupferrotes Haar fiel über ihre schönen runden Brüste. Sie streckte die Arme nach ihm aus. Doch dabei flüsterte sie: »Dermot, mein Liebster, mein Schönster. Auf dich warte ich. Wie gern würde ich mich dir hingeben, aber auch dir muß ich mich versagen, denn nie kehre ich zu jenen zurück, die mich schon einmal besessen haben. Um das zu begreifen, mußt du wissen, wer ich in Wahrheit bin und wie ich heiße. Mein Name ist Jugend. Deshalb gehöre ich jedem Menschen nur einmal. Aber dich liebe ich, Dermot, und es fällt mir schwer, dich abzuweisen. Nicht ohne ein Zeichen meiner Gunst sollst du von mir gehen. Komm, beuge deinen Kopf zu mir herunter.«

Dermot gehorchte. Das Mädchen strich ihm mit einer zärtlichen Bewegung über die Stirn und sagte: »Ein Mal habe ich auf deine Stirn gezeichnet, Liebster. Fortan wird kein Mädchen und keine Frau dich anschauen können, ohne dich zu lieben. Und jetzt geh, Dermot, und laß mich allein.«

Sie beugte sich zurück. Der Glanz erlosch, und im Dunkeln tastete sich Dermot zurück zu seiner Schlafstätte. Er tat kein Auge mehr zu in dieser Nacht, so müde er auch war.

Aber fortan vermochte kein Mädchen Dermot zu widerstehen. Wenn er nur ein Mädchen oder eine Frau anblickte, fielen sie ihm zu, wie das Gras vor der Sichel fällt, und deswegen hieß Dermot O'Dyna von dieser Nacht an »der mit dem Liebesfleck«.

Céatach

Vor langer, langer Zeit – hätte ich damals gelebt, dann wäre ich jetzt nicht hier, und wäre ich damals dabeigewesen, dann wüßte ich weder eine alte Geschichte noch eine neue Geschichte, sondern hätte gar nichts mehr zu erzählen – vor sehr langer Zeit also, waren da einmal ein König und eine Königin in Irland. Sie hatten nur einen Sohn, dem hatten sie den Namen Céatach, Sohn des Königs Cor von Irland, gegeben. Als dieser Sohn nun fünfzehn Jahre alt war, hörten die Eltern von einem Zauberer in Griechenland und beschlossen, Céatach zu ihm zu schicken, damit er bei ihm lerne, wie man Taten der Tapferkeit vollbringe. So geschah es.

Als Céatach nun eineinhalb Jahre bei dem Zauberer in der Lehre war und der Magier und sein Weib zwischen Himmel und Erde herumflogen und ihn, den Sohn des Königs von Maol, den Sohn des Königs von Ul und den Sohn des Königs von Olachtaí lehrten, wie man Taten der Tapferkeit vollbringt, kam ein Krieger namens »Stahl-Schädel« des Weges und entführte die Tochter des Zauberers.

Als der Zauberer heimkam, roch es im ganzen Haus nach Stahl-Schädel, und das Mädchen war fort.

»Sohn des Königs von Maol«, sprach da der Zauberer, »willst du Stahl-Schädel verfolgen und ihm meine Tochter wieder abjagen? Wenn du sie heimbringst, gebe ich sie dir zur Frau.«

»Das will ich tun«, sagte der Sohn des Königs von Maol.

»Du bist hier bei mir erst fünf Jahre«, sagte der Zauberer, »wenn du noch ein Jahr bei mir lernen würdest, könnte das angehen. Wie steht es mit dir, Sohn des Königs von Olachtaí?«

»Nur zu gern«, erwiderte der.

»Du bist aber erst drei Jahre bei mir«, sagte der Zauberer, »wenn du dein viertes Lehrjahr schon hinter dir hättest, könnte es angehen. Doch wie steht es um deinen Mut, Céatach, Sohn des König von Cor aus Irland?«

»Sehr gut«, sagte Céatach. »Keinen Mundvoll will ich trinken und keinen Bissen essen, bis ich nicht unterwegs bin in die Östliche Welt, um deine Tochter heimzuholen. Es wird mir gelingen, oder ich werde fallen.«

»Du bist erst eineinhalb Jahre hier, Céatach«, sagte der Zauberer, »wenn du wenigstens noch ein Jahr bei mir gelernt hättest, könnte es angehen.«

»Was ich nach einem Jahr tun kann, kann ich auch jetzt«, erwiderte Céatach.

Er wollte auf keine Warnung hören. Diese Nacht verbrachten sie mit dreierlei, ein Drittel der Nacht erzählten sie Geschichten, ein Drittel der Nacht erzählten sie ›fiannaíocht‹ (Heldensagen), und ein Drittel der Nacht schliefen sie tief und fest bis zum nächsten Morgen.

Céatach legte sein wunderbar wunderträchtiges, über alle Maßen schönes Gewand an, ergriff sein Schwert mit dem dicken Rücken und der dünnen Schneide, und hinab fuhr er zur wild schäumenden See. Er nahm einen goldenen Ring von seinem Finger und zauberte sich daraus ein großes seetüchtiges Schiff. Er sprang auf das Mitteldeck. Er setzte die Segel.

Die kleinen Aale der östlichen See und die großen Aale der westlichen See sprangen zu ihm auf Deck, boten ihm ihre Dienste an und machten Musik für den Sohn des Königs Cor aus Irland auf seinem Weg zur Östlichen Welt.

Als er nun in dem fernen Land ankam, warf er drei Wellen gegen sein Schiff, ließ einen Windstoß hindurchgehen und dann die Sonne darauf niederbrennen, daß das Holz splitterte. Er sprach einen Spruch für ein Jahr und einen Tag über das Schiff, wenngleich er vielleicht schon in einer

Minute zurückkommen würde. Dann verwandelte er es in einen grünen Stein auf dem Strand, an dem Seegras hing. Er spazierte mit dem Schwert in seiner Rechten durch das Königreich, bis er an das Haus von Stahl-Schädel kam. Dort schlug er gegen den Pfosten, den man berühren muß, wenn man den Riesen zum Kampf herausfordern will.

Das machte einen solchen Lärm, daß das Fohlen im Leib der Stute, das Lämmchen im Leib des Mutterschafs, das Kind im Leib des Weibes und die Kitz im Leib der Ziege sich neunmal um sich selbst drehten.

Er ließ keines der alten Schlösser unzerstört und keines der neuen unbeschädigt, keinen alten Baum ungebrochen und keinen jungen Baum ungebeugt. Auf seinem Schwert stand geschrieben, es sei da kein Krieger unter der Erde oder auf der Erde, den er nicht besiegen werde.

Der Herold des Riesen kam heraus und verlangte zu wissen, was dieser Fremde wolle.

»Einen Kampf mit Stahl-Schädel«, erwiderte Céatach, »oder die Tochter des Zauberers aus Griechenland.«

»Nur zu bald wirst du deinen Kampf bekommen«, sagte der Herold, »du wirst nicht lange auf Stahl-Schädel warten müssen. Gerade legt er seine Rüstung an, die schützt ihn vom Scheitel bis zu den Fußsohlen. Jeder Hieb, den er dir versetzt, wird durch deine Oberhaut in deine Unterhaut, durch die Unterhaut in deine Knochen und durch deine Knochen bis ins Mark dringen. Jeder Hieb, den du ihm versetzt, wird von seinem Körper abgleiten wie ein Regentropfen von einer Glasflasche.«

Es dauerte tatsächlich nicht sehr lange, da kam Stahl-Schädel heraus. Sie gingen aufeinander los wie zwei wilde Bären, zwei wütende Drachen, zwei Falken oder Adler, sieben Tage und Nächte. Dann kämpften sie wie zwei edle Krieger mit ihren Schwertern auf dem Platz vor dem Palast.

Plötzlich blickte die Tochter des Zauberers aus dem obersten Fenster und sah den Kampf, der dort unten im Gang war.

»Ach, Sohn des Königs von Irland«, rief sie aus, »dies ist ein böser Ort. Hier wirst du deinem Tod begegnen, und niemand, außer mir, wird um dich weinen. Warum denkst du nicht an all das, was mein Vater und meine Mutter dich gelehrt haben?«

Als Céatach dies hörte, stieg ihm das Blut aus den Sohlen seiner Füße in den Kopf. Er wich etwas zurück und versetzte Stahl-Schädel einen Schlag auf den Adamsapfel und hieb dem Riesen den Kopf ab. Der Schädel flog pfeifend hoch in die Luft und kam summend wieder herab und wollte sich wieder auf den Hals setzen, von dem er abgetrennt worden war. Aber Céatach war auf der Hut. Er gab dem Schädel einen Tritt mit seinem gewaltigen rechten Stiefel, da fiel er auf einen Höhenzug sieben Meilen vor dem Palast.

»Glück für dich«, sagte der Schädel, »hätte ich mich wieder auf den Hals gesetzt, so hätte es der halben Fianna bedurft, um mich wieder loszubekommen.«

»Ich habe dich nicht dazu abgeschlagen, daß du dich wieder auf deinen Hals setzt, du Tunichtgut«, erwiderte Céatach.

Er lief zu dem Palast. Die Tochter des Zauberers aus Griechenland kam schon die Treppe herunter, aber das Unglück wollte es, daß sich ein Mann, der zwölfhundert Jahre alt war, ihr in den Weg stellte.

Céatach nahm ihn bei den Beinen, warf ihn hoch in die Luft, und er brach sich das Genick, als er wieder die Erde berührte.

Die Tochter des griechischen Zauberers küßte Céatach, weinte vor Freude und trocknete die Tränen, die auf das Gewand des Recken gefallen waren, mit ihren Kleidern aus Seide und ihrem eigenen Haar.

Sie teilten die Nacht in drei Teile, zuerst erzählten sie Geschichten, dann ›finnaíocht‹, und während des letzten Drittels schliefen sie fest und ruhig bis zum Morgen.

Kaum war der Morgen da, erhob sich der Krieger. Er sprach seine Gebete, kämmte sein Haar und bat Gott, seine

Wege zu leiten. Céatach und die Tochter des Zauberers von Griechenland beschlossen zu heiraten, und das taten sie dann auch, auf der Stelle. Dann kam es ihnen ein, nach Griechenland zurückzukehren. So brachten sie also alles, was man für eine solche Reise braucht, an Bord eines Schiffes, das Stahl-Schädel gehört hatte, und setzten Segel. Als sie etwa die Hälfte der Strecke zurückgelegt hatten, dachte Céatach, der Sohn des Königs Cor in Irland, plötzlich an die Fianna.

»Ich habe von der Fianna gehört, als ich noch ein Kind war«, sprach er, »ich habe sie nie zu Gesicht bekommen, und wenn ich nun schon einmal unterwegs bin, so will ich doch hinsegeln und schauen, was für Männer das sind.«

»Tu das besser nicht«, sagte sein Weib.

»Ich will aber.«

»Nein!«

»Ich will!«

Während sie so stritten, achteten sie nicht auf den Kurs, bis das Schiff hoch und trocken auf dem Strand unter dem Haus der Fianna von Irland saß.

Céatach nahm sein Weib bei der Hand und führte es in die Stadt der Fianna. Die Fianna von Irland hatte einundzwanzig Häuser, in jedem Haus waren einundzwanzig Zimmer, und in jedem Zimmer gab es einundzwanzig Kamine. Um jeden Kamin saßen einundzwanzig Fianna-Männer. Als nun Céatach mit seiner Frau eintrat, verliebte sich Conán in sie auf den ersten Blick. Fort rannte er, so rasch er konnte, und ging zu einem weisen alten Mann.

»Céatach, der Sohn des Königs von Cor in Irland, ist gerade unten angekommen«, sagte Conán, »er hat das schönste Weib, das je die Sonne beschien und dem je der Wind ins Gesicht blies. Und wenn ich sterbe, ich muß sie für mich gewinnen. Céatach muß sterben.«

»Das sieht schlecht für dich aus«, meinte der alte Mann, »weißt du nicht, daß kein Mann ein schönes Weib hat, wenn er nicht auch für es kämpfen kann?«

»Komm mir nicht mit solchen dummen Sprüchen«, sagte Conán, »meine Vorväter und ich haben dich ernährt, damit du uns weissagst. Du könntest rasch dein Brot und deinen Kopf dazu verlieren, wenn du mir nicht verrätst, wie ich Céatach loswerde und seine Frau für mich gewinne.«

»Ehe ich mein Brot und meinen Kopf verliere«, sprach der alte weise Mann, »rate ich dir, Céatach für ein Jahr unter ›geasa‹ (Zauberbann) zu stellen. Er soll zu dem Zauberer des Gebirges gehen und von ihm den Rauhen Hund holen. Wie du weißt, machen dieser Zauberer und sein Untier unseren Soldaten viel zu schaffen.«

Kaum war Conán wieder zur Tür herein, da sagte er auch schon: »Céatach, Sohn des Königs von Cor in Irland, du stehst unter Bann, von dem kommst du erst wieder frei, wenn du zum Zauberer des Gebirges gehst und den Rauhen Hund holst.«

»Fionn«, sagte Céatach, »ich hoffe, du trägst Sorge für meine Frau, bis ich wieder zurück bin.«

»Ich gebe dir meine Hand und mein Wort«, sagte Fionn mac Cumhaill, »selbst wenn du ein Jahr und einen Tag fortbleibst, wird deinem Weib nichts geschehen.«

Céatach klatschte in die Hände, und der Wind, der so entstand, hob Conán in die Luft, und er kam auf den Stützbalken des Daches zu sitzen.

»Dort oben sollst du bleiben, Conán«, sagte er, »ob ich nun kurz oder lange fort bin.«

Dann rannte er aus dem Haus. Er übersprang mit jedem Schritt einen Hügel und zwölf Täler, bis der Tag zu Ende ging. Und als die schwarze Nacht über der Erde lag, kam er am Haus des Zauberers vom Gebirge an. Der Zauberer saß vor der Haustür und kämmte sich das Haar. Céatach sprang über seinen Kopf hinweg durch die Tür.

»Fú fá féasóg«, sagte der Zauberer, »ich rieche einen lügenden, diebischen Iren. Du bist es nicht wert, daß ich dich mit einem Biß auffresse. Ich weiß gar nicht, was ich mir dir machen soll. Ich könnte dich in die Luft blasen, dich in den Staub unter meinem Schuh treten oder dich auf die Spange meiner alten Schuhe verbannen.«

»Dir selbst könnte es in einem Jahr, von heute, noch tausendmal schlimmer ergehen«, sagte Céatach, »ich bin nicht hier, um dir Genugtuung zu geben. Du wirst dich vor mir zu verantworten haben.«

»Was willst du von mir?« fragte der Zauberer.

»Conán hat mich geschickt, um von dir den Rauhen Hund zu holen.«

»Weder du noch der Rauhe Hund werden lebendig daheim ankommen, um zu erzählen, was hier geschehen ist«, sagte der Zauberer, »was ziehst du vor: einen Ringkampf auf roten Dachsteinen oder ein Gefecht mit grauen Messern, die wir uns gegenseitig in die Rippen stechen?«

»Ich ziehe den Ringkampf auf roten Dachsteinen vor. Meine Füße werden dort nämlich Halt finden, während du, mit deinen häßlichen Pratzen, stürzen wirst«, sagte Céatach.

Hinaus gingen sie. Sie gingen einander an wie zwei wilde Bären, wie zwei wütende Ochsen, und der Kampf währte sieben Nächte und sieben Tage.

Die harten Stellen wurden weich und die weichen hart. Sie gruben eine Quelle durch das Innere der grünen Steine und versuchten einander zu erdrosseln, zu erschlagen und zu töten.

Endlich versetzte Céatach dem Zauberer einen solchen Schlag, daß dieser bis zu den Knien in den Boden einsank, mit dem zweiten Schlag trieb er den Zauberer bis zur Hüfte in das Erdreich und mit dem dritten Schlag stampfte er den Zauberer so tief in den Boden, daß nur noch der Kopf heraussah.

»Werde zu Lehm«, rief Céatach.

»Gnade«, schrie der Zauberer, »du bist der beste Krieger unter Männern und Weibern, den ich je getroffen habe. Wenn du mich freiläßt, gebe ich dir mein halbes Königreich zu meinen Lebzeiten, und die andere Hälfte erbst du nach meinem

Tode. Ich gebe dir eine schlanke schwarze Stute, die schneller als der Märzwind rennt. Ich gebe dir mein Schwert, das die Welt von Osten bis Westen erhellt. Ich und der Rauhe Hund werden deine Diener sein, bis an dein Lebensende.«

»Es dürfte schwer sein, dir immer deinen riesigen Wanst zu füllen«, meinte Céatach, »trotzdem, was würde es mir Gutes tun, wenn ich dich tötete?«

Er nahm den Zauberer bei den Ohren, zog an ihnen, bis sie sieben Meter lang waren, und dann stand der Zauberer wieder auf ebener Erde. Darauf machte er ein Joch, wie man es für einen jungen Widder gebraucht, wenn man ihm zum Markt führen will, und spannte daran den Rauhen Hund und den Zauberer des Gebirges. Er schnitt sich eine Rute, und alle drei machten sich auf den Weg zurück zur Fianna. Am nächsten Morgen gingen die einundzwanzig Mägde der Fianna aus, um Wasser für das Frühstück zu holen, da sahen sie Céatach mit dem Rauhen Hund und dem Zauberer kommen. Die Mädchen brachen sich fast das Genick, so rasch rannten sie heim, um die Neuigkeit zu erzählen. Sie schrien, denn sie fürchteten, nicht ein Fianna-Mann werde den nächsten Morgen überleben.

»Warum jammert ihr jetzt?« rief Fionn mac Cumhaill, »habe ich euch nicht immer gesagt, daß Céatach heimkommen wird, heil und gesund, wohin immer man ihn auch schickt?«

Kaum hatte er dies gesagt, da stürmte auch schon Céatach heran, den Rauhen Hund und den Zauberer hinter sich dreinziehend. Conán fiel von den Balken herab. Und kaum, daß seine beiden Füße den Boden berührten, da rannte er auch schon zu dem alten Mann und fragte ihn, wie er nun Céatach den Tod bereiten könne.

»Habe ich dir nicht schon neulich gesagt«, sprach der alte Mann, »daß heutzutage keiner ein schönes Weib hat, wenn er nicht auch in der Lage ist, es zu verteidigen? Welcher Teufel reitet dich? Wenn du dich mit Céatach anlegst, wird er die

Fianna nicht am Leben lassen, morgen werden sie alle tot sein.«

»Schluß mit diesem törichten Gerede«, rief Conán, »dazu haben dich meine Vorfahren nicht durchgefüttert. Für gute Ratschläge wirst du bezahlt. Wenn du mir nicht hilfst, schlage ich dir den Kopf ab.«

»Nun ja, ehe ich meinen Kopf verliere, will ich dir raten«, sagte der alte Mann, »schicke Céatach zum König der Westlichen Welt und laß ihn dort die Honigschüssel holen. Kein Prinz oder Königssohn, kein Recke oder Riese ist von dort je lebendig zurückgekommen.«

Conán kehrte in sein Haus zurück. Und kaum war er über die Türschwelle, da sprach er zu Céatach: »Ich stelle dich unter Bann. Du sollst davon nicht eher frei und los sein, bis du mir die Honigschüssel aus dem Haus des Königs der Westlichen Welt gebracht hast, die dort der Giftige Widder hütet. Kein Prinz, Königssohn, Recke oder Riese ist von dort lebendig heimgekehrt.«

»Nichts leichter als das«, sprach Céatach. Er rannte hinunter zur Küste, warf seinen goldenen Ring ins Wasser, machte ein großes Schiff daraus und sprang auf das Deck, gefolgt vom Rauhen Hund und vom Zauberer des Gebirges. Er setzte Segel, und keinen Halt machten sie, bis sie die Westliche Welt erreichten. Dort verwandelte Céatach sein Schiff wieder in einen grünen Stein, an dem Seegras hing. Er ging über die Insel hin, und der Zufall wollte es, daß der König der Östlichen Welt in dieser Nacht die Tochter des Königs der Westlichen Welt heiratete und ein Fest im Gange war, das sieben Nächte und sieben Tage dauerte. Drei Musikanten spielten, als Céatach die äußere Tür erreichte. Als er sie nun spielen hörte, nahm er drei Strohhalme und machte daraus drei Dudelsäcke: einen für sich, einen für den Zauberer vom Gebirge und einen für den Rauhen Hund. Darauf begannen sie zu blasen, und als die Leute drinnen im Schloß die schöne Musik hörten, die von draußen hereindrang, packten sie ihre Pfeifer beim Kragen und warfen sie hinaus. Herein kamen aber Céatach, der Zauberer und der Rauhe Hund, setzten sich auf die Plätze der Musikanten und machten Zaubermusik, wie man keine schöner je gehört hat.

Als ein gut Teil der Nacht vergangen war, bat Céatach um einen Trunk. So sehr hatte seine Musik gefallen, daß man ihm die Honigschüssel reichte, damit er daraus trinke. Er setzte sie an die Lippen und sah, daß dies das Gefäß war, das er suchte. Er beobachtete genau, wo man es wieder hinstellte, so wie es jeder Dieb tut, damit er es sich später holen könne.

Die Nacht verrann. Der Honigtopf stand auf einem Tisch und darüber sah man den Kopf des Giftigen Widders, der Wache hielt.

Nach einer Weile begann Céatach wieder zu spielen, und seine Musik schläferte alle Leute im Palast mit ihrem Zaubernebel ein. Da war er mit einem Sprung bei der Honigschüssel, und mit einem zweiten Sprung war er zur Tür hinaus, und der Zauberer und der Rauhe Hund rannten hinterdrein. Der dritte Sprung brachte ihn hinab zur Küste. Céatach hielt seinen Mantel unter dem einen Arm und die Honigschüssel unter dem anderen. Ihm auf den Fersen aber war der Giftige Hammel. Céatach blieb nichts anderes übrig, als einen Mantel über die eine Seite eines nahen Felsens zu werfen und sich auf der anderen Seite zu verstecken. So wütend war der Hammel, daß er meinte, Céatach habe sich unter dem Mantel versteckt, und er stieß mit voller Kraft dagegen und brach bis zu seinen Schultern in den Stein ein. Céatach aber sprang hervor, schlug mit seinem Schwert dem Hammel aufs Genick. So blieb der Kopf im Felsen stecken, der Körper aber sank auf den Sand und gab kein Lebenszeichen mehr von sich. Freudig segelten sie fort.

Unterdessen hatte die Mutter von Céatachs Frau davon gehört, daß die Tochter Irland erreicht habe. Sie dachte aber, die Fianna habe Céatach getötet und halte die Tochter gefangen. So erklärte sie der Fianna den Krieg und benannte den Tag für die Schlacht.

Als Céatach nun eines Nachts heimkehrte, waren es nicht Frauen, über die sich Conán den Kopf zerbrach, sondern der Krieg, der am nächsten Tag beginnen sollte. Am folgenden Morgen wollte die Fianna mit einundzwanzig Schiffen nach Griechenland segeln.

Als Céatach und sein Weib in dieser Nacht im Bett lagen, sagte der Recke: »Ich fahre morgen mit der Fianna aus und helfe ihr im Kampf gegen deinen Vater und deine Mutter.«

»Das wirst du nicht tun«, sagte sie.

»O doch«, erwiderte Céatach.

»Nein«, sagte seine Frau.

»Und doch«, sagte er.

»Warum willst du das tun?« fragte sie.

»Ich würde mich schämen«, antwortete er, »wenn die Leute aus meinem Reich von irgendeinem anderen Königreich auf der Welt besiegt würden.«

Also machte er sich am Morgen bereit. Und als er sich anschickte, an Bord zu gehen, und es war das Schiff, mit dem auch Fionn mac Cumhaill fuhr, sprach Céatachs Weib zu Fionn: »Fionn, wenn Céatach tot heimkehrt, so laß schwarze Segel hissen. Ist er aber am Leben, so setz weiße Segel.«

»Ich werde daran denken«, antwortete Fionn.

»Mehr verlange ich nicht von dir«, sagte sie.

Sie segelten also nach Griechenland, und als sie dort ankamen, schickte ihnen der König dieses Landes einundzwanzig Schiffe entgegen. Zudem standen der Sohn des Königs von Maol und der Sohn des Königs von Olachtaí kampfbereit am Strand.

Als das Morgengrauen kam und der Kampf beginnen sollte, fragte Céatach Fionn, ob er lieber gegen die einundzwanzig Schiffe oder gegen die zwei Krieger am Strand kämpfen wolle. Fionn wählte den Kampf am Strand, und er landete mit der Fianna und lieferte dem Sohn des Königs von

Maol und dem Sohn des König von Olachtaí ein Gefecht. Céatach aber fuhr den einundzwanzig Schiffen entgegen, und bis Mittag war kein Mann an Bord mehr am Leben. Da kehrte er zur Küste um. Dort waren bis zu dieser Zeit neun Männer der Fianna durch die Hand der beiden edlen Krieger gefallen.

»Ich habe immer dich und deine Männer rühmen gehört, Fionn«, sagte Céatach, »offenbar aber sind sie nur halb so tapfer und geschickt, wie man sie hinstellt. Komm, setze dich hier einen Augenblick zu mir. Ich will nachdenken, was zu tun ist.«

Da setzte sich Fionn. In ebendiesem Augenblick zeigte sich der Sohn des Königs von Maol hoch am Himmel in der Gestalt des Giftigen Löwen.

»Sohn des Königs von Maol, komm herab und kämpfe als Krieger«, schrie Céatach zu ihm hinauf.

»Nein«, rief der Sohn des Königs von Maol, »verwandle dich doch auch in einen Giftigen Löwen und komm zu mir herauf.«

Céatach erhob sich auf seine Zehenspitzen, und durch die Stärke seiner beiden zauberkräftigen Hände sprang er als Giftiger Löwe hinauf in den Himmel. Er war noch nicht eine Minute dort, als er auch schon dem Sohn des Königs von Maol den Kopf mit einem Prankenhieb abgeschlagen hatte. Herab zur Erde kam er wieder als schöner mächtiger Krieger und lud den Sohn des Königs von Olachtaí zum Kampfe ein. Der lehnte ab und forderte Céatach auf, auch mit ihm als Giftiger Löwe zu kämpfen. Zum zweiten Mal erhob sich Céatach auf seine Zehenspitzen, und durch die Stärke seiner beiden zauberkräftigen Hände verwandelte er sich in einen Giftigen Löwen.

Die beiden Zauberkrieger kämpften sieben Tage und sieben Nächte, erst als Löwen, dann als Drachen, dann als Adler, bis es auch nicht ein Untier mehr gab, in das sie sich nicht schon verwandelt hatten. Keiner konnte sich rühmen, stärker zu sein als der andere. Da fuhren sie in den See und bekriegten sich dort als Fische. Sie stiegen als Krieger ans Land und kämpften mit Schwertern, bis sie sich beide erschöpft, hungrig und durstig in den Sand legen mußten, ohne daß eine Entscheidung gefallen wäre. Einundzwanzig Tage hieben sie danach aufeinander ein. Und dann endlich rannten sie wieder mit ihren Schwertern gegeneinander an, stießen sich die Waffen ins Herz und fielen beide tot um.

Als Fionn das sah, rannte er herbei, um Céatach das Schwert aus dem Herzen zu ziehen.

»Laß das, Fionn«, sprach Céatach, »ich habe dir noch ein paar Worte zu sagen, ehe ich sterbe.«

»Nun gut«, antwortete Fionn, »ich dachte, je eher das Schwert aus der Wunde gezogen wird, desto kürzer ist die Pein.«

»Wenn du das Schwert herausziehst, werde ich verbluten«, sagte Céatach, »und ich muß noch mit dir reden.«

»Sprich«, erwiderte Fionn.

»Hat dir meine Frau nicht gesagt, du sollst schwarze Segel setzen lassen, falls ich tot heimkehre?«

»So ist es.«

»Und was wirst du tun?«

»Ich werde schwarze Segel setzen lassen«, sagte Fionn.

»Tu das nicht«, sagte Céatach, »du mußt wissen, meine Frau kennt einen Zauber. Wenn sie gegen deine Schiffe hin ihren Atem ausstößt, dann wird jeder, Mensch und Tier, Schaf, Lamm und Pferd, in einem Umkreis von hundert Meilen sterben. Sie wird alle mit ihrem Atem töten, wenn sie erfährt, daß ich tot bin.«

»War das alles, was du mir sagen wolltest?« fragte Fionn.

»Das war alles«, sagte Céatach.

Darauf zog ihm Fionn das Schwert aus der Wunde, und Céatach starb. Fündundzwanzig Fianna-Männer nahmen seinen Körper auf, trugen ihn zum Schiff und betteten ihn unter Deck. Dort ließen sie ihn, während sie mit weißen Segeln heimfuhren.

Seit dem Tag, an dem er zum Krieg aufgebrochen war, hatte Céatachs Frau kein Auge zugetan. Sie ging am Strand auf und ab. Endlich sah sie die Schiffe mit weißen Segeln hereinkommen.

Da freute sie sich, denn sie meinte, ihr Mann sei am Leben. Als das Schiff nun nur noch eine Meile vom Land entfernt war, sprang Fionn vom Deck ans trockene Land.

»Verdammt«, rief die Tochter des Zauberers von Griechenland ihm entgegen, »ich sehe, du kleiner, diebischer Fionn hast mich betrogen, denn, wäre mein Mann noch am Leben, so wäre er gewiß vor dir an Land gegangen, denn nie hat er jemand anderem den Vortritt gelassen.«

»Dein Mann ist nicht tot«, sagte Fionn, »die Müdigkeit hat ihn überfallen. Seit drei Tagen und drei Nächten schläft er schon unter Deck, und es gelingt uns nicht, ihn zu wecken. Geh an Bord und versuche, ob es dir gelingt.«

Mit einem Sprung war sie an Deck, mit einem zweiten Sprung war sie unter Deck. Als sie sah, daß Céatach tot war, fiel sie in Ohnmacht.

Kaum aber hatte sie ihren Fuß auf das Schiff gesetzt, da schlug Fionn das Ankerseil mit einer Axt durch, und das Fahrzeug trieb mit der Strömung und den Wellen auf die hohe See hinaus.

Für sieben Nächte und sieben Tage verharrte sie, über den Leib ihres Mannes gebeugt. Am achten Tag kam sie auf Deck, sah aber nichts von Gottes Schöpfung, und das Schiff fuhr für ein Jahr und einen Tag. Am Ende dieser Zeit ging der Proviant aus. Sie sah in der Ferne Land und segelte darauf zu. Als sie die Küste erreichte, machte sie das Schiff so fest, als solle es für sieben Jahre dort liegen. Noch nie hatte sie eine Insel oder ein Königreich gesehen, dessen Landschaft so wild war. Sie ging umher und sah weder Menschen noch Tiere. Alles war nacktes Gebirge. Da beschloß sie, auf die Spitze der Berge zu klettern, um zu sehen, wie es auf der anderen Seite war. Ich habe nicht mehr lange zu leben, dachte sie. Vor Hunger und Müdigkeit der Ohnmacht nahe, schleppte sie sich weiter. Als sie endlich die Bergspitze erreichte, sah sie in einiger Entfernung ein zerstörtes Schloß, aus dessen Schornstein aber stieg Rauch auf. Also ging sie hin. Niemand war drinnen, obwohl ein gutes Feuer brannte. Auch war der Tisch gedeckt. Es standen da drei Teetassen, drei Stückchen Butter und drei Schreiben Brot. Da sie halb verhungert war, nahm sie ein wenig von jedem.

Sie hatte kaum den letzten Bissen heruntergeschluckt, als sie hörte, daß sich jemand dem Schloß näherte. Drei Männer traten ein. Der eine hatte einen Arm verloren, der zweite hatte beide Arme verloren, bei dem dritten fehlte die linke Wange. Alle drei bluteten. Sie gingen in ein Zimmer und kamen als die schönsten und gesündesten Männer wieder heraus.

Die arme Frau hatte sich aus Furcht unter dem Tisch versteckt. Als sich nun die Männer an den Tisch setzten, sprach der Älteste unter ihnen: »Jemand hat von meinem Brot gegessen, aus meiner Tasse getrunken und von meiner Butter genommen.«

»Bei mir ist es auch so«, sprach der zweite Mann. »Bei mir auch«, rief der dritte.

»Nun«, sagte wieder der Älteste, »wer immer es auch gewesen sein mag, Mann oder Frau, er handelte gerecht. Er nahm gleich viel von jedem von uns.«

Sie begannen zu essen, und als der Jüngste zur Wand hin sah, entdeckte er dort den Schatten der schönen Frau und stand auf.

»Die schönste Frau, die die Sonne je beschienen hat, sitzt hier unter dem Tisch«, rief er aus.

Der zweite Mann sah unter den Tisch.

»Du bekommst sie nicht. Sie gehört mir!« sagte er.

»Keiner von euch beiden soll sie haben«, rief der Älteste, »ich nehme sie mir.«

Die drei Brüder begannen, sich auf den Tod zu streiten, da kam sie hervorgekrochen, um ihren Streit zu schlichten und versuchte ihnen klarzumachen, daß sie ja nur einen von ihnen heiraten könne. »Also überlaßt mir doch die Wahl«, fügte sie hinzu.

»Nun gut«, sprachen die drei Brüder, denn jeder hoffte, sie zu gewinnen.

»Ich werde den Ältesten zum Manne nehmen«, sagte sie, »wenn ihr mir versprecht, meinen Bruder wieder zum Leben zu erwecken. Er liegt tot unten auf dem Schiff. Ich habe gesehen, wie ihr vorhin eure Wunden geheilt habt.«

»Einverstanden«, sagten die drei Brüder.

Sie holten einen kleinen Topf mit zauberkräftigem Balsam und stiegen hinunter zum Schiff. Als aber der Älteste sah, wie groß und gewaltig Céatach war, sprach er: »Bei meiner Seele, ich hole diesen Kerl nicht ins Leben zurück. Wir könnten seine Hilfe zwar gut gebrauchen, aber wenn er uns feindselig gesinnt ist, wäre es besser, man hätte statt seiner mit dem Teufel zu tun.«

»Ich wecke ihn auch nicht auf«, sprach der zweite.

»Und ich auch nicht«, rief der dritte.

»Möge Gott mir beistehen«, sprach die Frau, »was für Feiglinge ihr doch seid! Ich bin seine Schwester. Ich heirate den Ältesten von euch. Dann ist dieser Mann euer Verwandter und wird euch bestimmt helfen.«

So redete sie auf die drei Brüder ein, bis sie sie umgestimmt hatte und sie den Toten doch noch zum Leben erweckten.

Auf stand da Céatach, so als sei nichts gewesen, heil und gesund. Sein Weib aber wußte, daß es sich nun nicht mehr würde fürchten müssen, da er wieder lebendig war.

»Dieser Mann ist keineswegs mein Bruder«, sprach sie, »er ist mein Mann. Aber ich gebe euch mein Wort, daß er euch beistehen wird, solange wir uns in diesem Land aufhalten.«

Jetzt, da sie die Wahrheit sagte, hatten die drei Brüder eine noch höhere Meinung von ihr. Sie führten das Paar zu dem Haus zurück und gaben ihm zu essen und zu trinken. Danach machten sie mit Céatach ein paar Wettspiele, und als es Nacht wurde, sagten sie zu ihm und seinem Weib, sie sollten nur in das obere Stockwerk hinaufgehen und sich dort schlafen legen, sie selbst würden sich unten einrichten. Nun weiß ein jeder, was geschieht, wenn Mann und Weib sich lange Zeit nicht gesehen haben – und was erst, wenn der Mann über sieben Jahre tot gewesen und dann wieder zum Leben erweckt worden ist –, und ich brauche davon nichts zu berichten. Ein jeder stelle sich vor, was er mag, denn dies kann niemand verbieten.

Céatach und sein Weib schliefen, bis der neue Tag kam.

Als sie nun hörten, daß sich die Brüder im Zimmer unten zu schaffen machten, stieg Céatach hinab, legte seinen Arm um die drei Männer und fragte, was sie jetzt vorhätten. »Das geht dich nichts an«, erwiderten sie, »du und dein Weib, ihr könnt hier schlafen oder euch vergnügen, bis wir am Abend wiederkommen. Wir aber müssen fort. Wir haben nicht Vater noch Mutter. Wir sind ganz allein. Jeden Tag fallen drei Wellen Riesen über uns her, versuchen uns zu töten und diesen Platz in Besitz zu nehmen. Jeden Tag töten wir sie. Aber am nächsten Morgen sind sie wieder lebendig und stürmen erneut auf uns ein. Deshalb kommen wir auch jeden Abend so schwer verwundet heim.«

»Ich werde mit euch gehen«, sagte Céatach.

»Bei meiner Seele, das wirst du nicht tun«, rief seine Frau.

»Und doch tue ich es«, sagte Céatach.

»Nein, bitte nicht.«

»Ja, entschieden doch.«

»Er kann ja mitkommen und dem Kampf zuschauen«, sagten die drei Brüder, »wir werden nicht von ihm verlangen, daß er sich einmischt.«

»Gut, aber wenn Céatach heute abend nicht mit euch heimkommt, könnt ihr euch auf was gefaßt machen«, sagte die Frau.

Céatach ging mit ihnen, und sie erreichten das Schlachtfeld, als gerade die Sonne aufging. Da sahen sie die drei Wellen von Riesen auf sich zukommen.

»Wir machen uns besser an die Arbeit«, sprachen die drei Brüder.

»Bleibt ihr nur hier sitzen«, sagte Céatach, »ich will sehen, ob ich noch etwas tauge.«

Er zwang die Brüder, sitzen zu bleiben. Er nahm sein Schwert und griff die Riesen an. Am Mittag lagen sie alle erschlagen auf einem großen Haufen.

»Komm mit uns«, sagten die Brüder, als die Riesen erschlagen waren.

»Es hat wenig Sinn, mit euch heute heimzukommen, wenn diese Riesen morgen alle wieder lebendig sind«, sagte Céatach, »wäre es nicht besser, hierzubleiben und zu schauen, warum sie bei Nacht immer wieder lebendig werden?«

»Deine Frau wird uns umbringen, wenn wir ohne dich heimkommen«, sagten die Brüder.

Trotzdem hieß er sie heimgehen. Als sie fort waren, kroch Céatach zwischen die leblosen Körper. Daheim schalt seine Frau mit den Brüdern. Sie sagten ihr, sie hätten ihn dringlich aufgefordert mitzukommen, aber er habe sich geweigert.

Die Nacht war neblig und regnerisch. Gerade als Céatach vor Morgengrauen einschlafen wollte, hörte er ein Geräusch und sprang auf. Da sah er ein kleines häßliches Weib oben nahe der Klippe. Sie stieß ein Butterfaß vor sich her und hielt in der Hand einen kleinen Besen, mit dem streute sie von dem, was in dem Faß war, auf die toten Körper der Riesen. Sobald die Tropfen der Flüssigkeit sie berührten, erhoben sie sich wie ein Schwarm Fliegen im Herbst.

»Kleine Hexe«, rief Céatach ihr zu, »wenn du auf meiner Seite bist, mag das hingehen. Bist du aber gegen mich, dann solltest du jetzt besser aufhören.« Er rannte zu der Hexe hin und hieb die Köpfe der Riesen ab, die schon wieder zum Leben erweckt worden waren. Aber von allen Feinden, mit denen er im Laufe seines Lebens gekämpft hatte, lieferte ihm diese Hexe das härteste Gefecht.

Als er ihr endlich den Kopf abhauen wollte, sagte sie: »Céatach, Sohn des Königs Cor in Irland, ich lege dich in den Bann. Du mußt zum König der Brücke gehen und sollst ihm sagen, daß du die Sau und die Ferkel getötet hast.«

»Nichts leichter als das«, sagte Céatach. Und schon war er auf dem Weg zum König der Brücke.

»König der Brücke«, sprach er, »ich habe die Sau und die Ferkel getötet, und hier stehe ich.«

»Das wird deine letzte böse Tat gewesen sein«, sagte der König.

Sie kämpften miteinander, und der König der Brücke hielt nicht lange stand.

Als er starb, sprach er: »Céatach, Sohn des Königs Cor in Irland, ich tue dich in Acht und Bann, du sollst zum König der Kirche gehen und ihm sagen, daß du den König der Brücke, die Sau und die Ferkel getötet hast, und daß du nun gekommen bist, um auch ihn zu erschlagen.«

Als Céatach beim König der Kirche angekommen war und dort seinen Spruch hergesagt hatte, kämpften sie miteinander. Und als der König der Kirche zum Sterben kam, sagte er: »Céatach, Sohn des Königs Cor in Irland, ich tue dich in Acht und Bann, du sollst zu der Großen Hexe vom Berge gehen und ihr sagen, daß du den König der Kirche, den König der Brücke, die Sau und die Ferkel getötet hast, und daß du nun kommst, um auch sie zu töten.«

»Das wird mir nicht schwerfallen«, sagte Céatach. Er brach auf, und zeitig am Tag sah er die Hexe hundert Meilen von sich entfernt. Er konnte zwischen ihren Beinen die ganze Welt sehen, aber zwischen ihr und der Spitze des Himmels war nichts. Ihr Backenzahn war so groß wie ein Schiff, mit dem man nach Amerika fährt. Mit Schrecken stand er vor ihr, aber dachte auch bei sich: besser mutig gestorben als in Feigheit. Er sagte vor der Hexe seinen Spruch auf, und sie antwortete: »Du sollst niemanden mehr töten.«

Céatach und die Hexe kämpften miteinander sieben Nächte und sieben Tage, und niemand hätte zu sagen gewußt, wer von beiden besser und wer schlechter war. Am achten Tag aber hieb ihr Céatach mit dem Schwert auf den Adamsapfel und schlug ihr den Kopf ab. Der Kopf pfiff, als er in die Luft flog, und er summte, als er wieder herabkam, und wollte sich wieder auf den Hals setzen. Doch der Recke gab ihm einen Tritt und schickte ihn auf einen hohen Berg, sieben Meilen entfernt. Dort sprach der Kopf: »Ich tue dich in Acht und Bann. Du sollst zu der Großen Katze der Höhle gehen und ihr erzählen, daß du die Große Hexe vom Berge, den König der Kirche, den König der Brücke, die Sau und die Ferkel getötet hast, und daß nun die Reihe an ihr sei. Die Höhle ist dreihundert Meilen groß und liegt am Ende des Königreiches.«

Als Céatach den Eingang der Höhle erreichte, stieg er dreihundert Meilen unter die Erde. Die Katze hatte die Höhle dreihundert Jahre nicht mehr verlassen. Als der Held in die Höhle eindrang, wehte ein schwerer Sturm, und die Wellen im Meer türmten sich hoch auf. Die Katze saß mitten auf dem Herd, mit dem Rücken zum Feuer. Sie hatte drei große Höcker auf ihrem Rücken, und jeder war so groß wie die Berge der Zwölf Bens. Furcht und Angst vor der Katze stiegen auf in Céatach.

»Jetzt hat mein letztes Stündlein geschlagen«, dachte er bei sich, »aber sei dem, wie es sei, wenn ich feige fliehe, wird mich die Katze auch in Stücke zerreißen. Dann ist es schon besser, zu sterben, wie es sich für einen Krieger gehört.« Also sagte er furchtlos der Katze ins Gesicht, was die Hexe ihm aufgetragen.

»Beim Teufel, du wirst niemanden mehr töten«, fauchte die Katze.

Darauf sprang sie vom Herd, griff Céatach an und riß ihm die Leber und die Lunge aus dem Leib und hing sie an einem Balken auf.

Céatach war trotzdem immer noch am Leben, so viel Kraft war in ihm, und er belauerte die Katze mit seinem Schwert in der Hand.

Als sie ihn zum zweiten Mal angriff, entdeckte er einen Leberfleck an ihrem Bauch. Dorthin zielte er mit seinem Schwert. Da brach die Katze tot zusammen. Aber auch Céatach verhauchte nun sein Leben.

Sie hatten einander getötet, und Céatach war so zwischen dem Hinterteil der Katze zu liegen gekommen, daß eines ihrer riesigen Beine ihn vollständig zudeckte.

Eine Woche verging. Die drei Brüder und die Tochter des Zauberers von Griechenland suchten nach Céatach. Überall, wo sie hinkamen, fanden sie Tote. Nirgends war noch jemand am Leben. Sie fanden die Große Hexe der Berge tot und gelangten endlich zu der Höhle der greulichen Katze. Sie stiegen hinab, durchsuchten die Höhle und entdeckten den leblosen Körper der Katze, aber Céatach fanden sie nicht.

Die drei Brüder freuten sich. In Zukunft würden sie sich nicht mehr zu sorgen brauchen. All ihre Feinde waren tot.

Aber wo war Céatach?

Die Tochter des Zauberers von Griechenland war schon ganz verzweifelt. »Wenn wir meinen Mann nicht finden«, sprach sie, »will ich hier in der Höhle bleiben und um ihn trauern, bis ich sterbe.« Sie raufte sich das Haar, doch die Brüder zogen sie mit sich fort. Da fiel sie in Ohnmacht. Die Brüder beugten sich nieder, um ihr Wasser ins Gesicht zu sprengen. Sie schlug die Augen auf, und zufällig, wie sie da so lag und sich umsah, fiel ihr Blick zu der Stelle, an der Céatachs Stiefel ein wenig unter dem Leib der Katze hervorragte.

Obwohl die Brüder recht stark waren, mußten sie doch acht Tage schwer schuften, ehe sie das Bein der Katze anheben und Céatach hervorzerren konnten. Darauf rieben sie ihn mit dem heilenden Balsam ein. Da stand er auf, frisch und gesund, als sei nichts gewesen.

Sie machten aber einen bösen Fehler, als sie ihm, statt seiner eigenen Lunge und Leber, die Organe der Katze einsetzten.

Céatach hatte plötzlich so einen wilden Blick in den Augen.

Als sie die Hälfte des Weges heim zu ihrem Haus zurückgelegt hatten, lief eine große Ratte über die Straße. Céatach stürzte sich auf sie und wollte sie verschlingen. Da wurde den Brüdern klar, daß sie die falsche Lunge und die falsche Leber genommen hatten. Sie kehrten noch einmal in die Höhle zurück und entdeckten an dem Balken die Lunge und Leber des Recken. Sie eilten zu der Stelle, an der Céatach auf sie wartete, tauschten die Organe aus, und jetzt war er wieder ganz der alte.

Sie zogen heim und hielten ein Fest, das dauerte sieben Nächte und sieben Tage. Ich bin dort gewesen, aber außer teuflischem Gestank war nichts für mich zu holen. Oder doch, sie wollten mir ein Paar Schuhe aus Papier, gefüllt mit dicker Milch schenken. Ich habe sie ihnen an den Kopf geworfen. Es gab eine Überschwemmung, aber ich entkam sicher. Seither habe ich nicht ein Wort von ihnen gehört.

Mögen alle, die zugehört haben, für ein Jahr ab morgen siebentausendmal soviel Glück haben wie im letzten Jahr. Und Gottes und der Kirche Segen auf die Seelen der Toten!

Die drei Söhne des Königs von Antua

Da war einmal ein König in Antua, der hatte drei Söhne, und ihre Namen waren Cod, Cead und Michead. Eines Tages stand Cod auf und ging hinaus, um nach dem Wasser und den großen Wellen zu sehen. Er stand noch nicht lange am Ufer, als er auf der alten See ein Schiff dahersegeln sah. Das Schiff hielt auf ihn zu, bis es die Küste erreicht hatte. Eine schöne Frau sprang an Land und redete Cod an: »Du sollst deinen Kopf und all deinen Besitz verlieren, wenn du mich nicht zu deinem Weibe machst, ehe ein Tag und ein Jahr vergangen sind!«

»Aber wie und wo finde ich dich?« fragte Cod.

»Ein Jahr bin ich eine Katze, ein Jahr ein Hund, ein Jahr ein weißgefiederter Schwan«, sprach sie, »einen Tag in jedem Jahr erscheine ich in meiner wahren Gestalt. Ich bin unter den Frauen an diesem Tag. Du mußt mich finden und dazu deinen Verstand und deine Stärke gebrauchen.«

Darauf segelte die Frau in dem Schiff wieder fort. Cod ging heim, ließ sich in einen Stuhl fallen und stieß einen solchen Seufzer aus, daß der Stuhl unter ihm zusammenbrach.

»Das war der Seufzer eines Mannes in Acht und Bann«, sprach der König.

»Nur zu wahr«, antwortete der Sohn.

»Was ist dir zugestoßen, mein Sohn?«

»Eine Frau kam in einem Schiff über das Meer. Ich bin in Acht und Bann, bis ich sie gefunden und zu meinem Weibe gemacht habe.«

»Wieviel Zeit hat sie dir gegeben?« fragte der Vater.

»Einen Tag und ein Jahr!«

»Nur ruhig«, sagte der König, »das ist Zeit genug, um sich nach ihr umzusehen. Ich werde eine große Flotte ausrüsten lassen. Du wirst sie schon finden, ehe die Frist abgelaufen ist.«

»Eine ganze Flotte würde zuviel kosten«, sprach Cod, »ich will nur meine Brüder mitnehmen.«

Der Vater ließ also ein gutes Schiff rüsten und Proviant für sieben Jahre an Bord bringen.

»Meine Brüder und ich werden mit dem schlanken Schiff das Meer pflügen, das einen weiten Mund hat«, sagte der älteste Sohn des Königs, »und mein Kopf soll der Kompaß sein von nun an.«

Sie segelten fort von ihrem Vater, sie segelten eine Zeit, und am Ende kamen sie zu einer Insel, wo sie das Fahrzeug festmachten und an Land gingen. So weit sie sehen konnten, stand überall nur Gras, doch in der Mitte der Insel fanden sie ein kleines Schloß. Sie klopften an der Tür. Niemand antwortete. Sie traten ein. Das einzige Lebewesen drinnen war eine Katze, die auf dem Boden saß. Vor den drei Männern aber stand ein Tisch mit gutem Fleisch und gutem Wein. Sie setzten sich hin und aßen und tranken, bis sie's zufrieden waren.

Als die Nacht kam, führte sie die Katze zu einem Bett. Die drei Brüder schliefen in dem Bett, Cod, der Älteste, lag ganz außen. Die Katze kam, setzte sich ihm auf die Brust und schnurrte die liebe lange Nacht.

Am nächsten Morgen stand der Frühstückstisch gedeckt für die Söhne des Königs. Als sie gegessen hatten und zum Schiff zurückgehen wollten, stand die Katze auf der Türschwelle und schien sie zurückwinken zu wollen.

»Die Katze will nicht, daß wir davongehen«, sagte der älteste Bruder.

»Du hast recht«, sprachen die beiden anderen. Sie blieben also auch diesen Tag auf dem Schloß, Essen stand auf dem Tisch, wann immer es sie danach verlangte. Die zweite Nacht ging herum wie die erste. Am zweiten und dritten Morgen hielt sie die Katze abermals zurück. Am vierten Morgen sprachen die Brüder: »Sie will uns überhaupt nicht fortlassen. Sie soll nicht ihren Willen haben. Gehen wir!«

Sie gingen geradewegs zu ihrem Schiff. Sie segelten viele Tage, bis plötzlich ein Mann zu Pferde aus Norden auf sie zugeritten kam. Sie fürchteten sich sehr vor ihm.

Der große Mann kam heran, band den Schwanz seines Pferdes um den Hauptmast und schickte sich an, das Schiff durch das Meer zu ziehen.

»Dieser Mann wird uns so lange auf dem Meer halten, bis unser Schiff unter uns verfault und wir alle verloren sind«, sprach der älteste der Königssöhne. »Geh«, sagte er zum zweiten Bruder, »und versuche den Schwanz des Pferdes mit deinem Schwert zu durchschlagen. Wenn du ein Haar zertrennen kannst, wird es dir auch bei all den anderen Haaren gelingen.«

Der zweite Bruder ging also zum Hauptmast und führte einen kräftigen Schlag, aber das Schwert glitt am Haar des Pferdes ab, und kein einziges Haar schnitt es entzwei.

»Nimm du dein Schwert«, sprach er zu dem jüngsten Bruder, »und versuche, ob du ein Haar zerschneiden kannst.«

Auch sein Schwert glitt von dem Schwanz ab. Da erhob sich Cod, führte seinen besten Streich, aber auch ihm erging es nicht anders als seinen beiden Brüdern zuvor.

»Wir müssen aufgeben«, sagte der Königssohn, »wir werden wohl unser Land und unsere Eltern nie wiedersehen.«

Als das Pferd sie drei Tage und Nächte durchs Meer gezogen hatte, sahen sie einen schwarzen Hund, der mit mächtigen Schritten angehetzt kam.

Die drei Brüder befiel große Angst, denn der Hund sah noch viel schlimmer aus als das Pferd.

»Das Pferd wäre vielleicht einmal müde geworden«, sagte der Älteste, »aber dieser Hund wird uns gewiß verschlingen.«

Aber sieh da, als der Hund näher herangekommen war, machte der große Mann den Schweif des Pferdes vom Schiff los, ritt geschwind davon, und der Hund stürmte hinterdrein.

Das Pferd warf Wasser in den Himmel und versuchte zu entkommen; der Hund machte furchtbare Sprünge, und nach einer Weile hatten die Brüder beide Tiere aus den Augen verloren. Da setzten sie Segel und nahmen Kurs auf ihre Heimat.

Als sie das Königreich erreichten, rüstete ihr Vater die größte Flotte aus, die man je auf der Welt gesehen hat.

Die Brüder segelten fort und waren eine Zeit unterwegs, als sie einer anderen Flotte begegneten, die war zweimal so groß wie ihre eigene.

»Habt keine Angst«, sagte Cod, »laßt uns die Schlachtfahne hissen.«

Das geschah, aber die große Flotte zeigte die Farben des Friedens. Da holten die drei Brüder die Schlachtfahne wieder ein und hißten ebenfalls die Farben des Friedens. Cod entdeckte, daß es sechs junge Männer waren, die die Flotte befehligten, die Söhne des Weißen Königs und die Söhne des Königs von den Gefleckten Bergen.

Die Prinzen segelten mit ihren Flotten gemeinsam weiter, bis sie zu einer Insel und an ein Kap kamen. »Vielleicht entdeckt man einen Hafen, wenn man das Kap umrundet«, sprachen die Söhne des Weißen Königs zu Cod, »schick du eines deiner Schiffe hin, und wir werden zwei von unserer Flotte ausschicken.« Cod ging auf den Vorschlag ein, aber keines der drei Schiffe kam zurück. Jetzt schickten die anderen Königssöhne vier Schiffe aus, und Cod schickte zwei, und auch sie blieben alle verschwunden. So ging das weiter, bis überhaupt nur noch zwei Schiffe von den beiden Flotten übriggeblieben waren, eines gehörte Cod, das andere den sechs Prinzen.

Da witterten die Söhne des Königs von Antua Verrat, und sie enterten das andere Schiff. Sie traten vor die sechs Prinzen hin, und Cod sagte zu ihnen: »Ihr werdet alle sterben müssen, wenn ich meine verschwundenen Männer und Schiffe nicht wiederbekomme.«

Die sechs gaben keine Antwort. Ein Kampf begann. Cod und seine Brüder gewannen die Oberhand. Da verwandelten sich ihre Gegner in sechs feurige Bälle, stiegen in den Himmel und verschwanden dort.

Die drei Königssöhne segelten weiter auf der Suche nach ihrer verlorenen Flotte und deren Besatzung. Schließlich landeten sie auf der Insel und sahen viele ihrer Männer tot auf dem Strand liegen. Hinter den Toten aber stand eine übermächtige Armee, bereit zum Kampf.

»Bringt ihr euch in Sicherheit«, sagte Cod zu seinen beiden Brüdern, »ich werde dieser Armee entgegentreten.«

»Wir verlassen dich nicht. Wir stehen dir bei, und sei es unser Tod«, antworteten sie ihm.

Sie griffen also das große Heer an, und die Schlacht währte von Morgengrauen bis zum Ende des Tages, und als die Nacht kam, waren nur noch Cod und seine beiden Brüder am Leben. Am nächsten Morgen aber kamen die sechs Söhne der beiden Könige wieder, und der Kampf begann von neuem.

Diesmal töteten Cod und seine beiden Brüder alle sechs Prinzen, aber Cead und Michead starben nach der Schlacht. So war Cod ganz allein.

Er legte ihre Leichen in eine Kiste mit süßduftenden Kräutern und beschloß, so lange die Welt zu durchstreifen, bis er sie mit Hilfe eines zauberträchtigen Wassers wieder zum Leben erwecken könne.

Während Cod noch Kräuter über die Leichen streute, erschien ein scheußliches altes Weib. Ihr Haar war so lang, daß es über den Boden schleifte, einen ihrer Zähne benutzte sie als Stab und ein Auge trug sie als Brustspange. Sie kam näher und sprach freundlich zu Cod: »Ich höre, du hast Kummer. Ich komme, um dich für die Nacht in mein Haus einzulassen.«

Cod dankte ihr und schlief diese Nacht unter ihrem Dach, und am Morgen fragte er sie, ob sie ein Zauberwasser besitze, das seine Brüder wieder ins Leben zurückbringen könnte.

»Ich hatte ein heilendes Wasser«, antwortete sie, »aber der Kleine Riese aus dem Gebirge hat es mir gestohlen.«

»Wo treffe ich den Riesen jetzt?« fragte Cod.

»Du wirst seine Spur leicht finden«, antwortete das häßliche alte Weib, »als er fortlief mit dem heilenden Wasser, hat er das Gras niedergetreten. Und wo er seinen Fuß hinsetzte, da wird es sich nicht mehr aufrichten, für Jahr und Tag.«

So machte sich Cod sofort auf den Weg zum Schloß des Kleinen Riesen vom Gebirge.

Als er sein Schloß erreichte, fand er die Tür offen, und niemand war drinnen, aber vor dem Feuer lag eine gebratene Forelle, die aß Cod und ging dann wieder hinaus. Jetzt sah er den Kleinen Riesen vom Gebirge mit einer Angelrute über der Schulter heimkommen. Als er Cod sah, begann er zu lachen.

»Warum lachst du, häßliches Vieh?« fragte Cod.

»Ich freue mich, weil ich dich nachher gleich auffressen werde«, sagte der Riese.

»Noch hast du mich nicht«, sagte Cod, zog sein Schwert und stürzte sich auf den Riesen.

Nachdem sie eine Weile gekämpft hatten, gelang es Cod, den Riesen zu Fall zu bringen, und er stand über ihm mit erhobenem Schwert. Da rief der Riese: »Schone mein Leben, und ich werde dir alles geben, worum du mich bittest.«

»Gib mir ein heilendes Wasser, damit ich meine Brüder wieder zum Leben erwecken kann«, sagte Cod.

»Ich hatte heilendes Wasser«, antwortete der Riese, »aber der Große Riese aus dem Gebirge hat es mir fortgenommen.«

»Und wo finde ich den Großen Riesen aus dem Gebirge?« fragte Cod.

»Du wirst seine Spur leicht finden. Wo er hintrat, als er mit dem heilenden Wasser davonlief, da wächst für sieben Jahre kein Grashalm mehr.«

Cod schlug dem Kleinen Riesen den Kopf ab und machte sich auf den Weg zum Schloß des Großen Riesen. Als er dort ankam, war der Riese nicht da, aber er traf eine schöne junge Frau, die mit langem Messer in der Hand vor dem Feuer saß.

Von Zeit zu Zeit setzte sie das Messer an ihre Brust, als wolle sie sich erstechen.

»Warum hebst du dieses Messer gegen dich?« frage Cod sie.

»Vor Jahr und Tag hat mich der Große Riese des Gebirges aus dem Schloß meines Vaters gestohlen«, sagte das Mädchen, »er legte ein Versprechen ab, mich erst nach einem Jahr und einem Tag zu heiraten. Heute abend läuft die Frist ab. Ehe es dazu kommt, nehme ich mir lieber selbst das Leben.«

»Solange ich noch am Leben bin«, sagte Cod, »brauchst du die Hoffnung nicht aufzugeben.«

»Du mußt sofort von hier verschwinden«, sagte das Mädchen, »wenn er dich entdeckt, wird er dich gewiß töten. Er besitzt eine Eisenstange mit neun Erhöhungen, und in jeder sitzen neun vergiftete Haken. Wenn einer dieser Haken deine Haut berührt, wird sie anschwellen von dem Gift, und du wirst sterben.«

»Ich fürchte mich nicht«, sagte Cod, »ich werde mit dem Riesen um das heilende Wasser kämpfen, mit dem ich meine Brüder wieder zum Leben erwecken will.«

Das junge Mädchen kochte dann etwas zu essen, und während Cod seine Mahlzeit verzehrte, hielt sie draußen Wache, damit der Riese ihn nicht unerwartet überfalle.

Als Cod aufgegessen hatte, übernahm er bald selbst die Wache, und es dauerte nicht lange, da sah er den Riesen mit einer Angelrute über der Schulter zurückkommen.

Als der Riese Cod entdeckte, warf er die Angelrute fort, erhob die Eisenstange über den Kopf und ließ sie auf die Stelle niedersausen, wo Cod stand, der aber war zur Seite gesprungen, und die Stange hatte sich tief ins Erdreich gewühlt.

Während der Riese versuchte, sie herauszuziehen, stach ihm Cod mit seinem Schwert dreimal in den Magen. Der Kampf ging weiter, bis der Riese schwach wurde vor lauter Wunden.

Nur einmal berührte einer der Haken an der Eisenstange ganz leicht Cods Schenkel, aber sofort begann sein Bein anzuschwellen. Doch da war der Riese auch schon zu Boden gestürzt, und sein Blut floß dahin in kleinen Bächen.

»Ich will dir das Leben schenken«, sagte Cod zu dem Riesen, »wenn du mir das heilende Wasser gibst.«

»Ich besaß es einmal, aber der König des Waldes hat es mir gestohlen«, antwortete der Große Riese. Als Cod das hörte, schlug er ihm den Kopf ab, doch nun schmerzte seine Wunde so arg, daß auch er sich auf dem Boden ausstrecken mußte.

»Es gibt einen Zauberkessel in dem Schloß«, sagte das Mädchen, als sie den toten Riesen erblickte und Cod verwundet daliegen sah, »die Flüssigkeit in diesem Kessel heilt jede Wunde und bringt Tote ins Leben zurück.«

Da schleppte sich Cod zu dem Kessel, badete sein Bein und wurde wieder kräftig und stark wie zuvor. Das Mädchen war so glücklich darüber, daß der Riese nun tot war, daß sie Cod einen Anzug schenkte, in dem man in Flüssen und Seen, aber auch im Meer sich unter Wasser bewegen konnte, ohne zu ertrinken. Cod dankte dem Mädchen und brach auf, um den König des Waldes zu suchen.

Er ging eine Weile und kam an einen Teich, und als er so am Ufer entlangschlenderte, stieg eine weiße Taube aus der Mitte des Teichs auf und flog in den Himmel.

Es dauerte gar nicht lange, da kam eine zweite Taube aus dem Wasser hervorgeschossen und flog davon. Und so ging das immer weiter.

Cod wunderte sich und sprach zu sich: »Das will ich doch herausfinden, wo diese Vögel herkommen und warum sie so eilig am Himmel verschwinden.«

Er legte seinen Wasseranzug an und stieg ins Wasser. Er tauchte so tief hinab, bis er den Boden des Teiches erreicht hatte, spazierte eine Weile dort entlang und entdeckte in der Mitte des Sees ein großes Schloß.

Er lief zu der Tür, und weil dort niemand stand, der ihn zurückgehalten hätte, trat er ein.

Er lief auf und ab in den Hallen und Fluren, sah niemanden, hörte niemanden, bis er endlich in ein Zimmer kam, in dem ein junges, sehr schönes Mädchen saß. In der einen Hand hielt es einen Stab und in der anderen ein Messer, und jede zwei, drei Minuten schnitt es ein Stück von dem Stab ab, und der Span verwandelte sich in eine Taube und flog durch den Kamin davon.

Als sie bemerkte, daß Cod ihr zusah, fuhr sie erschrocken zusammen.

»Hab keine Angst«, sagte Cod, »aber sag mir, wer du bist und was du da tust?«

»Ich stehe unter einem Zauber und bin hier in dem Schloß schon seit vielen Tagen«, sprach das Mädchen, »und dieser Stab, den ich nie ganz zerschnitzen kann, stammt von meinem Vater. Er gab ihn mir, um mich vor Traurigkeit zu bewahren.«

»Und wie kannst du von dem Zauber befreit werden?« fragte Cod.

»Ich werde nicht eher frei sei, bis drei Steine von der Östlichen Welt auf die Erde der Westlichen Welt fallen oder der König des Waldes tot ist.« Das Mädchen erzählte Cod, wo er den König des Waldes treffen werde, und Cod stieg auf aus dem See und machte sich auf die Suche. Kaum hatte er ihn entdeckt, da hatte Cod auch schon sein Schwert gezogen und machte sich daran, ihn anzugreifen. Doch dreitausend kleine Männer, das Volk des Waldes, sammelten sich um den König, und immer wenn Cod einem von ihnen den Kopf abschlug, wurde er sogleich wieder lebendig, steckte seinen Finger in den Mund, pfiff und rannte dann fort.

So tötete Cod einen lieben langen Tag die kleinen Männer, aber je mehr er erschlug, desto mehr kamen herbei, aufmerksam gemacht durch das Pfeifen ihrer Freunde. Dann, gegen Ende des Tages, fiel ein starker Nebel, und Cod konnte kaum noch die Hand vor seinen Augen sehen, doch drei Tage lang hieb er mit seinem Schwert um sich, obwohl er nicht sehen konnte, wohin er hieb und stach. Am dritten Tag kam das Mädchen, das er im Schloß des Großen Riesen getroffen hatte. Sie ließ den Nebel steigen. Da sah Cod, daß er die ganze Zeit die Ecken der Schloßmauer getroffen hatte, während er doch gemeint hatte, er kämpfe mit dem König des Waldes selbst. Aber jetzt konnte sich der König nicht länger verstecken, und Cod gewann in dem Kampf mit ihm bald die Oberhand.

»Du mußt Cod, der Sohn des Königs von Antua, sein«, sprach der König des Waldes, als sein Gegner ihn verwundet hatte, »vor vielen Jahren ist mir prophezeit worden, daß du die Macht über diesen Wald gewinnen wirst.«

»Ich bin Cod, und ich will von dir das heilende Wasser, das du dem Großen Riesen des Gebirges gestohlen hast«, sagte Cod.

»Ich besaß das heilende Wasser nur einen Tag«, sagte der König, »dann raubte es mir die Katze der Endlosen Geschichten.«

Cod zog also weiter, um diese seltsame Katze zu finden, aber er war noch nicht weit gegangen, als er seine beiden Brüder des Weges kommen sah, gesund und munter, mit einem schönen Mädchen in der Mitte. Und niemand anders war dies als die Dame, die nach Antua gekommen war und Cod in Acht und Bann getan hatte. Sie war die Katze der Endlosen Geschichten. Sie besaß das heilende Wasser, und damit hatte sie die beiden Brüder wieder zum Leben erweckt.

Cod vermählte einen seiner Brüder mit der Tochter des Königs des Waldes. Der jüngste Bruder heiratete das Mädchen, das auf dem Boden des Sees verzaubert gesessen hatte, und Cod gab ihnen das Land des Kleinen und des Großen Riesen vom Gebirge.

Die Katze der Endlosen Geschichten war nun auch von dem Zauber erlöst, den der König des Waldes über sie gesprochen hatte, und Cod heiratete sie, ehe ein Jahr und ein Tag vergangen waren.

Die ganze Gesellschaft zog dann zurück zu Cods Schiff und segelte fort, und nie mehr machte sie Rast, bevor sie das Schloß des Königs von Antua erreicht hatte. Dort hießen Vater und Mutter ihre drei Söhne freudig willkommen. Der König nahm seine Krone vom Kopf und setzte sie Cod auf und übergab ihm sein Königreich und all seine Macht für jetzt und für alle Tage, die sein Leben noch zählte.

Der Sohn der Witwe, der Teufel und der Narr

Es war einmal eine Witwe in Erin, die hatte drei Söhne. Der Älteste und der mittlere arbeiteten jeden Tag, hielten das Haus in Ordnung und unterstützten ihre Mutter. Seán, der Jüngste, aber hatte immer nur Dummheiten im Kopf, jedenfalls behaupteten das seine Brüder.

Eines Tages war die Mutter krank, und als die Söhne ins Haus kamen, bat sie, den Priester zu holen. »Ich bin jetzt müde«, sprach der Älteste, »ich habe den ganzen Tag geschuftet. Laß Seán gehen, der sitzt doch immer nur den ganzen Tag faul herum.« Der mittlere Bruder kam heim und sagte auf die Bitte der Mutter dasselbe.

Gegen Mitternacht kam Seán ins Haus. Er fand eine Schüssel mit Kartoffeln und einen hölzernen Krug mit Milch auf dem Tisch stehen. Er begann zu essen und zu trinken. Da hörte er seine Mutter in der Kammer nebenan stöhnen.

»Was ist dir, Mutter?« fragte er.

»Ich liege im Sterben, Seán, mein Lieber. Geh und rufe mir den Priester.«

»Das will ich tun«, antwortete Seán.

Fort ging er und nahm seine große Keule mit. Er rastete nicht, bis er an das Haus des Priesters kam. Dort schlug er mit der Keule gegen die Tür. Ein Diener stand drinnen auf und rief herunter: »Wer ist da?«

Seán nannte seinen Namen.

»Und was führt dich so spät in der Nacht hierher?«

»Meine Mutter liegt im Sterben und verlangt nach einem Priester.«

Der Priester zog sich an und kam zur Tür.

»Die Sachen, die ich brauche, stehen drüben in der Kapelle«, sagte er, »aber nicht für alles Gold von Erin würde ich zu dieser Stunde in der Nacht die Kirche betreten.«

»Gebt mir den Schlüssel«, sagte Seán, »ich hole Euch, was Ihr braucht.«

Der Priester reichte ihm den Schlüssel und erklärte ihm, was er mitbringen solle.

Seán betrat die Kapelle, fand rasch, was er suchte, und wollte gerade wieder gehen, als aus einer Ecke ein großer Mann auf ihn zutrat.

»Wer bist du?« fragte Seán.

»Ich bin der Teufel«, sagte der große Mann.

»Was bringt dich denn hierher?« fragte Seán, »mach, daß du fortkommst. In einer Kirche hast du nichts zu suchen.«

»Wer sagt das?« antwortete der Mann, »ich treibe mich oft hier herum. Ich habe Ansprüche auf Leute, die hierherkommen. Außerdem gehört mir ein Paar, das hier jeden Sonntag die Messe besucht. Sie streiten, verhauen und verfluchen einander ständig, wenn ich in der Nähe bin.«

Seán wollte sich mit seiner Keule auf den großen Mann stürzen und ihm den Kopf einschlagen.

»Tu das nicht«, rief der große Mann.

»Oh doch«, sagte Seán.

»Verschone mich!«

»Erst sag mir, wie du über dieses Paar Gewalt bekommen hast«, antwortete Seán.

Die beiden verließen die Kirche, und Seán verschloß die Tür.

»Warte hier«, sagte er zu dem Mann.

»Schon recht«, antwortete der Teufel.

Seán lief zum Haus des Priesters. »Hier, Vater, sind all die Sachen, die Ihr haben wolltet.«

»Geh jetzt heim«, sagte der Priester, »in fünf Minuten komme ich nach. Und mach daheim schon alles bereit.«

Seán und der große Mann gingen zusammen fort, und auf der Straße sprachen sie miteinander.

»Du wolltest mir die Geschichte dieses Paares erzählen«, erinnerte Seán den Teufel.

»Nun gut denn«, antwortete der große Mann, »die beiden wohnen in einem Haus ein paar hundert Ruten neben der Straße. In diesem Augenblick liegen sie im Bett und schlafen fest, aber wenn ich näher komme, werden sie aufwachen und miteinander streiten. Die Frau wird sagen, besser, ich hätte den Teufel geheiratet statt diesen Mann. Der Mann wird plötzlich verschwinden, und an seiner Stelle werde ich neben der Frau im Bett liegen und mit ihr das tun, was ich schon häufig getan habe, zu ihrem größten Vergnügen, und nicht leugnen will ich, daß ich nicht meinen Spaß dabei gehabt hätte. Die Frau hat ein Kind von zwei Jahren, und dieses Kind ist mein Sohn. Er wird zu einem jungen Mann heranwachsen. Man wird ihn auf ein College schicken und ihn zum Priester erziehen. Alle, die zugegen sein werden, wenn er seine erste Messe zelebriert, werden ihre Seelen an mich verlieren. Auch der junge Priester wird mir verfallen. Dies ist die Geschichte dieses Paares«, sagte der große Mann, »und jetzt muß ich dich verlassen, denn dort drüben liegt das Haus.«

Seán ging heim und kam eine halbe Stunde vor dem Priester dort an.

»Wie geht es dir?« fragte er seine Mutter.

»Etwas besser«, antwortete sie.

»Oh, dann tu so, als ginge es dir zehnmal schlechter, wenn der Priester kommt, andernfalls wird er mich umbringen, weil ich ihn mitten in der Nacht geholt habe.«

Seán warf ein Stück Torf auf das Feuer, kehrte das Zimmer und stellte alles bereit.

Der Priester kam.

»Nun, Seán, hast du auch alles für mich zurechtgelegt?«

»Gewiß doch, Vater.«

»Nun«, sprach der Priester zu der alten Frau, »warum habt Ihr mich nicht rufen lassen, solange es noch hell war?«

»Mein ältester Sohn wollte nicht gehen«, sagte sie, »der mittlere Sohn wollte auch nicht gehen. Ich mußte warten, bis Seán spät am Abend heimkam.«

»Wo sind die beiden anderen Söhne jetzt?«

»Sie liegen im Bett und schlafen.«

»Ich werde sie bestrafen«, sagte der Priester, »ich werde ihre Namen am nächsten Sonntag vor dem Altar nennen, weil sie sich geweigert habe, Euch zu gehorchen.«

Der Priester bereitete die alte Frau auf dem Tod vor und ging dann wieder heim. Seán war so dumm nicht. Er konnte schreiben und führte ein kleines Buch für sich. Er nahm das Buch hervor und schrieb die Geschichte auf, die der große Mann ihm erzählt hatte, mit Jahr und dem Tag des Monats, ganz genau. Als nun am folgenden Morgen die beiden anderen Söhne der alten Frau aufstanden und hörten, was der Priester ihrer Mutter gesagt hatte, waren sie so beschämt, daß sie sich entschlossen, fortzugehen und anderswo ihr Glück zu suchen.

Seán blieb zurück. Er betreute die Mutter, sah nach der Hütte und erledigte alles, was sonst noch zu tun war. Er machte das alles viel besser als seine Brüder.

»Nun«, sagte er eines Tages zu seiner Mutter, »seit Jahr und Tag sind meine beiden Brüder auf und davon; kein Mensch weiß, wohin es sie verschlagen hat. Ich will sie suchen gehen. Du hast genug zu beißen, bis ich wieder zurück bin, und das wird sein über Jahr und Tag, wenn ich dann noch lebe. Gib mir etwas Proviant mit auf den Weg. Morgen breche ich auf.« Die Mutter buk zwei Laib Brot und gab ihm ihren Segen. Seán wünschte seiner Mutter gute Gesundheit, und fort war er.

Er war drei Meilen gegangen, als er an einen Kreuzweg kam. Auf der einen Seite der Straße lag eine sumpfige Senke. Dort erblickte er einen Narren, der bis an seine beiden Augen im Sumpf steckte.

»Was machst du da?« fragte er.

Der Mann hob den Kopf und sah Seán an. »Ein vornehmer Herr ist vor einem Monat hier in einer Kutsche vorbeigefahren, die war mit vier Pferden bespannt«, antwortete er, »ich bat ihn um Gottes willen um Almosen, und er warf mir eine Handvoll Münzen zu. Einige davon sind in den Sumpf gefallen. Und von dem Tag an suche ich, ob ich sie nicht hier doch noch irgendwo finden kann.«

»Du bist ein großer Narr«, sagte Seán, »du tätest besser daran, dich auf Gottes Gnade zu verlassen.« Der Narr hatte das Paket entdeckt, das Seán unter dem Arm trug, und sprach: »Es ist lange her, seit ich zum letztenmal Gottes Gnade erbeten habe, und es hat wenig geholfen, weder im großen noch im kleinen. Es hat mir nicht zu Geld verholfen, und ich habe nichts dafür zu essen bekommen. Ich habe Hunger, und wenn du mir ein Stück Brot gibst, will ich gern mit der Gnade Gottes dafür zahlen.«

»Einverstanden, ich nehme die Gnade Gottes in Zahlung«, antwortete Seán, »und hoffe, daß sie mir Glück bringen wird.«

Mit diesen Worten öffnete er das Paket, gab ihm einen Laib Brot, und der Narr rannte zur Straße und fiel hin, während er das Brot aß.

»Komm doch mit mir«, sagte Seán, »wir wollen gute Kameraden sein. Geh zu dem Bach dort unten und wasche dein Gesicht.«

Der Narr tat, wie ihm geheißen, und dann brachen sie zusammen auf, doch sie waren noch keine halbe Meile miteinander gewandert, als der Narr sich umblickte und es ihm leid tat, daß er aus dem Sumpf herausgekrochen war.

»Ich glaube«, sagte er, »ich will wieder dorthin zurück und nach Geld suchen.«

»Schon recht«, sagte Seán, »du suchst dein Glück und ich das meine.«

Der Narr kehrte um, und Seán lief weiter, bis der Abend kam. Er sah kein Haus an der Straße vor sich und wußte nicht, wo er über Nacht bleiben sollte. Er sah nichts als Wälder. Endlich erblickte er ein Licht zwischen den Bäumen in einiger Entfernung von der Straße und entdeckte einen Pfad, der auf das Licht zuführte. Er folgte dem Weg und kam an ein altes Schloß. Die Tür öffnete sich von selbst, in der Küche brannte ein helles Feuer. Es war ihm kalt gewesen, und er setzte sich hin, um sich zu wärmen.

Wie er nun so dasaß und sich genauer umsah, entdeckte er auf beiden Seiten der Feuerstelle eine Pfeife mit Tabak. Er nahm eine der Pfeifen und zündete sie an.

Es standen aber auch noch zwei Töpfe neben dem Feuer, in dem einen kochte Rindfleisch und in dem anderen Hammelfleisch. Seán aß aus beiden Töpfen, bis er satt war. Dann streckte er sich müde aus.

»Wenn ich hier einschlafe«, dachte er, »und jemand kommt und ißt von dem Fleisch, so wird er mich vielleicht töten. Besser, ich verstecke mich.«

An der Wand stand eine hohe Kiepe aus Weidenruten geflochten, und voller Wolle.

»Das ist ein guter Platz für die Nacht«, sagte sich Seán. Er grub sich also ganz und gar in die Wolle ein und ließ nur ein kleines Löchlein offen, durch das er die Küche beobachten konnte.

Nach einer Weile kamen zwei Katzen angesprungen, jede so groß wie ein Kalb. Sie setzten sich vor das Feuer und nahmen von den Töpfen die Deckel auf. »Jemand ist vor uns hiergewesen und hat von unserem Fleisch gegessen«, sagten sie. Dann nahmen sie das restliche Fleisch vom Feuer und verzehrten es. Nach dem Essen griffen sie nach ihren Pfeifen. »Ich wünschte, ich würde den Mann erwischen, der meine Pfeife geraucht hat«, rief eine der beiden Katzen aus.

Als Seán das hörte, lief es ihm kalt über den Rücken, und er hatte Angst, sie würden ihn noch entdecken und ihn umbringen.

Die Katzen streckten sich vor der Feuerstelle aus. »Erzähl mir die neuesten Neuigkeiten«, sagte die erste Katze.

»Ich habe mich heute in einen Sperling verwandelt«, berichtete die zweite Katze, »ich bin in den Garten des Königs geflogen. Und als ich erst einmal im Garten war, bin ich zu einem der Fenster geflattert. Der König hat nur eine Tochter. Sie saß am Fenster und öffnete es. Sie nahm ein Stück Brot und streute mir einige Krumen davon hin. Sie streckte ihre Hand aus, um mich zu fangen. Da hackte ich sie mit dem Schnabel in die Hand und vergiftete sie. Die Hand schwoll sofort an. In drei oder vier Tagen wird es am schlimmsten sein, danach aber muß sie sterben.«

»Und wie könnte sie geheilt werden?« fragte die erste Katze.

»Das ist ganz einfach. Drei Fuß unter der Erde im Garten des Königs, in der Nähe eines großen Baumes, gibt es eine Quelle. Die Prinzessin kann nur geheilt werden, wenn man die Quelle ansticht und ihre Hände neunmal in dem Wasser gewaschen werden. Dann wird das Gift von ihren Händen verschwinden, wird sie aber innerhalb von neun Tagen nicht gewaschen, so muß sie sterben, und kein Arzt auf der Welt wird sie retten können.«

Seán hörte aufmerksam zu und merkte sich jedes Wort.

»Ich werde sie heilen«, dachte er bei sich.

Die Katzen schliefen ein, und bei Morgengrauen sprangen sie auf und rannten davon.

Seán kroch aus seinem Versteck hervor und machte sich ohne Aufenthalt sogleich auf den Weg. Er atmete auf, als er die Hauptstraße wieder erreicht hatte und der Wald hinter ihm lag. Er lief bis zur nächsten Stadt. Dort stand das Schloß des Königs. Die Leute in der Stadt gingen nicht ihrer Arbeit nach, und alle Läden waren geschlossen.

»Warum sind alle Läden geschlossen?« fragte Seán einen Mann, der vor seiner Haustür stand.

»Die Tochter des Königs ist sehr krank«, erklärte der Mann. »Ihr Vater fürchtet, sie wird sterben müssen, und wir machen uns großen Kummer um sie.«

»Wenn Euch die Königstochter so leid tut, dann gebt mir einen neuen Anzug. Ich will dann aufs Königsschloß gehen und sie heilen.«

Der Mann blickte Seán an. Er hielt ihn für närrisch. Sah so ein Doktor aus?

»Ich werde Euch sagen, warum meine Kleider so zerrissen sind«, sagte Seán, »ich habe immer alle Abkürzungen genommen, um nur rasch auf das Schloß zu kommen.«

Da gab der Mann Seán neue Kleider, und der Bursche zog sich so an, daß er aussah wie ein feiner Herr oder ein Arzt. Doktoren aus allen Teilen des Königreichs waren hereingekommen, um die Königstochter zu heilen, aber keiner hatte bisher Erfolg gehabt.

Seán ließ den König wissen, ein berühmter Arzt sei da, der wolle seine Tochter heilen. Man ließ Seán vor, und er sagte zum König: »Deine Tochter wird gesund sein, ehe drei Tage vergangen sind.«

Also führte man Seán in die Kammer, in der die Prinzessin im Bett lag. Man erzählte ihm, wo sie Schmerzen hatte und wie sie sich fühlte, und der König stand dabei, machte ein dummes Gesicht und hörte zu.

»Ich muß den Schlüssel zum Garten haben«, sagte Seán, »außerdem einen Spaten und drei Flaschen.« Man brachte ihm die Gegenstände.

Er ging hinunter in den Garten, schloß auf und sperrte hinter sich wieder zu. Dann sah er sich nach dem Baum um, in dessen Nähe die Quelle sein sollte. Er kam an eine feuchte Stelle.

»Hier muß es sein«, sprach er zu sich selbst. Und wirklich, kaum hatte er einen Spatenstich getan, schon sprudelte das Wasser aus dem Boden. Er füllte seine drei Flaschen, verschloß die Quelle wieder sorgfältig, so daß niemand sehen konnte, daß an dieser Stelle gegraben worden war. Dann ging er zur Königstochter, ließ sich ein Becken und ein Tuch geben und tat alles so, wie es die Katze beschrieben hatte. Da ging die Schwellung zurück, und die Prinzessin verlangte etwas zu essen.

»Wie geht es dir jetzt?« fragte der König.

»Es geht mir besser von Minute zu Minute, und dies ist ein großer Arzt«, antwortete die Tochter.

Am nächsten Tag stand sie auf. Seán blieb noch sechs Tage auf dem Schloß und war immer bei ihr, dann sprach er zu dem König: »Zahlt mich jetzt aus. Es wird Zeit, daß ich fortgehe.«

Der König gab ihm dreihundert Goldstücke.

»Was ist das?« fragte Seán, »das sind dreihundert, und dreitausend habt ihr mir versprochen!«

»Ach was«, sagte der König, »ihr seid für eure Mühe gut bezahlt.«

»So geht's nicht«, sagte Seán, »ich muß bekommen, was mir versprochen worden ist.«

Die Prinzessin nahm Seán beiseite und sprach: »Ich bin dir sehr dankbar. Ich gebe dir schon das Geld.«

»Nun gut«, sagte Seán.

Die Tochter des Königs gab dem Stallmeister Befehl, Seán ein gutes Pferd zu geben, und sie schenkte ihm einen Ring mit ihrem Namen. Sie hatte sich schon in ihn verliebt, wollte das aber noch niemanden wissen lassen.

»Paß auf dich auf«, sprach sie, »man weiß nie, was geschieht, aber wo immer du auch bist, gib mir Nachricht.«

Seán ließ die Prinzessin bei guter Gesundheit zurück und ging fort. Er rastete nicht, bis er zu dem Laden kam, wo man ihm die Kleider gegeben hatte. Der Kaufmann war froh, daß die Königstochter gerettet worden war. Seán bezahlte ihn für die Kleider.

»Ich nehme keine Bezahlung an«, sagte der Mann, »für mich ist es Lohn genug, daß die Prinzessin wieder gesund ist.«

Seán dankte, nahm sein Pferd, stieg auf, und ab ging's. Gegen Abend begann es heftig zu schneien. Weit und breit war kein Haus zu sehen, aber schließlich kam er an ein altes

Schloß mit zerbrochenen Scheiben, aber über der Tür stand in breiten Lettern zu lesen: »Wohnung für einen Mann und sein Pferd.« Seán war froh, endlich eine Herberge gefunden zu haben, und führte sein Pferd hinein. Es war eine Ruine, aber er fand einen Stall für sein Pferd und ein Zimmer für sich.

Auf dem Tisch stand Essen in Hülle und Fülle, doch kein Mensch ließ sich sehen. Er setzte sich hin, aß, als sei er hier zu Hause, und der Schnee draußen fiel dicht und schwer. Als er mit seiner Mahlzeit fertig war, ging er zu seinem Pferd, aber was sah er da? Jemand hatte dem Tier schon Heu vorgelegt. Er ging zurück in sein Zimmer und setzte sich vor das Feuer, denn ein Bett fand er nicht.

Es ging gegen Mitternacht, als Seán großen Lärm hörte. Es war, als ob jemand steinerne Stühle rückte.

»Jetzt geht es mir an den Kragen«, dachte Seán, als auch schon die Tür aufsprang und zwei Männer einen Sarg hereintrugen.

Der Deckel sprang auf, und heraus stieg ein Gerippe. Die beiden Männer, die den Sarg getragen hatten, schlugen auf das Gerippe ein, bis es den Schädel verlor, der rollte Seán vor die Füße.

»Benimmt man sich so!« sagte Seán, »zwei gegen einen, das ist doch unfair.«

Er versetzte einem der beiden Männer einen Schlag und streckte ihn zu Boden.

Da sprang der Schädel wieder auf seinen Platz auf dem Hals, und das Gerippe sprach: »Ich werde dich gut dafür bezahlen, aber nach und nach.«

Das Gerippe wankte wieder zum Sarg zurück, legte sich hinein, der Deckel schloß sich von allein wieder, und der Sarg wurde von den beiden Männern wieder hinausgetragen.

Seán war ganz stolz bei dem Gedanken, wie mutig er sich verhalten hatte.

Als er am nächsten Morgen erwachte, schneite es noch ärger als zuvor.

Ich muß wohl oder übel hierbleiben, sagte er sich, obwohl er schon ahnte, was die Nacht bringen würde. Wieder stand am Abend für ihn Essen auf dem Tisch. Wieder fand er, daß jemand seinem Pferd Heu vorgelegt hatte. Wieder kamen um Mitternacht die beiden Sargträger mit dem Sarg, und wieder mußte er dem Gerippe gegen die rohen Burschen beistehen. Wieder sprach das Gerippe, ehe es sich zurück in den Sarg legte: »Ich werde dich gut dafür bezahlen, aber nach und nach.«

Der Schneesturm hielt an, und als in der dritten Nacht dem Gerippe der Kopf wieder auf den Hals gesprungen war, sprach es zu Seán: »Hab keine Furcht vor mir. Ich will dir wohl. Setz dich, ich will dir meine Geschichte erzählen. Einst gehörte mir dieses Schloß und das Land in seiner Umgebung. Aber ich war oft hart und grausam zu meinen Knechten und Mägden. Ich hatte keine Kinder, und sehr plötzlich wurde ich aus dieser Welt gerissen. So erfuhr keiner, wo ich mein Geld versteckt hatte, und bis zu dieser Minute ist es auch noch niemanden gelungen, es zu finden.

Der Sohn meines Bruders war mein Erbe. Er zog auf dieses Schloß. Ich erschien, so wie ich dir erschienen bin und jetzt hier vor dir sitze; am nächsten Morgen rannte er voller Angst und Schrecken davon.

Kinder kamen und spielten Hurling. Die Fensterscheiben zerbrachen. Das Schloß verfiel. Das Land, die Äcker und Wiesen hat mein Neffe in Besitz genommen. Aber er lebt in der Stadt und kommt nie auf das Schloß.

Ich kann im Grab nicht eher Ruhe finden, bis meine Sünden abgegolten sind. Komm, ich zeige dir jetzt, wo mein Gold liegt. Bezahle aus dem Schatz meine Schulden. Es wird am Schluß noch genug übrigbleiben, um aus dir einen reichen Mann zu machen.«

Sie gingen zu einer bestimmten Stelle im Garten. Seán nahm einen Spaten mit. Unter einem großen Stein fand er eine ganze Kiste voller Gold. Er nahm heraus, was er brauchte, und stellte die Kiste darauf wieder an ihren Platz.

»Ich will, daß du dieses Schloß hier bewohnst«, sprach das Gerippe, »niemand hat ein besseres Anrecht darauf. Laß am nächsten Sonntag ausrufen, daß du der rechtmäßige Erbe bist.«

Seán führte alle Anweisungen des toten Mannes genau aus, und als der Neffe kam und Seán fragte, wie er seinen Anspruch begründe, erzählte ihm der Junge, was er in den drei Nächten gesehen und erlebt hatte. »Schon recht«, sagte der Neffe, »mach alles so, wie es mein Onkel dir aufgetragen hat.«

Seán bezahlte die Schulden des Toten.

Das Gerippe hatte gesagt: »Ich werde mich von Zeit zu Zeit als Amsel zeigen und dort drüben, gegenüber der Eingangstür, in einem Baum sitzen. Wenn alle Schulden bezahlt sind, wird mein Gefieder schneeweiß geworden sein.«

Als Seán nun glaubte, daß die Anrechte eines jeden abgegolten seien, ließ er noch dreimal ausrufen, Leute, die vom Verstorbenen noch Geld zu bekommen hätten, sollten sich melden. Keiner meldete sich. Die Amsel auf dem Baum gegenüber dem Haus hatte weiße Federn. Sie sang ein langes lustiges Lied und flog dann davon.

Es dauerte nicht lange, da drang die Nachricht, daß Seán nun ein eigenes Schloß besitze und schwerreich sein, bis zum König.

»Zu ärgerlich«, sprach der König zu seiner Tochter, »daß wir uns damals mit diesem Mann überworfen haben.«

»Das hat er gewiß längst vergessen«, sagte die Prinzessin, »lade ihn zum Essen ein, und söhne dich mit ihm wieder aus.«

Der König schickte einen Boten zu Seán, der die Einladung überreichte. Und Seán war noch nicht eine Woche auf dem Schloß des Königs, da wurde die Königstochter auch schon seine Frau.

Als nun die Frist von einem Tag und einem Jahr verstrichen war, sprach Seán zu seinem Weib: »Ich muß heim und schauen, ob meine Mutter noch lebt.« Als er nun an dem Sumpf vorbeikam, watete dort immer noch der Narr, und als er die Kutsche mit den vier Pferden sah, sprang er aus dem Morast und bat um der Gnade Christi willen um eine milde Gabe.

»Was willst du?« fragte Seán.

»Ein Almosen um der Gnade Christi willen.«

»Was machst du da in dem Sumpf?«

»Jemand warf mir Geld zu. Es fiel in den Morast. Jetzt suche ich es.«

»Es wäre wohl besser, du würdest dich um die Gnade Gottes bemühen, statt in diesem Sumpf herumzuwühlen.«

Der Narr schüttelte den Kopf und sprach: »Es ist schon lange her, da verkaufte ich die Gnade Gottes für einen Laib Brot, weil ich so hungrig war.«

»Wer hat sie denn gekauft?«

»Ach, irgendein Dummkopf. So einer wie ich!«

»Würdest du den Mann wiedererkennen, wenn er dir begegnete?«

»Ich denke schon.«

»Nun«, sagte Seán, »dieser Mann war ich.«

»Halte mich doch nicht zum besten«, erwiderte der Narr.

»Hör mir zu«, sagte Seán, und er erzählte ihm, wie er zu Geld gekommen war.

»Gut und schön«, meinte der Narr, »aber wie hast du es angestellt, daß die Prinzessin deine Frau wurde?«

»Das war Glück«, antwortete Seán, »aber ich will dir verraten, wie auch du dein Glück machen kannst. Geh einen Tag diese Straße entlang. Gegen Abend wirst du im Wald ein großes Schloß sehen. Geh hinein. In der Küche kocht Fleisch auf dem Herd. Iß davon. Neben dem Herd lehnen zwei Tabakpfeifen, zünde dir die eine an und nimm ein paar Züge. Ist das geschehen, dann kriech in die Kiepe voller Wolle, die an der Wand steht, und halte Augen und Ohren offen. Zwei Katzen werden kommen und sich eine Geschichte erzählen. Laß dir kein Wort entgehen. Darauf wirst du wissen, wie man sein Glück macht.«

Seán fuhr weiter und hielt nicht eher an, bis er zum Haus seiner Mutter kam. Er ging hinein und fand die alte Frau in einer Ecke sitzen. Sie sah auf, erhob sich und vergaß aus lauter Verwirrung darüber, daß ein so vornehmer Herr in ihr Haus kam, dem Fremden einen Stuhl anzubieten.

»Erkennst du mich nicht mehr, Mutter?« fragte Seán.

Da fiel die alte Frau in Ohnmacht. Als sie wieder zu sich gekommen war, berichtete ihr Seán alles, was geschehen war, und fragte nach seinen beiden Brüdern.

»Von ihnen weiß ich nichts«, sagte die Mutter.

Die Prinzessin kam herein und wurde willkommen geheißen. Seán führte seine Mutter zu der Kutsche und fuhr mit ihr und der Prinzessin zu seinem Schloß.

Der Narr kroch aus dem Sumpf und lief auf der Straße, bis es Nacht wurde und er das Schloß erreichte, wo Seán die beiden Katzen belauscht hatte. Er aß von dem Fleisch, er rauchte die Pfeife. Er kroch in die Kiepe. Dann kamen die Katzen.

»Hast du mir heute etwas zu erzählen?« fragte die eine Katze die andere, als sie sich vor dem Kamin ausgestreckt hatten.

»Heute ist die Reihe an dir«, antwortete die zweite Katze, »ich erzähle nichts mehr. Als wir uns das letzte Mal hier unterhielten, muß sich irgendwo ein Schurke versteckt haben, der uns zuhörte. Er ging hin und heilte die Tochter des Königs.«

»Wer weiß«, sagte die erste Katze, »vielleicht sperrt er auch heute wieder seine Ohren auf.«

»Laß uns nachsehen«, sprach die zweite Katze. Da sprangen sie auf, durchsuchten das ganze Zimmer und entdeckten schließlich in der Kiepe unter der Wolle verborgen den Narren. Sie zerrten ihn hervor und zerrissen ihn in tausend Stücke. So geschieht's, wenn einer die Gnade Gottes verkauft.

Des Teufels Sohn wuchs Tag um Tag, und Seán hatte ihn nicht vergessen.

Als aus dem Kind ein junger Mann geworden war, schickte man ihn auf eine Schule. Dort kam er allen etwas seltsam vor. Trotzdem schloß er sein Studium ab und erhielt die Weihen.

Am Morgen, an dem der junge Priester seine erste Messe zelebrieren wollte, stand Seán vor ihm und sprach: »Ich bin hier, um dich und deine Gemeinde zu retten. Hier ist ein Bericht deines Vaters, darin steht, was er im Sinn hat.«

Der Priester las, erbleichte, aber sein seltsames Wesen war ihm nun nicht länger ein Rätsel.

Als die Stunde kam, trat er an den Altar.

»Um eurer Seelen willen kann ich heute hier keine Messe lesen«, rief er aus. Darauf ging er fort, zog in die Einsamkeit und tat Buße, bis an sein Lebensende.

Als der König auf dem Sterbebett lag, übergab er sein Reich Seán. »Ich habe keinen Sohn«, sagte er, »und deine Frau ist meine einzige Tochter, regiere statt meiner und handle klug.«

Seán befolgte diesen Rat. Sein Sohn und sein Enkel wurden Könige nach ihm.

Das ist meine Geschichte.

Die Königin der Planeten

Vor langer, langer Zeit lebten einmal ein Mann und eine Frau. Den Mann mochten alle Leute gern, aber die Frau konnte keiner leiden. Sie war so hartherzig. Der Mann starb als erster, und es war seltsam: Am Tag seiner Beerdigung war das Wetter naß und stürmisch.

Seine Frau starb kurz darauf, und am Tag ihrer Totenwache und ihres Begräbnisses war wunderschönes Wetter.

Die Leute erstaunte das sehr, denn niemand hatte doch je ein gutes Wort über sie verloren.

Der Sohn sagte, er wolle so lange nicht mehr zwei Nächte in demselben Bett schlafen noch zwei Mahlzeiten an demselben Tisch essen, bis er herausgefunden habe, warum es am Begräbnistag seines Vaters, den alle gern gemocht hatten, gestürmt und geregnet hat, während bei der Beerdigung seiner Mutter, der nie irgend jemand einen Segen nachrief, die Sonne schien.

Also zog er von daheim fort. Er war ein gutes Stück gegangen, als er an ein Haus kam und dort um ein Nachtquartier bat. Es war das Haus einer Witwe, die drei Töchter hatte, und nach dem Essen fragte ihn die Frau, wohin er gehe, und er erzählte ihr die ganze Geschichte. »Nun«, sagte sie, »wenn du die Antwort auf deine Fragen gefunden hast, würdest du dann vielleicht versuchen herauszufinden, warum meine älteste Tochter keinen Mann findet? Alle wollen sie die beiden anderen Töchter heiraten; die älteste aber schaut keiner an. Ich kann mir nicht erklären, warum das so ist.«

»Ich habe selbst schon Probleme genug«, antwortete der junge Mann, »ich kann mir nicht noch mehr auf die Schultern laden. Aber, wenn ich zufällig etwas darüber in Erfahrung bringe, will ich es Euch gern wissen lassen.«

Er verließ das Haus am nächsten Morgen und ging seines Weges, bis die Dunkelheit wieder hereinbrach. An diesem Abend kam er zum Haus eines Schmieds und bat dort um ein Nachtquartier. Auch der Schmied fragte ihn, wohin er gehe, und wieder erzählte der Junge die seltsame Geschichte von seinem Vater und seiner Mutter.

»Könntest du vielleicht auch nach einer Antwort für mich suchen?« fragte der Schmied.

»Was habt Ihr denn für Sorgen?« fragte der Junge.

»Je nun«, sagte der Schmied, »ich arbeite hier in meiner Werkstatt von morgens bis spät in die Nacht, und das von Montag bis Samstag, und trotzdem kann ich keinen Penny auf die Seite legen, und bin arm wie eh und je.«

»Ich werde versuchen, mich umzuhören«, sagte der Junge, »aber ich weiß nicht, ob ich hier jemals wieder vorbeikomme.«

Am nächsten Morgen machte er sich wieder auf den Weg und wanderte den ganzen Tag.

Am Abend klopfte er bei einem Bauern an und bat um ein Nachtquartier.

Als sie nun vor dem Feuer saßen, fragte ihn der Bauer, wohin er gehe, wie das auch die anderen Gastgeber getan hatten. Der Junge erzählte abermals die seltsame Geschichte von seinem Vater und seiner Mutter.

»Ich wünsche dir viel Glück«, sprach der Bauer, »und wenn du darauf eine Antwort findest, könntest du einmal einer Frage nachgehen, die mich schon lange beschäftigt. Es gibt eine Stelle im Dach meines Hauses, dort über der Tür, an der regnet es immer herein. Ich habe schon die besten Dachdecker gerufen, aber was immer sie auch tun, die Stelle wird nicht trocken.«

»Ich habe selbst meinen Kummer«, sagte der junge Mann, »ich finde keine Antwort auf meine eigenen Fragen, und doch bitten mich alle Leute, ihnen auch noch ihre Fragen zu beantworten. Ich werde mein Bestes tun, und wenn ich dir eine Antwort weiß, komme ich vorbei und will sie dir gerne sagen.«

Am nächsten Morgen brach er auf, wanderte den ganzen Tag über, doch am Abend fand er kein Haus. Die Nacht brach herein, als er endlich in der Ferne, nahe der Straße, ein Licht sah. Er ging auf das Licht zu. Es rührte von einem Haus her. Er fand die Tür weit offen und trat ein. Die Küche war groß, sauber und warm. Ein gutes Feuer brannte im Herd, und davor stand ein bequemer Stuhl. Er setzte sich, und nach einer Weile trat durch die Tür eine wunderschöne Frau. Sie begrüßte ihn höflich und freundlich. Sie kochte ein Essen für ihn. Er setzte sich an den Tisch und langte tüchtig zu.

Sie schüttete Wasser in ein Becken, damit er nach dem langen Weg seine Füße baden könne.

Er setzte sich darauf wieder vor das Feuer und unterhielt sich mit ihr, und sie war die umgänglichste Frau von der Welt, der er je begegnet war.

Als sie nun eine Weile geschwatzt hatte, sagte sie, es sei Zeit für ihn, ins Bett zu gehen.

Sein Zimmer lag neben der Küche, und vom Bett aus konnte er durch die offene Tür alles sehen, was in der Küche vor sich ging. Da stand ein Kessel mit kochendem Wasser auf dem Feuer.

Er streckte sich im Bett aus, aber obwohl er müde war, konnte er keinen Schlaf finden.

Es dauerte nicht lange, da sah er, wie die Frau ihren Kopf in den Kessel mit dem kochenden Wasser steckte. Sie tauchte ein, sank tiefer und tiefer, bis endlich nur noch ihre beiden, Fußsohlen am Rand des Kessels zu sehen waren. Schließlich verschwanden auch die Füße, und nicht ein Fetzchen Haut oder Knochen von der Frau waren zu sehen. Er konnte all das deutlich durch die Tür beobachten, während er im Bett lag, und es muß nicht gesagt werden, daß bei alledem an Schlaf nicht zu denken war.

Zuerst war er nur verwundert, dann erschreckt über das, was er da sah, und gerade, als er sich überlegte, daß die Frau nun doch unmöglich noch in dem kochenden Wasser am Leben sein konnte, tauchte sie langsam aus dem Kessel wieder auf, als sei überhaupt nichts geschehen.

Der Junge war zu Tode erschrocken. Er dachte: Als nächstes wird sie dich in den Topf stecken. Aber nichts dergleichen geschah.

Stattdessen holte die Frau ein Seil, knüpfte am einen Ende eine Schlinge und warf das andere Ende über einen Balken an der Decke. Dann stieg sie auf einen Stuhl, legte sich die Schlinge um den Hals und erhängte sich mit eigener Hand.

Da hing sie nun; ganz steif war ihr Körper, der dort an dem Seil hin und her baumelte.

Als der Junge meinte, sie müsse tot sein, die Zunge müsse ihr zum Munde heraushängen, streifte sie die Schlinge von ihrem Hals ab und war so lebendig wie eh und je.

Nun nahm sie ein Rasiermesser und schnitt sich damit den Hals durch. Das Blut rann aus der Wunde, als habe man einen Ochsen geschlachtet. Sie stürzte zu Boden, ächzte und stöhnte und lag schließlich wie leblos da.

Diesmal muß sie tot sein, sagte sich der Junge im Bett. Aber nachdem sie eine Weile in einer riesigen Blutlache dort auf dem Boden gelegen hatte, schnalzte sie mit den Fingern. Das Blut floß in die Wunde zurück. Sie stand auf und ging gesund und munter in der Küche umher.

Dem jungen Mann fuhren seine Gedanken wie Mühlräder im Kopf herum. Hatte man so etwas Seltsames schon gesehen?

Nicht lange, und sie begann mit einem neuen, unheimlichen Spiel. Sie holte einen Beutel und stellte ihn auf den Tisch. Sie begann, das Gold und Silber, welches sich in dem Beutel befand, zu zählen. Sie fuhr damit längere Zeit fort, bis sie eine ganze Anzahl von Münzen gezählt hatte. Dann raffte sie alle wieder zusammen und warf sie in den Beutel. Sie zog ein Seidenkleid an, nahm ein Buch in die Hand und las darin. Das alles dauerte so lange, wie sie im Topf gesteckt, an der Schlinge gehangen und mit durchschnittener Kehle auf dem Boden gelegen hatte. Nachdem sie einige Zeit in dem Buch geblättert und gelesen hatte, kam sie in das andere Zimmer, wo der junge Mann im Bett lag.

»Schläfst du?« fragte sie.

Er gab keine Antwort.

»Ich weiß, daß du nicht schläfst«, sagte sie. »Du hast bestimmt nicht schlafen können. Du hast alles gesehen, was ich heute abend getan habe.«

»Das stimmt.«

»Hast du je von der Königin der Planeten reden gehört?«

»O ja«, sagte er.

»Nun, ich bin die Königin der Planeten. Hast du gesehen, wie lang ich in dem Topf mit kochendem Wasser gesteckt habe?«

»O gewiß doch.«

»Das ist die Todesart, die jedem Kind droht, das während dieser Zeit auf die Welt gekommen ist. Hast du auch gesehen, wie ich an dem Seil hing?«

»Gewiß.«

»Das ist die Todesart, die jedes Kind erleiden wird, das während dieser Zeitspanne geboren wurde. Hast du gesehen, wie ich auf dem Boden lag, mit durchschnittener Kehle und blutend?«

»Ja.«

»Das ist die Todesart, die jedem Kind droht, das während dieser Zeitspanne das Licht der Welt erblickt. Hast du gesehen, wie ich Geld gezählt habe?«

»Gewiß.«

»All dieses Geld wird jedem der Kinder gehören, die während dieser Zeit, da ich zählte, geboren wurden. Hast du gesehen, wie ich in dem Buch las?«

»Ja doch.«

»Alle Kinder, die zu dieser Zeit geboren wurden, werden einst große Buchgelehrte werden. Ich weiß, warum du hier bist. Du willst Bescheid wissen über deinen Vater und deine Mutter. Nun gut. Ich will dir das alles erklären. Was deinen Vater angeht, so hatte er die Segenswünsche aller. Sein Purgatorium dauerte nur die zwei regnerischen stürmischen Tage bis zu seinem Begräbnis. Deine Mutter mochte niemand. Alles, was das Schicksal an Gutem für sie bereithielt, waren die zwei schönen Tage bis zu ihrer Beerdigung. Morgen wirst du deiner Mutter begegnen. Ihr Mund steht sperrangelweit offen, und zwei riesige Doggen verfolgen sie. Hier ist ein Apfel aus Messing. Du mußt ihn ihr zuwerfen. Wenn es dir aber nicht gelingt, mit dem Apfel ihren Mund zu treffen, wird sie dich daran hindern, heimzukommen.

Sag der Witwe, die sich Sorgen macht, daß ihre älteste Tochter keinen Mann findet, das Mädchen solle die Mutter an zwei Sonntagen hintereinander auf dem Rücken zur Messe tragen, dann wird jeder von ihr eine so hohe Meinung haben, daß sich mehr Freier einstellen, als ihr lieb ist.

Sag dem Schmied, daß dem kein Glück erwächst, der nichts anderes im Sinn hat, als von Montag morgen in der Früh bis Samstag spät in der Nacht zu schuften. Und was den Bauern angeht, so richte ihm aus, er soll die Fuhre Stroh, die er seinem Nachbarn gestohlen hat, um sein Dach damit zu decken, wieder zurückbringen; danach wird sein Haus sofort trocken sein.«

Der junge Mann verbrachte diese Nacht in dem Haus der Frau und machte sich am nächsten Morgen wieder auf den Weg.

Er war noch nicht weit gegangen, da sah er tatsächlich seine Mutter auf sich zukommen, verfolgt von zwei riesigen Doggen.

Er warf den Apfel aus Messing nach ihr und traf ihren Mund. Da stürzte sie auf der Straße nieder und wurde ein Klümpchen Gelee, das die Doggen aufschleckten.

Er lief weiter und sagte dem Bauern, dem Schmied und der Witwe, was die Königin der Planeten ihm für sie aufgetragen hatte.

Sie befolgten alle ihren Rat und fuhren gut damit.

Daniel Crowley und die Geister

Einmal, vor langer Zeit, lebte in Cork ein Mann mit Namen Daniel Crowley. Er war ein Sargmacher und hatte eine ganze Menge Särge auf Vorrat gefertigt, so daß sein Geselle auch Bestellungen ausführen konnte, wenn der Meister nicht im Haus war.

Eines Tages kam nun ein Bote in Crowleys Geschäft und richtete aus, am anderen Ende des Städtchens sei ein Mann gestorben, er möge doch zum Haus des Toten kommen und einen Sarg mitbringen.

Daniel Crowley holte also einen Sarg aus dem Sarglager, lud ihn auf einen Karren, vor den ein Esel gespannt war, und fuhr zum Haus des Verstorbenen. Dort wurde die Leiche in den Sarg gebettet und auf einem Tisch in dem Zimmer neben der Küche aufgebahrt.

Fünf oder sechs Frauen hielten die Totenwache, und viele Verwandte und Bekannte der Familie des Toten hatten sich in der Küche versammelt.

Man lud Daniel ein, Platz zu nehmen, setzte ihm einen Punsch vor und begann, sich dann mit Liedern und Geschichten die Zeit der »wake« (Nachtwache für einen Toten) zu vertreiben.

Crowley tat bei allem eifrig mit, und als die Reihe an ihn kam, stimmte auch er ein Lied an. Es war aber ein ganz besonderes Lied. Es erzählte von den Feen. Den Leuten gefiel es, und er mußte es wieder und wieder singen.

Die Trauergesellschaft war so begeistert von dem Lied und Crowleys schöner Stimme, daß eine unter den Frauen überlegte, wie sie wohl den Sargmacher als Ehemann für eine ihrer drei ledigen Töchter einfangen könnte. Crowley war Junggeselle und hatte noch nie ans Heiraten gedacht. Die Mutter der drei Töchter mochte ihn nicht selbst fragen und flüsterte einer anderen Frau, die neben ihr saß, zu: »Das wäre doch ein gute Partie für meine Älteste. Er ist ein stattlicher Mann. Er hat eine schöne Stimme, und bei dem Handwerk, das er betreibt, hat er auch gewiß eine ganze Menge Geld auf die Seite gelegt. Sprich du mit ihm und höre, was er von einer Heirat hält, aber sag ihm vorerst nicht, daß ich dich darum gebeten habe.«

Die Frau trat zu Daniel Crowley und sagte ihm, sie wisse ein schönes junges Mädchen, das ihm ein gutes Eheweib sein werde, einmal müsse er doch wohl unter die Haube kommen.

Crowley aber entgegnete sehr zornig: »Es gibt keine Frau, die Kleider trägt und die ich heiraten würde. Es gibt keine Frau, mit der ich bereit wäre, mein Brot zu teilen.«

Die Mutter der Töchter war beleidigt, und sie begann, Crowley zu beschimpfen. »Das wird dir noch einmal leid tun, du Schuft«, sprach sie, »du könntest der Großvater meines Kindes sein. Du bist nicht einmal wert, ihr die Schuhe zu putzen. Tag und Nacht bist du immer nur mit Toten zusammen, und an den Toten verdienst du dein Geld.«

»Du hast ganz recht«, antwortete Daniel, »ich ziehe die Toten den Lebendigen bei weitem vor, besonders wenn ich mir dich ansehe. Die Toten geben mir Arbeit und Brot und nicht die Lebendigen, denn es sind die Toten, die Särge brauchen.«

»Warum gehst du dann nicht zu den Toten, wenn sie dir so gut gefallen, he?«

»Das würde ich auf der Stelle tun, wenn ich nur wüßte, wie«, antwortete Daniel.

»Vielleicht solltest du sie zum Essen bitten«, erwiderte die Frau mit scharfer Zunge.

Da sprang Daniel auf, lief hinaus und rief in die Nacht: »Männer, Weiber, Kinder, Soldaten, Matrosen, ihr alle, für die ich Särge gemacht habe, ich lade euch für heute abend in mein Haus ein. Ich will ein großes Fest geben.«

Die Leute, die nahe dem Sarg standen, sahen, wie der Tote lächelte, so als habe er die Einladung gehört.

Die Gesellschaft verlief sich eilig, und Daniel Crowley fuhr zu seinem Laden zurück, so schnell sein Esel traben konnte.

Auf dem Weg nach Haus kam er an einer Schenke vorbei. Da hielt er kurz an, ging hinein, kaufte eine große Flasche Whiskey und steckte sie in die Tasche. Dann fuhr er weiter. Die Werkstatt hatte Crowley verschlossen und die Fensterläden zugemacht, ehe er weggegangen war. Als er sich nun aber seinem Haus näherte, sah er, daß die Läden aufgestoßen worden waren, und in allen Zimmern brannte Licht. Da fürchtete er, es könnte bei ihm eingebrochen worden sein. Er sprang vom Wagen und verbarg sich hinter einem Mauervorsprung an der Front des Gebäudes, das seinem Laden gegenüberlag, um zu beobachten, was drüben vorging. Da sah er, wie Männer, Frauen und Kinder in sein Geschäft strömten, aber niemand kam heraus. Nach geraumer Zeit schlug ihm jemand auf die Schulter und sagte: »Ach, hier steckst du. Wir warten schon auf dich. Eine Schande, seine Gäste so zu behandeln. Komm jetzt endlich.«

Crowley ging mit dem Mann zu dem Laden hinüber, und als er auf der Schwelle stand, sah er, daß der Raum voller Menschen war. Einige von ihnen waren Nachbarn, die er früher gekannt hatte. Alle tanzten, sangen und vergnügten sich. Er starrte sie immer noch verblüfft an, als ein Mann auf ihn zutrat und zu ihm sagte: »Du scheinst mich nicht zu erkennen, Daniel Crowley.«

»Ich weiß nicht«, sagte Daniel, »sollte ich dich kennen?«

»Bist du aber vergeßlich«, sprach der Mann, »ich bin der erste, für den du einen Sarg gezimmert hast. Mit mir hat dein Gewerbe angefangen.«

Bald kam ein anderer dazu, ein Lahmer, und auch er fragte: »Erkennst du mich nicht, Daniel Crowley?«

»Nicht, daß ich wüßte!«

»Ich bin dein Neffe. Es ist noch nicht lange her, daß ich gestorben bin.«

»Ach, jetzt erkenne ich dich, du lahmst ja. In Gottes Namen«, sagte Crowley zu seinem Neffen, »wie werde ich nur all diese Leute hier wieder los? Wie spät ist es eigentlich?«

»Noch früh. Es ist gerade elf Uhr.«

Crowley wunderte sich. Nach seinem Gefühl mußte es viel später sein.

»Nimm sie nur freundlich auf«, riet ihm der Neffe, »sei nett zu ihnen, und richte alles so ein, daß sie sich wohl fühlen.«

»Ich habe kein Geld bei mir, um Speisen oder Getränke für sie zu kaufen, und außerdem sind doch alle Läden längst geschlossen«, antwortete Crowley.

»Tu, was du kannst«, sagte der Neffe.

Das Tanzen und Scherzen ging weiter, und wie sich Daniel Crowley umsah, bemerkte er eine Frau, die in der entlegensten Ecke stand. Sie tat beim Tanz nicht mit und schien sehr scheu zu sein.

»Warum ist diese Frau so schüchtern – offenbar hat sie Angst«, sagte Crowley zu seinem Neffen, »warum tanzt sie nicht mit und vergnügt sich nicht wie die anderen?« »Sie ist noch nicht lange tot. Und ihr Sarg ist noch nicht bezahlt. Nun fürchtet sie sich, du könntest die Rechnung bei ihr einnehmen, und die übrigen Gäste könnten erfahren, daß sie bei dir Schulden hat«, erklärte ihm der Neffe.

Der beste Tänzer der Gesellschaft war ein Pfeifer mit Namen John Reardon aus Cork, und der Fiedler war ein gewisser John Healy. Er hatte seine Fiedel nicht mitgebracht, aber er behalf sich auf andere Art. Er rieb sich das wenige Fleisch, das er auf den Knochen hatte. Auf und nieder rieb er auf seiner Brust, und jede Rippe gab einen anderen Ton, und derart machte er die schönste Musik, die Daniel Crowley je gehört hatte.

Nach einer Weile folgte die ganze Gesellschaft seinem Beispiel. Sie tanzten die Jig und bliesen dazu auf ihren nackten Knochen.

Crowley tanzte mit, was blieb ihm anderes übrig, aber er mußte allen Mut zusammennehmen, um nicht vor Furcht zu sterben, und er dachte: Wenn es doch nur bald Morgen wäre, doch bis dahin war noch viel Zeit. Da gab es einen Mann, John Sullivan, der ihm besonders auffiel. John war zweimal verheiratet gewesen, und er hatte seine beiden Frauen mitgebracht. Crowley sah, wie er mit seiner zweiten Frau eine Polka tanzte, und die beiden hopsten so vergnügt umher, daß die ganze Gesellschaft Beifall klatschte und vor Vergnügen lachte.

Da wurde Sullivans erste Frau eifersüchtig. Sie lief zu ihm hin und sagte, sie habe das Vorrecht.

»Hört euch dieses Weibsstück an«, rief die zweite Frau, »das Recht ist voll und ganz auf meiner Seite. Als er mich heiratete, warst du schon lange tot, und er war frei, und außerdem tanze ich besser als du, ob es dir nun paßt oder nicht.«

»Hüte deine Zunge«, keifte die erste Frau, »sicherlich hast du dir, ehe du auf dieses Fest kamst, von einer anderen die Schienbeine borgen müssen, um mich hier auszustechen.«

Sullivan betrachtete seine beiden Frauen und fragte dann sein zweites Weib:

»Sind das also nicht deine Schienbeine, mit denen du hier bist?«

»Nein, ich habe sie mir geliehen ... von der Frau eines Nachbarn.«

»Und wie heißt diese Frau, von der du sie hast?« wollte Sullivan wissen.

»Catherin Murray. Und sie war ein ehrliches Weib zu Lebzeiten.«

»Aber warum bist du nicht auf deinen eigenen Beinen hier?«

»Oh, ich hatte mir zu Lebzeiten einiges zuschulden kommen lassen. Da bestrafte man mich. Es hieß, ich dürfe so lange nicht auf ein Fest oder einen Ball gehen, bis mir jemand seine Schienbeine leihe.«

Sullivan wurde wütend, als er hörte, daß die Schienbeine, mit denen er getanzt hatte, einer dritten Frau gehörten, und er versetzte seiner zweiten Frau einen Schlag, der sie zu Boden warf.

Die Frau hatte aber Verwandte unter den anwesenden Geistern, die wurden aufgebracht und sprachen: »Das kann man nicht auf sich beruhen lassen. Wir müssen von Sullivan Genugtuung erhalten!«

Sie sprangen auf, und da sie keine Keulen oder andere Waffen bei sich hatten, rissen sie sich die linken Armknochen aus und begannen, damit auf Sullivan einzuschlagen.

Im Augenblick war eine wilde Prügelei im Gange. Während sich dies zutrug, stand Daniel Crowley am Ende des Raumes, zitternd und frierend und bedachte, daß nun wohl sein letztes Stündlein geschlagen haben werde.

Sullivan, der die Schläge abzuwehren versuchte, war zurückgewichen, kam auf Crowley zu und trat ihm auf den Fuß. Voller Zorn versetzte Daniel Sullivan einen Faustschlag, der dem Geist den Schädel abschlug, welcher zu Boden fiel und durch das Zimmer kollerte. Das kopflose Gespenst drang auf Crowley ein, rang mit ihm und versuchte, ihn zu erwürgen. Crowley nahm nur noch wahr, daß er zu Boden stürzte und unter eine Bank rollte, dann verlor er das Bewußtsein. Am anderen Morgen fand der Gehilfe seinen Meister unter der Bank. Neben ihm lag eine leere Flasche. Crowley war zerschunden und hatte Würgemale am Hals. Er vermochte nicht zu sagen, wie die Gesellschaft der Toten zu Ende gegangen war, noch wann seine unheimlichen Gäste ihn verlassen hatten.

John Connors und der Feenkönig

Einst lebte ein Mann mit Namen John Connors nahe Killarney, und er hatte sieben kleine Kinder, alles Töchter und keinen einzigen Sohn.

Als ihm wieder eine Tochter geboren wurde, ward der Mann so zornig, daß er sich weigerte, vom Feld heimzukommen, um nach der Mutter und dem Neugeborenen zu sehen.

Als die Zeit herankam, da das Kind getauft werden sollte, wollte er auch nicht umhergehen und fragen, wer da Pate stehen wollte. »Nein«, sprach er, »mich kümmert das nicht.«

Einige Jahre später jedoch wurde ihm ein Sohn geschenkt, und einige Frauen kamen aufs Feld gelaufen, um ihm die frohe Nachricht zu bringen. John war so froh, daß er den Spaten, den er bei sich hatte, zerbrach, nach Hause eilte, Brot und Fleisch kommen ließ und sich dann anschickte, ein großes Fest zu feiern.

»Es gibt im ganzen Kirchspiel niemanden«, sprach er zu seinem Weib, »der es wert wäre, Pate meines Sohnes zu werden. So will ich denn, wenn es Nacht wird, ins nächste Dorf reiten und mich dort nach einem Paten für das Kind umsehen.«

Gesagt, getan. Bei Nacht sattelte er sein Pferd, stieg auf und ritt ins nächste Dorf, um dort einen Freund und dessen Frau als Paten zu bitten.

Das Dorf, zu dem er ritt, hieß Beaufort und lag südlich von Killarney.

Am Weg gab es ein Gasthaus, dort machte Connors Rast, lud die Gäste ein, mit ihm zu trinken, und ritt darauf weiter.

Als er ein paar Meilen geritten war, traf er einen Fremden auf einem weißen Pferd. Es war ein Gentleman, das sah man gleich an den roten Kniehosen, dem Schwalbenschwanz und dem Zylinder.

Der Fremde grüßte John Connors, und John dankte. Dann wollte der Fremde wissen, wohin John noch so spät reite.

»Ich bin unterwegs nach Beaufort. Dort will ich Paten für meinen Sohn suchen.«

»Dann bist du in die Irre geritten«, erklärte der Fremde, »du hättest die Abzweigung einschlagen sollen, die nun eine Meile hinter uns liegt. Kehr um und halte dich links.«

John Connors tat, wie ihm der Fremde geraten hatte, aber an die Abzweigung, von der die Rede gewesen war, kam er nicht. Er ritt etwa eine halbe Stunde dahin, als er wieder denselben Herrn traf, der ihm schon einmal begegnet war, und dieser fragte ihn: »Bist du nicht der Mann, den ich vor kurzem getroffen habe und der nach Beaufort wollte?«

»O ja, der bin ich.«

»Du hast die Abzweigung verfehlt. Du mußt umkehren und nach etwa einer Meile rechts abbiegen.«

Connors tat, wie ihm geheißen und ritt mehr als eine Stunde, ohne daß er an eine Abzweigung gekommen wäre. Schließlich traf er den Fremden zum dritten Mal, und diesmal sagte der: »Es ist nun schon spät geworden. Um diese Zeit werden deine Freunde in Beaufort längst schlafen. Bis zu meinem Haus ist es nicht weit. Du kannst dort bis morgen bleiben. Dann ist immer noch Zeit, nach den Paten zu suchen.«

John Connors dankte dem Fremden und sagte, er wolle gern mit ihm gehen, und dieser führte ihn zu einem schönen Schloß, hieß ihn absteigen und eintreten. »Um dein Pferd wird man sich kümmern«, sagte der Fremde, »ich habe Diener genug.«

Drinnen ließ der Gentleman ein gutes Essen auftragen, und nach dem Mahl zeigte er Connors sein Nachtlager und sprach: »Nun leg deine Kleider ab und schlaf gut bis morgen.«

Als Connors eingeschlafen war, nahm der Fremde die Kleider, formte eine Puppe, die die Gestalt John Connors' hatte, zog ihr die Kleider an und band dann die Puppe auf das Pferd. Er führte das Tier vor das Schloß und jagte es fort. John Connors aber schlief drei Wochen lang.

Das Pferd lief zu seinem Stall zurück und erreichte das Dorf am nächsten Morgen. Die Leute sahen das Tier, das scheinbar einen Toten trug, und meinten, John Connors sei gestorben. Sie begannen zu weinen und zu klagen. Man holte ihn vom Pferd, wusch ihn und legte ihn auf einen Tisch. Die Nacht über hielt das halbe Dorf Totenwache, wie es üblich ist. Am nächsten Tag wurde eine Totenmesse für ihn gelesen und ein großes Begräbnis ausgerichtet. Drei Wochen später trat der Gentleman an John Connors' Lager und sprach: »Höchste Zeit, daß du erwachst. Dein Sohn ist schon getauft. Deine Frau meinte, du würdest nie zurückkommen, so ließ sie Paten durch den Pfarrer suchen. Dein Pferd hat sich davongemacht und ist heimgelaufen.«

»Habe ich denn lange geschlafen?«

»Das will ich meinen, drei volle Tage und Nächte hast du auf diesem Lager zugebracht.«

John Connors richtete sich auf und sah sich nach seinen Kleidern um, konnte sie aber nirgends entdecken.

»Wo sind meine Kleider hingekommen?« fragte er.

»Ich weiß nichts von deinen Kleidern, guter Mann, aber um so eher du aufstehst, desto besser.«

Der arme John war nicht wenig erstaunt: »Wie soll ich denn ohne meine Kleider heimkommen, he? Wenn ich wenigstens ein Hemd hätte, könnte es noch angehen, aber ohne einen Fetzen am Leibe kann ich doch unmöglich hinausgehen!«

»Halte keine langen Reden«, antwortete der Gentleman, »nimm dieses Laken, und dann fort mit dir. Ich habe keine Zeit, mich lange mit deinesgleichen aufzuhalten.«

Da wurde John angst und bange, er packte das Laken und lief hinaus. Als er ein gutes Stück Wegs zurückgelegt hatte, sah er sich um, konnte aber kein Schloß mehr entdecken. Hinter ihm lagen nur Felder und Weiden.

Nun geschah dies an einem Sonntag, und Connors bemerkte in einiger Entfernung Leute, die zur Messe gingen. Da lief er wieder in die Felder hinein, aus Furcht, es möchte ihn jemand sehen. Er hielt sich auf den Feldern und folgte den Bächen, bis er einen Hügel sah, und dort suchten drei oder vier kleine Jungen nach einem Schaf, das sich verlaufen hatte.

Sie sahen Connors und erkannten in ihm den Mann, den man vor drei Wochen begraben hatte. Da rannten sie schreiend ins Dorf zurück und erzählten dort, sie wären John Connors begegnet, und er sei mit nichts bekleidet gewesen als mit einem Laken.

Nun ist es Sitte in Irland, die Kleider eines Verstorbenen mit Weihwasser zu besprengen und sie dann an die Armen zu verschenken. Man glaubt, daß sie dann der Tote auch in der anderen Welt tragen kann. Derjenige, welcher sie erhält, muß sie dreimal zur Messe anlegen und soll sie jedesmal mit Weihwasser besprengen, danach kann er sie tragen, wie und wann er will.

Als die Frauen im Dorf hörten, was die Jungen erzählten, gingen einige von ihnen zu der Witwe und sagten: »Es ist deine Schuld, daß der Geist deines Mannes nackt umgeht. Du hast die Kleider nicht den Armen gegeben.«

»Wohl habe ich sie an die Armen verschenkt«, sagte Connors' Witwe, »aber es mag sein, daß der Mann, dem ich sie gab, sie nicht zur Messe getragen hat, und deshalb muß mein armer Mann nun in der anderen Welt nackt umhergehen.«

Darauf lief sie sogleich zu den Bekannten, die die Kleider bekommen hatten. Als sie eintrat, saß der Mann gerade beim Frühstück.

»Du bist ein verdammter Heide«, sprach sie zu ihm, »ich hätte nie gedacht, daß du meinen armen John nackt in der anderen Welt herumlaufen läßt. Warum hast du die Kleider, die ich dir gab, nicht zur Messe getragen und sie mit Weihwasser besprengt, wie sich das gehört, he?«

»Wie kannst du so etwas sagen«, entgegnete der Mann, »jeden Sonntag bin ich in den Kleidern in der Messe gewesen, und immer habe ich meine Finger in den Weihwasserkessel getaucht und die Kleider mit dem geweihten Wasser berührt.«

Da ging die Frau heim und war zufrieden, denn der Vorschrift schien voll und ganz Genüge getan.

Ein Onkel von John Connors lebte in demselben Dorf. Er war ein reicher Farmer und hatte eine Magd und einen Knecht. Der Torfabstich war nicht weit vom Haus entfernt, und als das Mädchen einmal zur Grube ging, um Torf zu stechen, sah sie nicht weit davon einen Mann mit einem Laken um die Schultern stehen. Sie sah noch einmal hin – so beherzt war sie! – und erkannte, daß es John Connors war. Jetzt schrie das Mädchen auf, rannte verängstigt davon und erzählte im Haus, was ihr zugestoßen war. Der Farmer und sein Knecht lachten nur, und der Knecht wurde ausgeschickt, um nachzusehen, ob das Mädchen die Wahrheit gesprochen habe. Tatsächlich: In der Torfgrube saß der Geist des John Connors mit einem Laken um die Schultern.

Niemand wollte nun mehr zu dem unheimlichen Ort gehen, und das Gerücht verbreitete sich, John Connors sitze dort und bewache den Torf.

Früh am Abend ließ John Connors' Weib ihre Kinder niederknien und einen Rosenkranz für die Seele ihres Vaters beten. Darauf gingen sie zu Bett.

Es dauerte nicht lange, da hörten sie ein Klopfen an der Tür. Die arme Frau fragte, wer denn da draußen sei. Eine vertraute Stimme antwortete: »Dein Mann steht vor der Tür. Laß mich herein.«

»Möge der allmächtige Gott und die Heilige Jungfrau deiner Seele Ruhe schenken«, schrie das Weib, und die Kinder bekreuzigten sich und krochen unter die Bettücher. Sie fürchteten sich, er könne durch das Schlüsselloch hereinkommen.

John ging draußen zum Fenster und pochte an die Scheiben.

Die arme Frau sah das Gesicht ihres Mannes und begann wieder, um seine Erlösung zu beten, er aber rief: »Mach mir doch auf, oder wirf mir wenigstens ein paar Kleider heraus. Ich sterbe fast vor Kälte.«

Als er sah, daß nichts sie veranlassen würde, ihm aufzutun, ging er zum Haus seines Onkels. Als er an dessen Tür kam, lag die ganze Familie drinnen auf dem Boden und betete für das Seelenheil von John Connors. Er klopfte, und die Magd stand auf, um nachzusehen, wer draußen sei. Sie schob den Riegel zurück und öffnete die Tür einen Spalt breit, aber als sie gewahr wurde, wer da stand, schlug sie die Tür sofort wieder zu und schrie: »John Connors' Geist geht um. Ich bleibe hier nicht länger. Ich will fort!«

Die ganze Familie floh eiligst ins Bett, ohne sich auszuziehen. John Connors aber hörte nicht auf, an die Tür zu klopfen, doch niemand öffnete.

Also lief er zum nächsten Haus weiter. Es war der Doktor, der dort wohnte, und John dachte bei sich: »Ich werde zu ihm gehen und ihm alles erzählen, vielleicht daß er ein Einsehen hat.«

Aber auch hier kam ihm zuerst der Diener entgegen und lief schreiend zu seinem Herrn: »John Connors' Geist steht unten an der Tür, und er hat nichts an, außer einem Laken!«

»Du warst schon immer ein Narr«, sagte der Doktor zu seinem Diener, »es gibt keine Geister.«

»Und doch ist es John Connors' Geist, der unten vor der Haustür steht«, sagte der Diener zitternd.

Um seinen Diener zu überzeugen, trat der Doktor an ein Fenster im ersten Stock. Er sah hinaus, und dort unten stand tatsächlich ein Geist. Er schlug eilig das Fenster zu und rief seinem Diener zu: »Mach nur die Tür nicht auf. Er ist unten. Das geht nicht mit rechten Dingen zu.«

Als auch der Doktor ihn nicht einlassen wollte, fluchte John Connors schrecklich.

»Gott steh uns bei«, murmelte der Doktor hinter dem Fenster, »seine Seele muß verdammt sein, denn wäre er jetzt im Fegefeuer, so würde er nicht fluchen und schwören, sondern beten. Er ist verdammt. Die Leute in diesem Dorf werden mit ihm noch ihr blaues Wunder erleben, ich bleibe nicht hier. Morgen packe ich meine Sachen und reise ab.«

John ging nun zu dem Haus des Priesters, denn er dachte, wenigstens der Herr Pfarrer würde Vernunft zeigen. Die Haushälterin öffnete ihm, doch als sie sah, wer da vor ihr stand, schrie auch sie auf und rannte davon, doch ließ sie die Tür hinter sich offen.

Als sie zur Treppe lief, stürzte sie hin, und der Pfarrer, der den Lärm hörte, kam, um zu sehen, was da geschehen sei.

»O Vater«, kreischte die Haushälterin, »John Connors' Geist steht in der Küche, und er hat nichts an als ein Laken!«

»Das kann nicht sein«, antwortete der Priester, »es ist noch keiner aus dem Jenseits zurückgekommen.« Er hatte den Satz kaum vollendet, als der Geist auch schon vor ihm stand.

»Im Namen Gottes«, sprach ihn der Pfarrer an, »bist du tot oder lebendig? Du mußt tot sein, denn ich habe in deinem Haus eine Totenmesse gelesen, der offene Sarg stand auf dem Tisch, und ich war auch bei deinem Begräbnis zugegen.«

»Wie könnt ihr nur so närrisch sein. Ich lebe«, rief John Connors, »wer sollte mich denn töten?«

»Gott, der jedem Leben einmal ein Ende setzt. Und wenn du nicht tot bist, wie konnte ich dann zu deinem Begräbnis gerufen werden?«

»Das war alles ein Mißverständnis«, sagte John, »wenn ich wirklich tot wäre, wie könnte ich dann mit euch allen reden.«

»Aber wenn du lebendig bist, wo hast du dann deine Kleider?«

»Ich weiß auch nicht, wie und wo sie mir abhanden kamen. Jedenfalls besitze ich keine Kleider mehr.«

»Geh in die Küche«, sagte der Priester, »ich werde dir Kleider bringen, und dann wirst du mir erzählen, was geschehen ist.«

Als er wieder wie ein normaler Mensch gekleidet war, erzählte er dem Pfarrer wahrheitsgetreu, was er erlebt hatte.

»Ah«, sagte der, »nun begreife ich. Das war Daniel O'Donohue, der König von Lochlein. Er hat dir diesen Streich gespielt. Warum hast du auch keine Paten aus unserem Kirchspiel genommen? Für den Rest deines Lebens wird dir das eine Lehre sein, und du wirst Sohn oder Tochter gleich achten, hoffe ich. Es wäre nur eine gerechte Strafe, wenn du noch weitere Schwierigkeiten haben solltest. Du warst nicht zufrieden mit dem Willen Gottes, obwohl es doch jedes Menschen Pflicht ist, alles so hinzunehmen, wie Gott es fügt. Vor drei Wochen hat man deine Leiche zu Grabe getragen, und zu all dem ist es nur gekommen, weil du stolz und hochmütig warst.«

»Ach, deshalb wollte mich auch meine Frau nicht hereinlassen. Bitte, Hochwürden, kommen Sie doch mit mir, und überzeugen Sie meine Frau, damit sie die Tür öffnet.«

Der Priester und John Connors gingen zu dem Haus und klopften an, aber die Antwort war nur ein Gebet. Der Priester trat ans Fenster und machte der Frau ein Zeichen, sie solle öffnen.

Frau Connors öffnete die Tür, als sie jedoch ihren Mann hinter dem Priester erblickte, schrie sie auf und sank in Ohnmacht; auch das kleine Mädchen, das bei ihr stand, sank bewußtlos zu Boden. Als die Frau sich erholt hatte, versuchte der Priester, sie davon zu überzeugen, daß ihr Mann noch am Leben sei, aber sie wollte es so lange nicht glauben, bis er sie bei der Hand faßte, dann betastete sie sein Gesicht und sein Haar und war endlich überzeugt. Als der Priester alles aufgeklärt hatte, verließ er die Familie. Nie mehr später ist John

Connors in ein anderes Dorf gegangen, um einen Paten für eines seiner Kinder zu holen, dabei wurden ihm noch sieben von seinem Weib geboren, drei Jungen und vier Mädchen. Gott segne euch, und damit gute Nacht.

Das Märchen vom Dornbusch in Donegal

Es war einmal ein Bauer mit Namen Danny O'Connor, der lebte in Donegal. Danny besaß nur zwei Felder, und gerade in der Mitte des einen Ackers wuchs ein großer Dornbusch. Er hätte diesen Busch nicht ausgerissen, und wenn man ihm zehn Sack Gold dafür gegeben hätte, denn in Donegal weiß ein jeder, daß die Dornbüsche den Feen oder dem kleinen Volk gehören, und daß man sie deshalb besser blühen und wachsen läßt.

Nun kam es aber dahin, daß der Bauernhof in der Nachbarschaft von Mick O'Hara gekauft wurde, einem Mann aus der Stadt.

Und die erste Arbeit, an die Mick sich machte, bestand darin, jeden Dornbusch auf seinem Besitz mit Strunk und Stiel auszuroden und das Holz zu verbrennen.

Danny erklärte ihm, er solle das besser bleiben lassen, aber Mick O'Hara hörte nicht auf den guten Rat seines Nachbarn.

Auf Dannys Feld mit dem einen Dornbusch aber lebten drei der glücklichsten und vergnügtesten Tiere in ganz Irland. Da war Eamonn, der Esel, Bridget, die Kuh, und Cachal, der kleine weiße Ziegenbock.

Den ganzen Sommer über waren sie auf dem Feld, und im Winter drängten sie sich im Schuppen neben Dannys Hütte dicht aneinander, um sich zu wärmen.

Ihr Leben gefiel ihnen. Nur eines gab es da, worüber sie sich Sorgen machten. Danny war noch nicht verheiratet. Sie mußten unbedingt eine Frau für ihn finden.

An einem schönen Frühlingsabend zog Danny O'Connor seinen besten Anzug an und machte sich auf den Weg nach

Buncarna, wo die Musikanten in dieser Woche zum Tanz auf spielten.

Als er an seinem Feld vorbeikam, sah er seine Kuh, seinen kleinen braunen Esel und seinen Ziegenbock friedlich beieinanderstehen, und er winkte ihnen vergnügt mit seinem Spazierstock zu.

»Ist es nicht traurig, daß ein so netter und freundlicher Mann keine Frau findet?« sagte Eamonn, der Esel.

»Zum Weinen ist's«, sagte Bridget, die Kuh, »wenn es nicht so ein schöner Abend wäre.«

»Er ist so gut zu uns«, warf Cachal, der Ziegenbock, ein, »so einer muß einfach auch ein guter Ehemann sein. Ich meine einen, der nicht jeden Penny ins Wirtshaus trägt, der nicht schimpft und seine Frau prügelt, wenn er mit dem falschen Fuß zuerst aufgestanden ist.«

»Oh, ich kenne da so manches Mädchen, das ihn gern zum Manne nehmen würde«, sagte der Esel, »ihr solltet sehen, wie es ist, wenn ich mit ihm nach Buncarna komme. Jede zweite lächelt ihm doch zu.«

»Ist das wahr?« fragte Cachal. »Nun, dann wundert es mich noch mehr, daß er noch nicht geheiratet hat. Es wird doch sicherlich auch eine darunter sein, bei der er zurücklächelt.«

»Ich verstehe das auch nicht«, sagte Bridget, »wir müssen genau darüber nachdenken.«

Die drei Tiere legten sich nieder und machten es sich bequem. Es wurde dunkler und dunkler. Die Sterne traten am Himmel hervor, und ein großer runder Mond rollte über den Hügel.

»Mir ist etwas eingefallen«, sagte Cachal plötzlich. Ein Ziegenbock ist, wenn es ans Denken geht, immer etwas rascher als ein Esel oder eine Kuh.

»Und das wäre?« fragte Bridget.

»Ich frage mich, ob uns nicht das kleine Volk dabei helfen könnte, für Danny eine Frau zu finden.«

»Ich weiß nicht, ob das ein guter Einfall ist«, sagte Eamonn, »du weißt, daß die Feen und kleinen Männer sehr launisch sind und einem gern einen Streich spielen.« »Das käme auf den Versuch an«, sagte Cachal und rieb sich seinen Ziegenbart.

Bridget sagte nichts. Sie wußte, daß die beiden Männer bei aller Freundschaft in ein endloses Streitgespräch geraten würden, ohne daß einer den anderen überzeugen konnte, also schloß sie die Augen und versuchte einzuschlafen. Aber da sagte plötzlich eine Stimme, von der keiner recht wußte, woher sie kam: »Also wollt ihr uns nun um Hilfe bitten oder nicht?«

Die drei Tiere sprangen auf.

»Bitte mach nicht solche Bocksprünge«, sagte die Stimme, »und wackle nicht so mit den Ohren, sonst falle ich herunter.«

»Von wo fällst du herunter?« fragte Cachal.

»Von dort, wo ich sitze, du dummer Ziegenbock, oder was hast du gedacht?« sagte die Stimme wieder.

»Aber wo bist du?« fragte Eamonn.

»Auf deinem Kopf, du Dummkopf! Merkst du nicht, daß ich zwischen deinen Ohren sitze? Warte, gleich wirst du es spüren.«

Und tatsächlich spürte Eamonn, wie ein kleiner scharfer Dorn sein Ohr ritzte, und er gab einen Schrei von sich, den man bis in die Stadt Derry hören konnte.

»Ja, ja, ich spür dich«, rief er dann, »laß dir nicht einfallen, mir dieses Ding noch einmal ins Ohr zu stechen.«

»Manche Leute und manche Tiere wollen nicht glauben, daß es uns überhaupt gibt«, sagte die Stimme höhnisch, »dumme Leute, dumme Tiere«, fügte sie hinzu.

Cachal starrte auf das Stück Fell zwischen Eamonns Ohren.

»Himmel!« rief er, »wirklich, da sitzt ein kleiner Mann. Einer von dem kleinen Volk. Er muß uns die ganze Zeit über zugehört haben.«

»Natürlich habe ich euch zugehört«, sagte der kleine Mann. »Ich bitte mir aus, daß ihr in Zukunft mit etwas mehr

Respekt von uns sprecht. Für diesmal will ich's noch durchgehen lassen. Also soll ich euch helfen, für Danny O'Connor eine Frau zu finden?«

»Ja, da wären wir sehr dankbar«, antwortete Bridget.

»Das wird gar nicht so leicht sein«, sprach der kleine Mann, »und wenn ich euch helfen soll, dann müßt ihr auch etwas für mich tun.«

»Alles, was du willst«, sagte Eamonn rasch.

»Sofern es in unserer Macht steht«, fügte Cachal hinzu.

Der Ziegenbock erinnerte sich nämlich, daß man den Männern des kleinen Volkes nie etwas versprechen darf, ehe man zuvor gehört hat, was sie verlangen. »Ach was, Cachal«, sagte der kleine Mann, »ich werde bestimmt von euch nichts Unmögliches verlangen.«

»Trotzdem wollen wir zunächst einmal gar nichts versprechen«, beharrte Cachal.

»Ganz recht«, sagte Eamonn, »wir versprechen gar nichts. Und komm du erst einmal von meinem Kopf herunter. Wie kann ich mit jemandem sprechen, der zwischen meinen Ohren sitzt?«

»Was hast du schon groß zwischen deinen Ohren«, meinte der kleine Mann frech.

Eamonn wurde zornig. Er konnte es nun einmal ganz und gar nicht ausstehen, wenn jemand Anspielungen darauf machte, daß Esel dumm seien. Er schüttelte wütend seinen Kopf. Der kleine Mann stürzte herab und fiel mitten in eine Pfütze, daß es nur so klatschte und spritzte.

»Du boshaftes Vieh«, schimpfte er, »kannst du denn keinen Spaß verstehen?«

»O doch, ich kann«, antwortete Eamonn, »und ich kann auch auf Kosten anderer Leute Witze reißen. Du solltest dich jetzt einmal sehen. Du siehst aus wie ein Bröckchen Schokolade.«

»Was fällt dir ein«, rief der kleine Mann fauchend, »wie kannst du es wagen, dich über mich lustig zu machen.«

»Nur ruhig, du wütender kleiner Teufel. Wie du mir, so ich dir«, sagte der Esel, »noch ein böses Wort über Esel, und ich versetze dir einen Hufschlag, daß du bis mitten in die nächste Woche fliegst.«

»Beruhige dich doch, Eamonn«, mischte sich Cachal ein, »mach ihn doch nicht noch wütender.«

»Mir egal«, schnaubte Eamonn, »ich lasse mich von ihm nicht beleidigen.«

Er trabte auf den kleinen Mann zu. Cachal rannte hinterher, und zum Schluß trottete Bridget. Sie war immer etwas langsam. Der Esel und der Ziegenbock stürmten Hals über Kopf auf den Dornbusch zu, der in der Mitte des Feldes stand und zu dem sich der kleine Mann flüchtete. Plötzlich sah man dort einen Blitz von goldenem Licht. Der Busch war verschwunden und Eamonn und Cachal mit ihm. Für einen Augenblick war es den beiden Tieren ganz seltsam zumute. Sie begriffen gar nicht, was geschah, wo sie waren. Dann aber merkten sie, daß sie einen langen, langen Gang entlangtrabten. Sie hörten seltsame Musik und Stimmen, die lachten und sangen. Und gleich darauf standen sie in einem Saal mitten unter Hunderten von kleinen Männern in grünen Jacken und mit roten Mützen auf dem Kopf. Ganz hinten stand auch ein großer Thron, und auf dem saß der König des kleinen Volkes.

»Ach, sieh an«, sagte er, »wen haben wir denn da?«

»Ich habe die Tiere mitgebracht, Majestät«, sagte der kleine Mann, der sich oben auf der Erde mit dem Esel gezankt hatte.

Die Tiere erkannten ihn daran, daß von seinen Kleidern Schmutz auf den spiegelblanken Boden des Saales tropfte.

»Es war schwere Arbeit. Das kann ich Euch versichern.«

»Man sieht es dir an«, sagte der König.

»Dieser Esel ist unerhört jähzornig«, erklärte der kleine Mann. »Wenn's erlaubt ist ... sagt nur nichts, was ihn in Wut versetzen könnte.«

»Kommt her, ihr beiden«, sprach der König zu den Tieren, »ich habe nach euch geschickt, weil ich euch bitten möchte, etwas für uns zu tun. Wenn mein Bote euch beleidigt hat, so entschuldigt das bitte. Der Bursche ist zuviel mit den Menschen zusammen. Dann wird man so.«

»Schon gut«, antwortete Cachal, »wir werden tun, was wir können, aber wir versprechen nichts.«

»Ich verstehe«, sagte der König, »aber es geht wirklich nur um eine Kleinigkeit. Also! Euer Herr, Danny O'Connor, ist ein Mann, der die rechte Achtung vor uns hat. Von seinem Nachbarn Mick O'Hara läßt sich das gleiche leider nicht sagen. Im Gegenteil, er ist eine rechte Plage für uns. Er reißt jeden Dornbusch aus der Erde. Wir sind ganz und gar nicht mit ihm zufrieden. Das muß anders werden.«

»Tja«, sagte Eamonn, »und was ließe sich dagegen tun?«

»Ihr nehmt diesen Beutel mit Goldstücken hier«, erklärte der König, »und ehe diese Nacht noch herum ist, verstreut ihr sie über die Felder von Mick O'Hara. Überall, wo Eamonn ein Goldstück fallen läßt, sollst du, Cachal, es fest in den Boden drücken. Habe ich mich klar ausgedrückt?«

»Das schon«, meinte Cachal, »aber ich sehe nicht ein, warum der Bursche auch noch mit Goldstücken belohnt werden soll.«

»Tut, was ich euch sage, und überlaßt das andere mir«, antwortete der König.

»Und Ihr helft uns dann auch, für Danny O'Connor eine Frau zu finden?« fragte Cachal.

»Hört jetzt gut zu«, sprach der König, »euer Freund Danny hat die Frau, die er sich wünscht, schon gefunden. Er braucht nur noch etwas Mut, um das Mädchen auch zu fragen, ob es ihn heiraten will. Ich glaube, er schämt sich noch, weil er nur zwei Äcker besitzt. Aber ich verspreche euch, auch das wird sich ändern. Und wenn ihr nur tut, was ich euch aufgetragen habe, wird Danny am Ende als ein wohlhabender Mann dastehen.«

»Das ist ein Wort«, sagte Eamonn und spuckte auf den Boden, wie man das in Irland tut, wenn ein Vertrag abgeschlossen wird.

»Abgemacht«, sagte der König, und auch er spuckte auf den Boden. »Auf denn, fort mit euch!« sagte er dann und schwenkte sein Zepter über ihre Köpfe, und im Augenblick standen Eamonn und Cachal wieder auf dem Feld ihres Freundes vor dem Dornbusch. Bridget machte vor Erstaunen einen kleinen Luftsprung mit den Hinterbeinen, als sie sie sah.

»Ich habe mir solche Sorgen um euch gemacht«, muhte sie.

»Wir sind gesund und munter«, erklärte Cachal, »aber jetzt gibt es Arbeit!« Und schon lief er mit Eamonn hinüber auf Mick O'Haras Feld.

»Um Himmels willen«, schnaufte Bridget, »was habt ihr nur vor? Wenn euch Mick erwischt auf seinem Grund und Boden, wird er euch gehörig verprügeln.«

»Schon möglich«, sagte Eamonn, »sogar höchst wahrscheinlich, aber das müssen wir riskieren. Wir haben dem König des kleinen Volkes versprochen, etwas zu tun.«

Cachal stach mit seinen scharfen Hörnern in den Boden des Beutels, und ein Goldstück nach dem anderen fiel heraus. Die beiden Tiere liefen auf dem Feld hin und her, bis die Goldstücke überall im Mondlicht glitzerten. Dann rannten sie auf den nächsten Acker und streuten auch dort Goldstücke aus, bis das ganze Land von Mick O'Hara blitzte und leuchtete, als seien die Sterne vom Himmel herabgefallen und gerade alle hier gelandet.

Als die Tiere am nächsten Morgen erwachten, erkannten sie die Äcker von Mick O'Hara nicht wieder. Überall dort, wo sie Goldstücke hingeworfen hatten, stand jetzt ein Dornenstrauch, und jeder der Sträucher war doppelt so hoch wie ein ausgewachsener Mann. Eine richtige Dornenwildnis war das geworden, wo noch am letzten Tag Hafer und Gras gewachsen waren.

Danny O'Connor trat aus seiner Hütte. Er sah einmal hin, er sah zweimal hin. Nein, er träumte nicht. Auf O'Haras Feldern wuchsen die Dornenbüsche so dicht wie anderswo das Getreide in einem guten Jahr. Als er sich von seinem Schreck erholt hatte, murmelte er: »Nun ja, ich habe ihm ja immer gesagt, er solle nicht alle Dornenbüsche ausroden!«

Da kam auch schon sein Nachbar O'Hara um die Hausecke gerannt. Er sah aus, als sei er gerade einem Gespenst begegnet. »Ich bin ruiniert«, schrie er, »wie konnte das nur geschehen?«

»Das kleine Volk«, sagte Danny.

»Das kleine Volk, das kleine Volk«, schrie O'Hara aufgeregt, »dummes Zeug, das hier auf das kleine Volk zu schieben. Es gibt kein kleines Volk. Aber es gibt einfach zu viele Dornenbüsche hier. Mag sich auf diesem Boden herumquälen, wer will. Ich nicht. Ich ziehe fort. Ich gehe zurück in die Stadt. Aber du, Danny … du bist doch immer so neunmalklug. Du weißt immer, was man machen soll und nicht machen soll. Vielleicht weißt du auch, wie man aus sieben Feldern voller Dornenbüsche wieder gutes Land machen kann. Viel Spaß dabei!«

Fort war er.

Aber in der Minute, da er Danny aus den Augen verschwand, geschah nun noch etwas viel Seltsameres. Die Dornenbüsche verwandelten sich alle wieder in Goldstücke, die zwischen den Kartoffelfurchen, dem Hafer und im Gras funkelten. Man brauchte sie nur einzusammeln.

In der Mitte eines jeden Feldes aber stand ein Dornenbusch. Und man kann sicher sein: Diese Büsche blieben stehen, so lange Danny O'Connor in dieser Gegend etwas zu sagen hatte.

Was Eamonn, Bridget und Cachal anging, so brauchten sie nicht lange zu warten, bis auch ihr Wunsch erfüllt wurde. Jetzt, da Danny mehr Land, einen Beutel voll Goldstücke und ein rechtes Haus besaß, fand er auch den Mut, das Mädchen zu fragen, ob es seine Frau werden wollte. Und ich verrate euch noch eines, ehe diese Geschichte zu Ende ist! Es hat ja gesagt.

Seán Palmers Reise mit den Feen nach Amerika

Seán Palmer lebte in Rinneen Ban. Er besaß eine kleine Farm und ein Fischerboot. Er fischte im Sommer. Er war verheiratet und hatte drei erwachsene Kinder.

Nun hatte Seán den Tabak sehr gern. Er war ein sehr starker Raucher, und eher hätte er auf alle Mahlzeiten verzichtet als auf den Rauch aus seiner Tonpfeife.

Zu dieser Zeit gab es nur wenig Läden, und sie lagen weit auseinander.

Die Leute auf dem Land waren so auf die Eierfrau angewiesen, die sie einmal im Monat besuchte, die Eier aufkaufte und ihnen im Tausch all das gab, was man in einem Haushalt auf dem Land braucht: Tabak, Seife, Nähnadeln und Stricknadeln.

Diese Frauen verkauften den Tabak nach einem Maß, das man einen Finger nannte. Der Mittelfinger der rechten Hand von der Spitze bis zum Knöchel, diese Spanne nannte man einen Finger Tabak, und dafür zahlte man einen Penny.

Nun geschah es, daß zu jener Zeit, zu der unsere Geschichte spielt, die Eierfrau, die gewöhnlich Rinneen Ban besuchte, länger ausblieb als gewöhnlich, und Seán Palmer mußte ohne seinen geliebten Tabakqualm auskommen.

Wie bei allen starken Rauchern, so hatte auch bei Seán die erzwungene Abstinenz von dem nervenberuhigenden Kraut die Wirkung, daß der sonst tatkräftige und fleißige Mann völlig verändert wurde. Zwei Tage saß er auf dem Holzklotz vor dem Küchenfeuer, brummte, knurrte und verfluchte die Eierfrau, die daran schuld war, daß er nicht zu seinem geliebten Kraut kam.

Am Abend des dritten Tages, nachdem er mehr als zwanzigmal vom Holzklotz aufgestanden und zur Küchentür gegangen war, in der Hoffnung, die Eierfrau würde sich früher oder später doch noch blicken lassen, redete er sein Weib so an:

»Mary«, sagte er, »ich halte es nicht mehr länger aus. Das Ende meiner Geduld ist herangereift. Ich glaube, ich gehe hinüber in den Laden von Seán Murphy The Locks und hole mir einen Finger Tabak. Mit mir ist's nicht unter einem Dach auszuhalten, wenn noch eine Nacht vergeht, ohne daß ich mir eine Pfeife angezündet habe.«

Seán The Locks betrieb einen kleinen Laden, etwa eine Viertelmeile nach Süden von jenem Fleck, auf dem heute das Dorf Waterville steht – damals gab es das Dorf noch nicht – und handelte mit Lebensmitteln und Tabak.

»Die Kartoffeln kochen schon, Seán«, sprach seine Frau, »und du solltest dich besser dort drüben an den Tisch setzen und erst dein Abendbrot essen, ehe du dich auf den Weg machst.«

»Yerrah, Weib!« sagte Seán, »ich kann keinen Tisch sehen, ich kann keine Kartoffeln riechen. Ich bin blind vor Verlangen nach Tabakrauch. Noch diese Minute mache ich mich auf den Weg zu Seán The Locks Laden, und die Kartoffeln können warten, bis ich zurück bin.«

Er stand auf, griff sich seinen Schwarzdornstecken und ging fort; bekleidet war er nur mit seinem Jackett und mit ein Paar Flanellhosen. Er trug weder Schuhe noch Strümpfe, denn beides zogen die Männer nur an, wenn sie zur Messe oder in die nächste Stadt auf den Markt gingen.

Als er sich dem Kai näherte – es gibt da einen kleinen Kai am Stadtrand in der Senke von Rinneen Ban, wo die Fischerboote anlegen und ihre Fänge an Land setzen –, kam es ihm vor, als ständen da neben der Straße zwei Männer, und er ging auf sie zu.

»Das ist Seán Palmer«, sagte der eine Mann zu dem anderen.

»Ich weiß, was mit ihm los ist, und wo er hin will. Er hat keinen Tabak«, hörte Seán den anderen sagen. Die beiden Männer schienen sich darüber im klaren zu sein, daß Seán ihnen zuhören konnte.

Als er auf Rufweite herangekommen war, grüßte er sie, und sie erwiderten seinen Gruß.

»Du hast keinen Tabak, nicht wahr, Seán«, sagte einer der beiden Fremden, »siehst du die beiden Männer dort unten? Steig zu ihnen hinunter, sie werden dir bestimmt etwas Tabak geben.«

Am Kai unten hatte ein kleines Boot festgemacht, in dem in der Tat zwei Männer saßen. Seán zögerte einen Augenblick.

»Ich glaube, es ist schon etwas zu spät, um zu Seán The Locks Laden hinüberzugehen«, erwiderte er, »daheim steht das Essen auf dem Tisch und wartet auf mich. Wenn sie mir nur eine Pfeife voll Tabak geben würden, die mein Verlangen bis zum Morgen besänftigt, so wäre ich schon zufrieden.«

»Geh hinunter zu ihnen«, sagte einer der beiden Fremden, »die geben dir Tabak, soviel du willst.«

Seán stieg hinunter zum Kai. Das Boot war dicht an die Mauer herangezogen. Zwei Männer saßen darin. Seán redete sie höflich an und sagte, er werde ihnen ewig dankbar sein, wenn sie so freundlich wären, ihm etwas Tabak zu geben.

»Den sollst du bekommen und nicht zu knapp«, sagte einer der beiden Männer, »steig zu uns ins Boot und setz dich hin.«

Als er ins Boot stieg, dachte Seán bei sich: »By Gor, das nenne ich Glück. Es ist ein altes Sprichwort: ein Hund, der frei herumläuft, fühlt sich besser als ein Hund an der Leine.«

»Ah, da bist du ja, Seán«, sagte einer der beiden Männer im Boot, »hier, nimm das und rauch, bis du zufrieden bist!«

Und mit diesen Worten drückte er Seán die eigene Pfeife in die Hand. Sie brannte und hatte einen guten Zug. Seán nahm die Pfeife und bedankte sich, sog den Rauch tief ein, und bald war er ganz von Tabakqualm umnebelt. Er saß da, paffte begierig seine Pfeife, schaute nicht nach rechts und links und schien wie ein Mann, der in einen Traum versunken ist.

»O Mann, ich lebe wieder!« sprach er zu sich selbst, »ist das nicht Öl für das Herz! Das ist die köstlichste Pfeife Tabak, die ich je in meinem Leben geraucht habe!«

Es dauerte nicht lange, da machten die beiden Männer im Boot ihren Kameraden, die oben am Straßenrand gestanden hatten, ein Zeichen, herunterzukommen und ins Boot zu steigen. Und kaum waren sie an Bord, da gingen auch schon die Segel hoch, und das Kommando wurde gegeben: »Hinaus auf See, Jungens!« und das kleine Boot legte pfeilschnell von der Kaimauer ab.

»By Gor«, sprach Seán zu sich selbst, »die haben es so eilig wie das Gas, das der Kohl in den Därmen eines armen Mannes macht, wohin auch immer sie unterwegs sein mögen.«

Weder Seán noch einer der vier Männer im Boot sprachen ein Wort, während das Boot nur so dahinschoß über die Wasserfläche, und es dauerte nicht lange, da sah Seán Lichter … Lichter von Häusern, so meinte er.

»Yerrah«, sagte Seán zu einem der Männer, »sind das die Lichter der Lohar-Häuser?«

»Gott steh dir bei«, erwiderte der Mann, »warte noch einen Augenblick, und du wirst noch ganz andere Häuser zu Gesicht bekommen als die von Lohar.«

»Beim Arsch eines Esels«, sagte Seán, »das müssen doch die Lohar-Häuser sein, und dort gegen Westen liegt Rinneen Ban.«

»Gott steh dir bei!« antwortete einer der Männer aus dem Boot, »weißt du nicht, wo wir sind? Wir halten auf den Kai von New York zu. Schau nur, all die Schiffe hier im Hafenbecken, die vielen Leute dort auf der Straße und die hohen Häuser, so … Achtung, wir legen an. Fertig. Jetzt kannst du an Land gehen, Seán.«

Seán starrte völlig verwirrt auf das, was da vor ihm lag. Und es dauerte einige Zeit, bis er seine Ruhe und Gelassenheit wiedergewonnen hatte. Dann jedoch ging er an Land. Er mischte sich unter die Leute auf dem Kai, obwohl er niemanden kannte, und es wollte ihm so vorkommen, als starrten ihn alle an.

»Oh, guter Himmel«, sagte er zu sich selbst, »kein Wunder, daß alle zu mir hinschauen. Ich in meinen Flanellhosen und ohne Schuhe und Strümpfe. Warum habe ich nur meinen Mantel nicht angezogen, als ich von daheim fortging?«

Ein Mann kam an ihm vorbei, als er da auf der Kaimauer stand und in die Menge starrte.

»Auf meinen Eid«, sagte der Mann, während er vorüberging, »aber dieser Bursche da hat eine gewisse Ähnlichkeit mit Seán Palmer aus Rinneen Ban.«

»Guter Gott«, sagte Seán zu sich selbst, »das ist doch einer von denen, die nach Amerika ausgewandert sind. Freilich, das war Andy Pickett aus Rinneen Ban, den habe ich doch gekannt, ehe er fortging, und wenn er jetzt in Amerika ist, dann bin auch ich in Amerika. Ich glaube, er hat mich nicht erkannt.«

»Laß dich nicht täuschen«, sagte einer der Männer aus dem Boot, »du bist wirklich in Amerika, und hör mal, Seán … ein Bruder von dir lebt doch hier in New York, oder?«

»Das stimmt«, sagte Seán, »aber New York ist eine große Stadt, und wie soll ich armes Grünhorn herausfinden, wo er wohnt?«

»Ach was«, sagte der Mann, »komm nur mit, wir finden ihn schon.«

Zwei der Männer begleiteten Seán, während die beiden anderen im Boot zurückblieben. Man spazierte durch die

Hauptstraßen New Yorks, bis die beiden Begleiter plötzlich vor einem Gebäude stehenblieben.

»Dein Bruder Paddy wohnt in diesem Haus«, sagte einer der beiden Männer zu Seán. »Klopf an die Tür, und sag den Leuten drinnen, du wolltest Paddy Palmer sprechen.«

Seán tat, wie ihm geheißen, und auf sein Klopfen hin kam ein Diener an die Tür.

»Wohnt hier Paddy Palmer aus Rinneen Ban?« fragte Seán.

»Gewiß doch«, bekam er zur Antwort.

Seán folgte dem Diener die Treppe hinauf in eines der oberen Stockwerke.

»Dies hier ist sein Zimmer«, sagte der Diener, »Sie können gleich eintreten«, und ließ ihn stehen. Seán betrat das Zimmer, und als Paddy ihn in seinem Jackett, in Flanellhosen, ohne Schuhe und Strümpfe an den Füßen vor sich sah, meinte er, eine Erscheinung aus der anderen Welt zu erblicken, das heißt, er hielt den Bruder für tot, und glaubte, dessen Geist komme ihn besuchen.

»Gott im Himmel, Seán!« rief er aus. »Woran bist du nur gestorben?«

»Auf Treu und Glauben«, erwiderte Seán, »ich bin höchst lebendig.«

»Wann bist du denn in Amerika angekommen?« fragte Paddy.

»Vor einer Viertelstunde bin ich am Kai gelandet«, erwiderte Seán.

»Und wann bist du von zu Hause fortgefahren?« fragte Paddy weiter.

»In Rinneen Ban so etwa vor einer halben Stunde.«

»Und was für ein Schiff hast du benutzt? Waren viele Leute an Bord?«

»Warte eine Minute, und ich werde dir meine Geschichte erzählen«, sagte Seán. »Ich hatte keinen Tabak mehr, und kurz, ehe die Dunkelheit hereinbrach, machte ich mich auf zu

Seán The Locks Laden, um dort etwas Tabak zu kaufen. Aber als ich Rinneen-Kai erreichte ...« (Jetzt erzählte er seinem Bruder sein unheimliches Erlebnis.)

» ... als ich dann auf dem Kai stand und die Leute anstarrte, die vorübergingen, kommt doch da Andy Pickett seines Weges und sagt: ›Meine Seele dem Teufel, dieser Bursche sieht Seán Palmer aus Rinneen Ban verdammt ähnlich!‹«

»Setz dich einen Augenblick. Ich will Abendessen für uns bestellen«, sagte Paddy, »während du ißt, will ich schnell in den Laden im Haus nebenan hinüberspringen und dir etwas Tabak holen, und wenn ich zurückkomme, gebe ich dir meinen besten Anzug. Du siehst unmöglich aus in den alten Sachen. Ich kann mir morgen einen neuen Anzug kaufen.«

Seán setzte sich an den Tisch, als das Essen kam, und er war gerade fertig, als Paddy mit einer ziemlich großen Kiste Tabak unter dem Arm zurückkehrte.

»Nun, Seán«, sagte er, »mit dem Tabak hier wirst du mindestens ein halbes Jahr auskommen.«

Darauf griff er in die Tasche seiner Hose und zog ein Bündel Dollarscheine heraus.

»Und hier sind ein paar Dollar für dich«, sagte er, »ich wollte sie dir eigentlich erst zu Weihnachten schicken, aber da du ja gerade hier bist, gebe ich sie dir, das spart mir die Mühe, sie in einen Briefumschlag zu stecken und dir zu schicken.« Auf mein Wort, dieser Paddy machte seinem Bruder ein sehr nobles Geschenk.

»Tja«, sagte Seán, »du bist sehr anständig zu mir gewesen, Paddy, und ich bin dir ja auch sehr dankbar, aber jetzt muß ich gehen. Die zwei Männer warten unten auf der Straße auf mich, und es wäre nicht höflich, sie noch länger warten zu lassen.«

Paddy packte seinen besten Anzug in ein Stück braunes Packpapier, legte die Kiste mit dem Tabak dazu und überreichte Seán das Paket.

»Auf Wiedersehen, Seán«, sagte er, »und Gott lasse deinen Weg kurz werden.«

Unten auf der Straße traf Seán die beiden Männer aus dem Boot wieder.

»Nun, Seán«, sagte der eine von ihnen, »hat sich der Besuch gelohnt?«

»Bei meiner Seele«, erwiderte Seán, »das will ich meinen. Ich habe hier ein Bündel Dollars im Werte von sieben Pfund, eine große Kiste voller Tabak und einen schönen Anzug.«

»Gib mir das Paket, Seán«, sagte der Mann, »ich werde es im Boot verstauen.«

Während sich dieser Matrose mit dem Paket entfernte, sagte der andere Mann zu Seán: »Sag mal … hast du nicht auch eine Schwester in Boston wohnen?«

»By Gor, du hast recht«, antwortete Seán, »irgendwo in den Vereinigten Staaten wohnt eine Schwester von mir … wird wohl Boston sein.«

»Sie lebt in Boston«, versicherte ihm der Mann, »ich kenne das Haus, in dem sie wohnt, und wenn du sie besuchen möchtest, will ich dich gern begleiten und dir helfen, dich in der fremden Stadt zurechtzufinden. Der andere Mann holt uns noch ein. Komm, wir machen uns auf den Weg.«

»Bei meiner Seele«, sagte Seán, »freilich würde ich meine Schwester Cait gern wiedersehen, warum eigentlich nicht?«

Sie brachen auf, und im Nu waren sie in Boston. Wie sie so durch die Stadt liefen, blieb Seáns Gefährte plötzlich vor einem Haus in der Hauptstraße stehen. »So, Seán«, sagte er, »hier sind wir jetzt in Boston, und in diesem Haus wohnt deine Schwester Cait, geh und klopf an die Tür, und wenn sie daheim ist, verlange sie zu sprechen.«

Seán tat, wie ihm geheißen. Eine Frau mittleren Alters öffnete die Tür und fragte: »Wen möchten Sie sprechen?«

»Ich möchte bitte zu Cait Palmer.«

»Ich bin Cait Palmer«, sagte die Frau.

»Guter Gott«, rief Seán aus, »erkennst du deinen Bruder Seán aus Rinneen Ban nicht mehr?«

»Yerrah, Seán«, sagte sie erschrocken, »wann bist du denn gestorben?«

Sie dachte, als sie ihn so barfuß und in seinen Flanellhosen vor sich sah, er sei auf Besuch aus der Jenseits-Welt.

»Bei meiner Seele«, sprach Seán, »ich bin doch nicht tot. Ich bin herrlich am Leben. Ich bin den ganzen Weg von Rinneen Ban herübergekommen, um dich zu besuchen. Ich bin auch schon in New York bei Paddy gewesen. Wie das alles zugegangen ist, wird er dir erzählen, wenn ihr euch das nächste Mal trefft.«

»Was du nicht sagst, Seán ... Wann bist du denn in Rinneen Ban abgereist?«

»So etwa zur Abendbrotzeit heute abend«, berichtete er, »ich wollte zu Seán The Locks Laden gehen, um mir etwas Tabak zu kaufen ... Ach, es würde zu lange dauern, dir diese ganze Geschichte zu erzählen. Frag Paddy danach, wenn ihr euch trefft. Ich war bei ihm zum Abendessen in New York. Er war sehr freundlich zu mir. Er schenkte mir ein Kistchen voll Tabak, einen neuen Anzug und ein Bündel Dollarnoten. Die kann ich mit heimnehmen, verstehst du?«

Darauf öffnete auch Cait sofort ihre Geldbörse und drückte ihm einen Zwanzig-Dollar-Schein in die Hand.

»Hier, Seán«, sagte sie, »nimm das, mehr Geld habe ich im Augenblick nicht, aber ich werde dich zu Weihnachten nicht vergessen. Zu Weihnachten schicke ich dir einen Scheck.«

Seán verabschiedete sich von der Schwester und ging wieder hinunter auf die Straße, wo seine beiden Gefährten auf ihn warteten.

»Nun, Seán«, sagte einer der beiden Männer zu ihm, »was ist bei deiner Schwester Cait herausgesprungen?«

»Bei meiner Seele!« erwiderte Seán, »es hat sich gelohnt. Sie hat mir eine Zwanzig-Dollar-Note gegeben.« Die drei Männer machten sich nun auf den Weg zurück nach New

York, und als sie sich der Stadt näherten, blieb Seán plötzlich stehen und rief: »Guter Gott ... wo ist meine Pfeife? Sie muß mir aus dem Mund gefallen sein, oder ich habe sie in Boston liegenlassen. Ich muß sie doch dem Mann auf dem Boot zurückgeben, und jetzt habe ich sie verloren. Dabei war es doch eine so schöne Pfeife. Zu ärgerlich!«

»Mach dir keine Sorgen wegen der Pfeife«, sagte einer der beiden Männer, »das ist nicht weiter schlimm. Eine neue Pfeife ist schnell beschafft.«

Als sie nun durch New York gingen, räusperte sich der Mann zu Seáns Linken – sie hatten ihn in die Mitte genommen – und fragte: »Übrigens, Seán, du kennst doch Cait Stroghair O'Shea aus Lohar?«

»Gewiß doch. Wir waren enge Freunde, ehe sie nach Amerika auswanderte, und wenn ich ganz ehrlich sein soll, ich war einmal verdammt in sie verliebt und hätte sie um ein Haar geheiratet.«

»Möchtest du sie wiedersehen? Sie lebt hier in dieser Gasse, und ich kenne auch das Haus, in dem sie wohnt.«

»Ich glaube, ich möchte lieber nicht«, antwortete Seán zaghaft, »meine Kleider sind ziemlich schäbig. Ich würde mich schämen, ihr in diesem Aufzug unter die Augen zu treten.«

»Daran soll es nicht scheitern«, bekam er zur Antwort. »Ich laufe schnell hinunter zum Boot und hole dir ein paar neue Kleider«, sagte der Mann, der ihn zuvor gefragt hatte, »das dauert gar nicht lange, außerdem, wir haben keine Eile.«

Der Mann lief zum Boot und kam mit einem neuen Anzug für Seán in weniger als gar keiner Zeit zurück. Der andere Mann nahm Seán bei der Hand und führte ihn in eine düstere Ecke.

»Hier kannst du unbesorgt deine Kleider wechseln. Die Leute, die hier vorbeikommen, haben es viel zu eilig, um darauf zu achten«, erklärte er.

Als er sich herausgeputzt hatte, brachten die beiden Männer Seán zu dem Haus, wo Cait Stroghair O'Shea lebte. Seán klopfte an, und Cait ließ ihn herein. Sie erkannte ihren alten Freund im ersten Augenblick, wie sich alle sofort erkennen, die sich einmal geliebt haben, begrüßte ihn mit einem ›tausendfach Willkommen‹ und fragte ihn, wie lange er schon in Amerika sei.

»Ich bin schon seit ein paar Jahren hier!«

Er wollte sie nicht wissen lassen, daß er erst an diesem Abend angekommen war, das hätte seinem Besuch zu viel Bedeutung gegeben.

»Ich fahre heute wieder nach Irland zurück«, fuhr er fort, »aber zuvor wollte ich doch noch besuchen.«

»Das ist freundlich von dir, Seán«, sagte sie, »und wann genau fährst du nach Irland zurück?«

»Noch heute nacht. Ich reise in wenigen Stunden ab.«

»Ach, Seán«, sagte sie, »wenn ich das früher gewußt hätte, daß du nach Irland zurückfährst, so hätte ich gewiß versucht, es so einzurichten, daß wir die Reise auf demselben Schiff machen.«

Sie holte ihre Geldbörse hervor und gab Seán eine Fünfzehn-Dollar-Note.

»Nimm das als kleines Geschenk für meinen Bruder Con«, sagte sie, »... und hier ist auch noch etwas für dich.« Sie drückte ihm einen Fünf-Dollar-Schein in die Hand. »Damit du auf dem Schiff während der Überfahrt mit deinen Kameraden auf mein Wohl anstoßen kannst. Übrigens, Seán«, sagte sie, »hast du eigentlich je geheiratet?«

Er drückte sich um die Antwort, indem er zurückfragte, ob sie denn verheiratet sei.

»Wer weiß, Seán«, sagte sie lächelnd, »vielleicht klappt's noch einmal mit uns beiden.«

»Das weiß man nie«, erwiderte Seán und verabschiedete sich von ihr, »die seltsamsten Dinge werden wahr.«

Darauf ging er wieder hinunter auf die Straße, wo seine beiden Gefährten immer noch auf ihn warteten. »Nun, Seán«, fragten sie, »wie ist's bei Cait Stroghair gegangen?«

»Wir sind recht gut miteinander ausgekommen«, antwortete er, »wir hatten ein freundliches Gespräch, und sie gab mir 15 Dollar für ihren Bruder Con und 5 Dollar für mich, damit ich auf dem Boot auf ihre Gesundheit anstoßen kann.«

»Komm jetzt«, sagten die beiden Männer, »unsere Zeit läuft ab. Wir müssen zurück zum Boot.«

Sie liefen zum Kai, zum New York-Kai, suchten ihr Boot und fanden darin die beiden anderen Männer wartend, so, wie sie sie verlassen hatten. Die Segel wurden gehißt, und dann legten sie ab. Ein Mann sprach in leisem Tonfall mit dem, der das Steuer hielt: »Es ist jetzt keine Zeit zu verlieren, setz alle Segel!«

Und das kleine Boot schoß auf die See hinaus wie ein fallender Stern. Sie waren noch nicht lange auf offener See, als Seán plötzlich die verlorene Pfeife wieder zwischen seinen Zähnen spürte.

»Meine Seele dem Teufel!« rief er aus, »ist das nicht die verlorene Pfeife?«

»Na und wenn schon«, sagte einer der Männer, »schau nach, ob sie noch brennt, und wenn ja, dann rauche sie, solange es dir Spaß macht.«

Die Pfeife brannte tatsächlich, und bald sah Seán Rauchwölkchen vor seinem Gesicht aufsteigen.

»Ach«, rief er aus, »das alte Sprichwort ist doch wahr: bei einem glücklichen Mann braucht es nichts als nur geboren zu werden.«

Gar nicht lange hin, und Seán sah Land aus dem Meer aufsteigen, und bald war er sicher, daß dies dort drüben die Häuser an der Küste waren.

»Bei meiner Seele«, fragte er einen der Männer erstaunt, »sind das die Häuser von Lohar, die ich dort in der Ferne sehe?«

»In der Tat, das sind sie.«

»Ich habe ja diesem Boot allerlei zugetraut«, sagte Seán, »aber ich dachte, wir seien erst ein paar Meilen vor New York, und nun sind es nur noch ein paar Ruderschläge bis Rinneen Ban-Kai.«

Das Boot näherte sich dem Kai wie eine donnernde Woge.

»Steig aus, Seán«, forderten ihn die Männer auf, »heil und sicher sind wir wieder in Irland!«

Seán griff sich sein Paket und sprang an Land. Als er sich nun umdrehen wollte, um der Bootsmannschaft zu danken, war weit und breit kein Boot mehr zu sehen. Es schien, als habe das Meer es verschlungen.

Seán ging die Straße vom Pier hinauf, da hörte er die Hähne krähen.

Als er daheim ankam, klopfte er laut an die Küchentür.

»Steh auf und mach diesem Schurken von einem Vater die Tür auf«, rief drinnen Seáns Weib ihrer ältesten Tochter zu. Sie waren schon lange zu Bett gegangen und hatten fest geschlafen. »Er hat die halbe Nacht in Seán The Locks Laden Karten gespielt. Ach, diese Mannsbilder!«

Das Mädchen öffnete und sah vor sich einen fremden Mann in einem eleganten Yankee-Anzug mit einem Panamahut auf dem Kopf und an den Füßen ein Paar auf Hochglanz polierte Glacéschuhe. Da schrak sie zurück und lief kreischend ins Schlafzimmer.

Ihre Mutter sprang aus dem Bett, kleidete sich an und kam in die Küche. Sie erkannte ihren Seán sofort, denn inzwischen hatte er ein paar Klumpen Torf auf das Feuer geworfen und es loderte hell. Die Frau musterte Seán einige Zeit von Kopf bis Fuß, und als sie sich von ihrem Erstaunen erholt hatte, sagte sie: »Guter Gott, Seán, wo bist du nur die ganze Nacht gewesen? Und wie kommst du zu den feinen Kleidern, die um deine Knochen schlottern?«

»Nicht, wie du denkst«, antwortete Seán, »ich habe sie drüben in New York von meinem Bruder Paddy bekommen.«

Sie sah ihn noch einmal genau an, denn sie dachte, er habe den Verstand verloren.

»Und schau her«, fuhr er fort, »es gibt Beweise dafür, daß ich in New York gewesen bin. Sieh dir diese Kiste mit Tabak an, die mir Paddy mitgegeben hat. Das reicht für ein halbes Jahr. Und dann das …«, er griff in die Hosentasche und zog eine Handvoll Dollarnoten hervor. »Er hat mir auch Geld geschenkt. Und in Boston bin ich auch gewesen. Dort habe ich meine Schwester Cait besucht. Sie hat mir auch etwas Geld gegeben. Als wir dann nach New York zurückkamen, habe ich noch bei unserer alten Nachbarin Cait Stroghair O'Shea hereingeschaut. Sie ist gut beieinander und hat mir 15 Dollar für ihren Bruder Con mitgegeben und außerdem noch eine Fünf-Dollar-Note, damit ich unterwegs auf ihre Gesundheit anstoßen kann.«

Seáns Frau nahm den Kasten voll Tabak und begann, ihn zu untersuchen. Sie war zur Schule gegangen und konnte lesen und schreiben. Sie sah die Worte New York in großen Buchstaben auf dem Deckel und zudem auch das Datum, an dem der Tabak verpackt worden war.

»By Gor, Seán«, rief sie aus, »was du erzählst, ist ja auch noch wahr! Diese Kiste stammt aus New York, daran ist nicht zu rütteln, aber wie, im Namen des Himmels, hast du es fertiggebracht, in so kurzer Zeit hin und zurück zu fahren?«

Da erzählte ihr Seán die ganze Geschichte, so wie ich sie euch erzählt habe, und am nächsten Morgen, nach dem Aufstehen – nicht sehr zeitig, nehme ich an, denn freilich war er nach der langen Reise rechtschaffen müde – frühstückte er, zog seine großartigen neuen Kleider an, auch die Schuhe und den Panamahut und spazierte in diesem Aufzug auf dem Gelände seiner kleinen Farm umher.

Und als die Nachbarn den elegant gekleideten Herrn sahen, überlegten sie, wer das wohl sein könnte. Keiner verfiel darauf, daß der Mann in dem schönen Anzug Seán war.

Erst nach einiger Zeit wagten sich die Nachbarn näher heran, um festzustellen, wer das sei, und sie erkannten Seán.

Im Laufe der Zeit kamen auch Briefe aus Amerika für Seáns Nachbarn in Rinneen Ban und für die Leute oben in Lohar, von Andy Pickett und Cait Stroghair O'Shea, und in den Briefen stand, jawohl, Seán Palmer sei bei ihnen in Amerika gewesen und habe mit ihnen gesprochen.

Und das ist die Geschichte von Seán Palmer, für Sie und für euch, von seinem Tabak und von seiner Reise mit den Feen nach Amerika.

Schwarze Magie

Vor langer Zeit lebten ein Mann und seine Frau in Malin Moor, und sie hatten nur eine einzige Tochter. Wie das immer so geht, hüteten sie dieses Kind wie ihren Augapfel.

Eines Tages nun ging der Vater Torf stechen nach Rossmore. Als die Mittagszeit kam, schickte die Mutter das Mädchen mit dem Essen hinaus auf das Feld. Sie schickte ihrem Mann eine Brühe in einem hölzernen Geschirr. In diesen alten Zeiten gab es auf dem Land nur hölzernes Geschirr.

Es war ein schöner Tag, und der Vater setzte sich am Rand des Moores nieder, um sein Mahl zu verzehren. Er und das Mädchen blickten hinüber zur See, und es dauerte nicht lange, da sahen sie ein großes Segelschiff, das auf die Mündung des Flusses zusteuerte.

»Ist das nicht ein schönes, großes Schiff«, sagte das Mädchen.

»In der Tat«, erwiderte der Vater.

»Ich würde gern wissen, wo es hinfährt«, sagte das Mädchen.

»Ich würde meinen, es ist auf der Fahrt nach Killybegs.«

»Wenn ich es so wollte, würde das Schiff sein Ziel nie erreichen, wie groß es auch sein mag und wie viele Segel es auch setzen kann«, plapperte das Mädchen.

»Du kleine Närrin«, schalt der Vater, »was willst du denn einem Schiff anhaben, das dort draußen auf der See fährt?«

Das Mädchen gab keine Antwort darauf. Es wartete, bis ihr Vater mit dem Essen fertig war. Dann nahm sie die Schüssel und ging zu einem Wasserloch im Sumpf, um sie auszuwaschen, und als sie das getan hatte, begann sie, mit der

Schüssel im Wasser allerlei seltsame Bewegungen zu vollführen. Der Vater hatte sich seine Pfeife angesteckt und achtete nicht weiter darauf, was sie tat. Bald aber sagte sie zu ihm: »Schau nun hin, Vater, und sieh, was ich mit dem Schiff machen kann.«

Der Vater blickte hinüber zur See und sah, wie jenes Schiff, das bis dahin auf die Flußmündung zugesteuert hatte, nun geradewegs auf die Klippen unter ihnen zuhielt.

»Wer hat dich das gelehrt?« fragte er.

»Meine Mutter«, sagte sie.

»Und was wirst du mit dem Schiff machen, wenn es näher an die Küste herangekommen ist?«

»Sobald ich es nahe genug an die Felsen herangelockt habe, werde ich es kentern lassen. Alle Matrosen sollen ersaufen.«

»Ich verstehe«, sagte der Vater, »und du sagst also, daß dir deine Mutter solche Hexenstückchen beigebracht hat?«

»So ist es in der Tat«, antwortete das Mädchen ausgelassen.

Nun, das Mädchen ließ das Schiff frei, und es fuhr wieder hinaus auf die offene See. Es trug die Schüssel heim, und der Vater stellte keine weiteren Fragen und sagte auch nichts, als er abends aus dem Moor zurückkam. Er wusch sich wie immer und legte darauf seine besten Kleider an. In der Nacht verließ er das Haus. Wo immer er hingegangen sein mag, sein Weib und seine Tochter haben nie mehr etwas von ihm gesehen oder gehört. Es ist aber doch seltsam, daß auch sonst kein Mensch mehr etwas von ihm sah oder hörte. Es war, als sei er vom Erdboden verschwunden.

Der Hahn und das vierblättrige Kleeblatt

Vor langer Zeit wurde einmal in Dingle ein großer Jahrmarkt abgehalten, und Leute von überall her kamen herbei. Unter all dem Volk war auch ein Schausteller, der ließ einen Hahn die Straße hinauflaufen, und der Hahn zog hinter sich drein einen schweren Balken, der an seinem Bein festgebunden war. Jedenfalls meinten die Leute, daß es ein Balken sei, und alle rannten sie hinterdrein, straßauf, straßab, und zahlten jeder einen Penny, um dieses Wunder bestaunen zu dürfen. Da kam ein alter, kleiner Mann in die Stadt, der auf seinem Rücken eine Last Binsen trug. Er wunderte sich, warum all das Volk dem Schausteller mit seinem Hahn nachlief. Alles, was er sehen konnte, war nämlich ein Strohhalm, den der Hahn hinter sich dreinzog. Er meinte, die Menschen müßten verrückt geworden sein, und fragte einige, um sich zu vergewissern, ob noch bei ihm im Kopf alles stimme. Sie antworteten: »Siehst du nicht das große Wunder? Siehst du nicht den gewaltigen, schweren Balken, den der Hahn hinter sich herschleppt?«

»Ach was«, sagte der alte Mann unwirsch, »er zieht doch nur einen Strohhalm, was ist da schon weiter dabei.«

Streit entstand. Das hörte der Schausteller und ging zu dem Alten hin. Er nahm ihn beiseite und fragte ihn, wieviel er für die Last Binsen auf seinem Rücken verlange.

Der alte Mann nannte eine Summe. Um die Wahrheit zu sagen, ich weiß nicht, wie hoch sie war, aber wie hoch sie auch immer gewesen sein mag, der Schausteller zahlte sie, mehr noch, er gab doppelt soviel, wie der alte Mann verlangt hatte.

Sobald der Schausteller ihm die Last Binsen abgenommen hatte, zweifelte der alte Mann abermals an seinen Sinnen, denn nun sah er da, festgebunden an den Hahnenfuß, auch einen schweren Balken. Er fuhr sich mit der Hand über die Augen, aber es blieb bei dem Balken.

Der Alte lief aus der Stadt und verstand die Welt nicht mehr. Was er nie erfuhr, war dieses:

An der Last Binsen, die er auf dem Rücken getragen hatte, war ein vierblättriges Kleeblatt festgebunden gewesen; das machte ihn die Wahrheit sehen, solange es ihm gehörte.

Dreimal lacht der Lepreachaun

Vor langer Zeit lebte einmal ein Bauer, der jeden Morgen zeitig aufstand, um nach seinem Vieh und der Ernte zu sehen.

Eines schönen Morgens ging er wieder hinaus, als er ein Geräusch hörte, das klang so, als ob jemand hämmere. Er blickte sich um und sah, daß nahe bei ihm ein riesiger Pilz aufwuchs. Er war erstaunt über die Größe des Pilzes, deswegen sah er genauer hin. Und was entdeckte er da? Nichts anderes als einen Lepreachaun, der sich ein Paar Schuhe machte. Der Bauer sprang hinzu und bekam den kleinen Mann zu fassen.

»Nach dir habe ich schon lange Ausschau gehalten«, rief er, »dich lasse ich nicht mehr aus den Händen, bis du mir verrätst, wo ich Reichtümer finden kann.«

Man sagt nämlich, daß die Dänen, als sie Irland verließen, eine Menge Geld vergruben, und daß nur die Lepreachauns wissen, wo man es finden kann.

»Ich kann dir nichts sagen«, rief das kleine grüne Männchen, »ich weiß nichts von Schätzen und Geld.«

»Heraus mit der Sprache«, schrie der Bauer, »oder ich schneide dir den Kopf ab.«

»Ich weiß nichts, ich weiß nichts«, jammerte der Lepreachaun.

Der Bauer trug ihn ins Haus und sperrte ihn dort in eine große Truhe.

Sieben Jahre hielt er ihn so gefangen.

Eines Tages, als der Bauer an der Küste spazierenging, fand er ein großes Stück Holz, das von der Flut ans Land gespült worden war. Er verkaufte es an einen anderen Mann, und als er von diesem Geschäft nach Hause kam, hörte er den Lepreachaun in der Truhe lachen. Zuerst kümmerte sich der Bauer nicht weiter darum, aber als die sieben Jahre voll waren, nahm er den Lepreachaun aus der Truhe.

»Verrate mir, wo ein Schatz liegt!«

»Ich weiß von keinem Schatz.«

»Warum hast du dann gelacht?«

»Man wird doch noch lachen dürfen«, sagte der Lepreachaun.

»Dich will ich lachen lehren«, antwortete der Bauer. »Ich werde dich abermals sieben Jahre in die Truhe sperren, danach wirst du mir schon sagen, wo ich nach dem Schatz suchen muß.«

Eines Tages, kurz darauf, kam ein alter Mann an dem Bauernhof vorbei. Der Bauer saß beim Frühstück, und er lud den armen Mann ein, am Tisch bei ihm Platz zu nehmen und mit ihm zu essen.

»Nein danke, ich muß eilig weiter«, antwortete der alte Mann.

Kaum war der Alte fort, da brach sich der Bauer ein Bein. Wieder lachte der Lepreachaun, und wieder achtete der Bauer weiter nicht darauf.

Als jedoch abermals sieben Jahre um waren, holte er den kleinen Mann zum zweiten Mal aus der Truhe. »Wenn du mir jetzt nicht sagst, wo ich einen Schatz finden kann, schlag ich dir wahrhaftig den Kopf ab«, schrie er ihn an.

»Tu, was du nicht lassen kannst. Ich kann dir nichts sagen«, antwortete der Lepreachaun.

Der Bauer schloß ihn wütend wieder in die Truhe ein. Kurze Zeit darauf hörte der Lepreachaun in seinem Gefängnis, wie der Bauer davon erzählte, er wolle auf den Jahrmarkt gehen.

Wenn in jener Zeit jemand etwas Geld besaß, so vergrub er es in der Erde, weil er fürchtete, es könne an einem anderen Ort gestohlen werden. Es gab damals viele Diebe, und ein paar davon leben ja auch heute noch.

Ehe der Bauer sich zum Jahrmarkt auf den Weg machte, ging er zu seinem Versteck, um etwas von seinem Geld zu holen. Das beobachteten Diebe.

Der Bauer ging zum Jahrmarkt. Der Bauer kam wieder heim, und abermals lachte der Lepreachaun.

Wütend sprang der Mann zu der Truhe, packte den Lepreachaun beim Kragen und hielt ihn hoch in die Luft.

»Das ist nun schon das dritte Mal, daß du lachst, seitdem ich dich gefangen habe«, sagte er, »was gibt es nun schon wieder zu lachen?«

»Es gibt viele Dinge, die manch einer besser nicht weiß«, sagte der Lepreachaun.

»Genug mit dem törichten Gerede«, schrie ihn der Bauer an, »ich lasse mich von dir nicht länger zum Narren halten. Sag mir auf der Stelle, warum du gelacht hast.«

»Bist du ganz sicher, daß du es wissen willst?« fragte der Lepreachaun.

»Was sonst ... Also heraus mit der Sprache!«

»Nun«, sagte der Lepreachaun, »du erinnerst dich gewiß noch an den Tag, als du den großen Balken unten am Meer gefunden hast!«

»Ja und?« fragte der Bauer.

»Der Balken war hohl und steckte voller Geld. Der Mann, dem du den Balken verkauft hast, ist seither reich geworden.«

»Soviel ist wahr«, sagte der Bauer, »aber nun sag mir auch, warum hast du das zweite Mal gelacht?«

»Ach, warum willst du es wissen!«

»Nun sag schon.«

»Nun gut«, sagte der Lepreachaun, »du erinnerst dich gewiß auch noch an den Tag, an dem der alte Mann hier vorbeikam. Du ludst ihn ein, mit dir zu essen, und er lehnte ab. Als er deine Einladung ausschlug, schlug er damit auch dein Glück nieder. Es war nicht lange fort, da hast du dir das Bein gebrochen. Wäre er bei dir zum Frühstück geblieben, so wäre die Gefahr an dir vorbeigegangen.«

»Und jetzt sag mir auch noch, warum du zum drittenmal gelacht hast?«

»Erlaß es mir«, bat der Lepreachaun, »du wirst dich nur ärgern, wenn du es weißt.«

»Ich will es wissen.«

»Schon gut«, sagte der Lepreachaun, »als du dich bereit machtest, um auf den Jahrmarkt zu gehen, da holtest du aus deinem Versteck auf dem Feld etwas Geld. Ein paar Münzen hast du in die Tasche gesteckt. Diebe haben dich beobachtet. Als du auf dem Jahrmarkt warst, kamen sie zu der Stelle zurück und stahlen dir den Rest.«

Wütend rannte der Bauer hinaus, um nach seinem Geld zu suchen.

Vor lauter Ärger vergaß er, den Lepreachaun wieder einzusperren, und kichernd rannte das kleine grüne Männchen davon.

Der Bauer lief auf den Acker. Er grub hier. Er grub dort. Er suchte nach dem Geld und fand es nirgends.

Und wenn ihm der Lepreachaun nicht schon vorher gesagt hätte, daß es gestohlen worden war, so hätte er wohl bei der Suche den letzten Rest Verstand verloren, den er noch besaß.

Die Kuh, die den Pfeifer fraß

Es waren einmal drei Wanderarbeiter, die zogen heim von Limerick nach Kerry. Unterwegs trafen sie auf der Straße einen Pfeifer.

»Ich will mit euch gehen«, redete der sie an.

»Schon recht«, sagten sie.

Es war schon Winter. Frost kam. Die Männer froren. Da sahen sie einen toten Mann am Straßenrand liegen, der hatte ein Paar funkelnagelneue Schuhe an den Füßen. »Beim gütigen Himmel«, sagte der Pfeifer, »noch nie in meinem Leben habe ich ein Paar neue Schuhe gehabt. Gebt mir einen von euren Spaten, und ich will versuchen, ihm seine Beine abzuhauen.«

Das war die einzige Möglichkeit, um zu den Schuhen zu kommen, denn durch den Frost waren sie an den Füßen des Toten festgefroren.

Der Pfeifer nahm also den Spaten und schlug die beiden Füße über den Knöcheln ab, steckte sie in die Tasche seines Umhangs und ging weiter.

Bald darauf kamen die vier an ein Haus, wo sie zur Nacht blieben. Wie das damals üblich war, standen die Kühe im Winter in der Küche.

»Bleibt von der grauen Kuh fort«, warnte die Magd, »sie könnte euch auffressen. Sie ist ein gefährliches Tier.« Alle legten sie sich schlafen. Die drei Wanderarbeiter und der Pfeifer streckten sich nahe dem Feuer aus. Als der Pfeifer sich ungestört wähnte, hielt er die Füße des toten Mannes über die Glut, bis sie auftauten und es ihm gelang, die Schuhe abzustreifen. Er zog sie sich selbst an und warf die abgehackten Füße dorthin, wo die graue Kuh stand.

Zeitig, am nächsten Morgen, vor allen anderen, verließ er das Haus.

Als die Magd aufstand, sah sie zur Tür. Sie war geschlossen, und die drei Wanderarbeiter schliefen noch fest vor dem Feuer.

»Mein Gott!« schrie sie dann auf, »gestern abend haben doch dort noch vier Männer gelegen. Jetzt sind es nur noch drei.«

Die Wanderarbeiter erwachten.

»Wo ist euer Kamerad?« fragte sie.

»Keine Ahnung«, sagten die Männer und blickten sich schlaftrunken um.

Die Magd ging hinüber zur grauen Kuh und fand dort die beiden Füße.

»Der Himmel steh uns bei!« rief sie, »sie hat ihn aufgefressen.«

Sie holte den Herrn des Hauses und berichtete von ihrer schaurigen Entdeckung.

Der Bauer besah sich die Füße, besah sich die graue Kuh, schüttelte den Kopf und griff dann in die Tasche.

»Hier sind fünf Pfund«, sagte er zu den Wanderarbeitern, »nehmt sie, vergeßt, was ihr hier gesehen und gehört habt. Eßt euer Frühstück und macht dann, daß ihr fortkommt.«

Als nun die Wanderarbeiter um fünf Pfund reicher weiterzogen und ein Stück gegangen waren, trafen sie den Pfeifer, der auf der Straße tanzte. Er war so stolz über seine neuen Schuhe, daß er sich am Morgen schon selbst zum Tanz aufspielte. Solche Dinge soll es geben.

Die Geschichte vom Suppenstein

Es war einmal ein Vagabund, der ging über Land und schlug sich recht und schlecht durchs Leben. Oft blieb sein Magen leer, und der Wind pfiff durch seine abgetragenen Kleider.

Eines Tages fand der Mann, eine warme Suppe würde ihm guttun. Zwar besaß er keinen Penny, aber er wußte, daß in einem Bauernhaus in der Nähe eine Frau wohnte, die etwas einfältig war. Also beschloß er, dort sein Glück zu versuchen. Unten am Fluß suchte er sich einen hübschen runden Stein, der die Größe eines Apfels hatte. Dann ging er zu dem Bauernhaus und fragte die Frau, ob er wohl einen Topf und etwas sauberes Wasser haben könne. Als der Topf mit dem Wasser vor ihm stand, wusch er den Stein, bis dieser ganz sauber und glänzend war. Die Bäuerin stand dabei und sah verwundert zu.

»Ihr macht Euch aber viel Mühe mit diesem Stein«, sagte sie.

»Warum nicht, gute Frau«, antwortete der Vagabund, »es ist ja auch ein Suppenstein.«

»Ein Suppenstein?« fragte die Frau verwundert, »soll das etwa heißen, daß man mit diesem Stein eine Suppe kochen kann?«

»Freilich«, antwortete der Vagabund, ohne von seiner Arbeit aufzusehen, »und sogar eine ganz besonders schmackhafte Suppe.«

»Was Ihr nicht sagt! Und das kann jeder?«

»Es spricht nichts dagegen«, meinte der Vagabund, »freilich, ein bißchen Verstand braucht es dazu schon.«

»Ja dann …«, sagte die Frau staunend, »würdet Ihr mir verraten, wie man eine solche Suppe aus dem Suppenstein zubereitet?«

»Mit dem größten Vergnügen, liebe Frau«, rief der arme hungrige Mann aus.

Er schüttete das schmutzige Wasser aus, ging mit der Frau ins Haus, stellte den Topf auf den Herd, goß einen halben Liter frisches Wasser hinein und legte dann vorsichtig den Stein dazu.

»So«, sagte er und rieb sich die Hände, »jetzt können wir mit dem Kochen beginnen.«

Die Frau sah aufmerksam zu, damit ihr auch nur kein Handgriff entgehe.

»Etwas Pfeffer und Salz könnten nichts schaden«, murmelte der hungrige Mann.

Schon lief die Bauersfrau und holte die Gewürze. Das Wasser begann zu sieden, und der hungrige Mann runzelte die Stirn: »Es dickt nicht genug«, sagte er, wie zu sich selbst, »eine Prise Mehl sollte wohl noch hinein.«

Die Frau reichte ihm eilig das Mehl.

Der Mann rührte. Die Frau starrte gebannt auf den Stein am Boden des Topfes, der jetzt nur noch undeutlich zu sehen war.

»Ach«, sagte der Vagabund, »ich sehe da einen Hammelknochen, den ihr gewiß eurem Hund geben wolltet. In unserer Suppe wäre er besser aufgehoben.«

Die Bauersfrau hatte zwar eigentlich nicht vorgehabt, den Knochen an den Hund zu verfüttern, denn es hing noch ein gutes Stück Fleisch daran, aber damit ihr nur nichts entgehe, gehorchte sie dem Vagabunden ohne Widerrede.

Der Mann kostete die Suppe »… schmeckt gut und kräftig. Jetzt fehlen nur noch ein paar Kartoffeln.«

Und ohne sich um die Frau zu kümmern, die ihre Augen nicht von der brodelnden Brühe im Topf ließ, schälte der arme hungrige Mann ein halbes Dutzend Kartoffeln und schnitt sie in die Suppe.

»Der Stein kocht gut aus«, erklärte er, nachdem er noch einmal gekostet hatte, »aber wißt Ihr, was der Suppe die letzte Feinheit geben würde? Ein paar Zwiebeln!« Gesagt, getan. Der hungrige Mann schnitt die Zwiebeln und schüttete sie in den Topf?

»So«, verkündete er, »jetzt sind wir fertig. Und Ihr werdet es schmecken ..., eine solch gute Suppe habt Ihr noch nie zuvor gegessen. Wollt Ihr gleich einmal kosten?«

»Nur ein wenig«, sagte die Bauersfrau, »ich bin gerade erst vom Mittagessen aufgestanden. Hier ist eine kleine Schüssel. Wenn Ihr mir da hinein etwas abfüllen wolltet. O ja ... sie schmeckt vorzüglich. Was so ein Suppenstein für Wunder tun kann! Könnt Ihr mir den Stein nicht verkaufen?«

»Ich schenke ihn Euch«, sagte der Vagabund großzügig, während ihm die heiße Suppe angenehm durch seinen kalten und ausgehungerten Leib in den Magen rann.

»Zu gütig«, sagte die Bauersfrau, »aber dann müßt Ihr mir den Gefallen tun, und Euch auch von mir ein paar Kleinigkeiten schenken lassen. Etwas Tabak, ein Stück Speck ... und hier, nehmt auch noch dieses Fläschchen mit selbstgebranntem Schnaps. Ich lasse mich ungern von jemandem an Großzügigkeit übertreffen.«

Der Vagabund bedankte sich. Er hatte seine Suppe aufgegessen. Er steckte die Geschenke in seine Taschen und stand auf.

»Vielen Dank, gute Frau«, sagte er, »jetzt muß ich mich wieder auf den Weg machen, um auch anderswo den Leuten zu zeigen, wie man mit einem Suppenstein umgeht. Alles Gute und viel Glück!«

Darauf nahm er die Straße wieder unter seine Sohlen. Die einfältige Frau aber hörte nicht auf, vor ihren Nachbarinnen damit zu prahlen, welch köstliche Suppe man mit einem Suppenstein zubereiten könne. Und da sie sich auch jedesmal genau an das Rezept des Landstreichers hielt, gerieten ihre Suppen mit dem Suppenstein stets ganz vortrefflich.

Hudden, Dudden und Donald O'Neary

Einmal, vor langer Zeit, lebten im Westen der irischen Insel zwei Bauern. Hudden und Dudden hießen sie. Auf ihren Höfen liefen viele Hennen und Enten spazieren, auf ihren Wiesen grasten prächtige Kühe, und an den Abhängen der Hügel, die ihnen gehörten, weideten schöne fette Schafe.

Man hätte meinen sollen, die beiden seien glücklich und zufrieden, aber statt dessen fraß in ihnen Neid und Mißgunst, denn zwischen ihren beiden großen Bauernhöfen lag ein kleiner Hof, der gehörte einem Mann namens Donald O'Neary.

Alles, was Donald O'Neary besaß, war eine baufällige Hütte mit einem Dach aus Schilfrohr und einen Streifen Grasland, gerade groß genug, um eine Kuh darauf zu weiden. Donald besaß auch nur eine einzige Kuh. Sie hieß Daisy und war schon so abgemagert, daß sie kaum noch Milch gab.

Hudden und Dudden mißgönnten dem armen Donald O'Neary seinen wenigen Besitz. Tag und Nacht sannen sie im stillen darauf, wie sie ihn von seinem Hof vertreiben könnten. Daisy, das sahen sie, war zwar nur noch Haut und Knochen, aber auf den Streifen Grasland hatten sie es abgesehen.

Eines Abends kam Hudden vom Markt heim und traf seinen Nachbarn Dudden. Nachdem sie ein paar Redensarten über das Wetter ausgetauscht hatten, kamen sie rasch auf das zu sprechen, woran sie nie aufhören konnten zu denken: auf Donald O'Neary und seinen Streifen Land.

»Wenn wir diesen Strolch doch nur fortjagen könnten«, seufzte Dudden.

»Du sprichst mir aus dem Herzen«, sagte Hudden, »aber wie ließe sich das nur anstellen, frage ich dich? Wenn es da eine Möglichkeit gäbe, wäre sie doch gewiß einem von uns beiden schon eingefallen.«

»Gewiß«, meinte Dudden, »du und ich, wir sind schließlich nicht auf den Kopf gefallen. Das wird jeder zugeben. Aber es läßt sich nicht leugnen, die rechte Idee ist uns auch immer noch nicht gekommen. Natürlich dürfte es nicht nach Unrecht schmecken. Man müßte O'Neary klarmachen, daß er hier gar nichts mehr zu verlieren hat.«

»Genau«, rief Dudden, »ich glaube, das bringt mich auf einen Einfall.«

»Wirklich?« fragte Dudden noch ungläubig.

»Überleg doch mal«, erklärte ihm Hudden, »seine Hütte, die ist baufällig und nichts wert. Bleibt nur noch die Kuh. Wenn nur auch die Kuh nicht mehr wäre, würde er sich doch wohl auf und davon machen. Wenn der Kuh etwas zustößt, wenn sie einen Unfall hätte, was hält ihn dann noch hier?«

»Nichts«, antwortete Dudden, »das ist wahr. Aber eine Kuh hat doch keinen Unfall. Ich meine, sie stürzt doch nicht so mir nichts, dir nichts die Treppe hinunter und bricht sich das Genick. Außerdem, in O'Nearys Hütte gibt es nicht einmal eine Treppe, weil der morsche alte Kasten nur ein Zimmer und eine Küche zu ebener Erde hat.«

»Ach was«, sagte Hudden, »du denkst in der falschen Richtung. Wie wäre es denn, wenn wir bei dem Unfall etwas nachhelfen würden?«

»Du meinst, man sollte die Kuh in eines unserer Häuser bringen und sie dort eine Treppe hinunterstoßen? Ich glaube nicht, daß wir sie durch die Eingangstür zerren könnten.«

»Davon kann keine Rede sein, du Dummkopf«, erklärte Hudden, »ich meine, wir sollten ganz einfach uns in den Stall schleichen und die Kuh totschlagen. Wie will denn O'Neary beweisen, daß wir es gewesen sind? Und zudem, wenn einer arm ist und mit einer Klage gegen zwei Reiche kommt, den schickt der Richter gleich wieder heim.«

»Langsam begreife ich, wo du hinaus willst«, sagte Dudden, »da hast du wirklich einen schlauen Plan ausgedacht. Wann wollen wir ihn denn ausführen?«

»Was getan werden muß, soll man gleich tun«, sagte Hudden, »wir treffen uns in einer halben Stunde in O'Nearys Stall.«

Zur verabredeten Zeit waren die beiden Spitzbuben im Stall zur Stelle, und dort hielten sie sich nicht lange mit Vorreden auf. Hudden und Dudden hatten beide einen Vorschlaghammer mitgebracht. Und man kann sich denken, was sie damit trieben.

Als Donald O'Neary am Abend nach seiner Kuh sehen kam und ihr Futter geben wollte, fand er sie tot daliegen. Es war für ihn nicht schwer zu erraten, wer die Kuh getötet hatte. Aber er hatte auch sogleich einen Einfall, wie er sein Unglück diesmal in Glück wenden könne.

Am nächsten Tag ging er zum Markt. Die Haut der toten Kuh trug er über der Schulter. Während er so seines Weges ging, klingelte und klimperte es in seinen Taschen, denn er trug jeden Penny, den er auf der Welt besaß, bei sich. Etwas außerhalb der Stadt setzte er sich am Straßenrand ins Gras. Er holte ein kleines Messer hervor und begann damit, kleine Schlitze in die Kuhhaut zu schneiden. Dann holte er all seine Pennies aus den Taschen und steckte sie in die Schlitze. Man mußte aber schon sehr genau hinsehen, um die Pennies zu erkennen, denn das Haar der Kuh verdeckte sie. Darauf nahm er die Kuhhaut wieder über die Schulter, vorsichtig, damit die Pennies nicht herausfielen, und ging zum Marktplatz.

Er stand dort erst ein paar Minuten, als ein Gerber auf ihn zutrat und sagte: »Was ist denn das für ein elendes Stück Kuhhaut? Glaubst du, das kauft dir jemand ab?«

Donald O'Neary sah den Gerber belustigt an und sagte: »Gib dir keine Mühe, Gerber. Um diese Kuhhaut zu kaufen, hast du nicht genug Geld.«

»Was ist daran so Besonderes?« wollte der Gerber wissen.

»Diese Haut«, sagte O'Neary leise, »gibt mir alles, was ich auf der Welt brauche. Da müßte mir schon jemand sehr viel Geld hinlegen, bis ich mich von ihr trennen würde.«

»Ach was«, sagte der Gerber, »das ist doch eine ganz gewöhnliche Kuhhaut.

»Das sagst du«, antwortete Donald, »diese Haut wurde vor Jahren verzaubert, und jedesmal, wenn ich Geld brauche, schlage ich nur mit meinem Eschenstock auf die Haut, und schon ist das Geld da.«

Bei diesen Worten klopfte er leicht mit seinem Spazierstock auf die Haut. Die Pennies fielen heraus und klingelten auf dem Straßenpflaster.

Der Gerber war nicht wenig verblüfft, und ehe noch fünf Minuten vergangen waren, wußte es die ganze Stadt: Donald O'Neary besaß eine verzauberte Kuhhaut!

Alle Leute kamen herbeigerannt, drängten sich um ihn und schauten zu, wie er mit seinem Eschenstock immer mehr Pennies aus der Haut klopfte.

Die Zuschauer überboten sich in ihren Kaufpreisen für die Haut. Aber noch wartete Donald. Die Preise, die ihm für die Kuhhaut geboten wurden, kletterten weiter und weiter in die Höhe.

Endlich, als Donald O'Neary sicher war, daß er auch nicht einen Pfennig mit dem Stock mehr aus der Haut herausschlagen würde, verkaufte er sie an einen reichen Bauern und erhielt dafür ein ganzes Säckchen voller Goldstücke. Darauf machte er sich auf den Heimweg, so rasch seine Füße ihn trugen.

Hudden und Dudden war es gar nicht recht, als sie ihn so lustig und ausgelassen wieder daherkommen sahen.

»Guten Abend, Freunde«, begrüßte sie Donald O'Neary.

Die zwei standen wie versteinert.

»Wir dachten, du wärest für immer fortgegangen«, sagte Dudden endlich, »wir dachten, wir würden dich nie mehr wiedersehen, nachdem man dir deine Kuh getötet hat.«

Hudden stieß Dudden an. Er zwinkerte ihm zu. Dudden, der Tölpel, würde noch alles verraten.

»So, so«, sagte Donald, »das habt ihr also gedacht. Seltsam nur, daß ich doch zuvor keiner Menschenseele erzählt habe, daß die Kuh tot ist. Habt ihr vielleicht gesehen, wer sie erschlagen hat? Nun ja, wer immer auch meine arme alte Daisy totschlug, er hat mir einen großen Gefallen getan.«

»Wie das?« fragten Hudden und Dudden wie aus einem Munde.

»Nun«, antwortete Donald O'Neary, »wie ihr wißt, habe ich das Tier sehr gern gehabt. Ich selbst hätte es wohl nie übers Herz gebracht, Daisy zu töten. Aber dann hätte ich auch heute auf dem Markt kaum ein Vermögen verdient.«

»Ein Vermögen?« riefen Hudden und Dudden verblüfft.

»Sie haben mir die Haut der Kuh mit Gold aufgewogen«, sagte Donald so leichthin. Er wartete einen Augenblick, und dann fügte er hinzu: »Ihr müßt wissen, um diese Zeit des Jahres kann man für Kuhhäute fabelhafte Preise erzielen. Eigentlich sollte ich euch das gar nicht erzählen, denn sehr gute Nachbarn sind wir nie gewesen ...«

Hudden und Dudden sahen einander an.

»Ach was«, fuhr er fort, »man soll nicht nachtragend sein. Kommt mit in meine Hütte und helft mir das viele Geld zählen.«

Hudden und Dudden überboten einander an Eifer, Donald gefällig zu sein. Sie konnten es kaum erwarten, das viele Geld zu sehen. Und noch immer zweifelten sie ein wenig daran, ob O'Neary überhaupt so viel Geld hatte, wie er vorgab. Aber als er sein Säcklein auf die Tischplatte ausschüttete, mußten sie es ihm glauben. Denn da rollten die Goldstücke, der ganze Tisch lag voll davon, selbst über den Boden kollerten Goldstücke. Gold, Gold, Gold!

»Du willst uns doch nicht einreden, daß du all dies für deine Kuhhaut bekommen hast«, keuchte Hudden.

»Freilich doch«, sagte Donald, »wenn ich ein geldgieriger Mensch wäre, hätte ich wahrscheinlich noch viel mehr bekommen können. Aber ich glaube, das, was ich hier habe, reicht für mich bis an mein Lebensende, und ins Grab mitnehmen kann man Goldstücke nicht.«

Noch ehe Donald O'Neary zu Ende gesprochen hatte, waren Hudden und Dudden zur Tür hinaus. Bis zum nächsten Morgen hatten sie all ihre Kühe geschlachtet und waren nun mit den Häuten auf dem Weg zum Markt.

Als sie dort ankamen, wunderten sie sich, daß niemand herbeigerannt kam und von ihnen etwas kaufen wollte. So begannen sie zu brüllen: »Häute zum Verkauf! Gute Häute!«

Ein Schuster wurde auf sie aufmerksam.

»Was kosten bei euch die Häute?« erkundigte er sich.

»Wir wollen sie mit Gold aufgewogen haben«, erklärten ihm Hudden und Dudden.

»Wollt ihr mich zum Narren halten«, schrie ihnen der Schuster ins Gesicht und versetzte Dudden einen Schlag, der den Bauern fast zu Boden geworfen hätte.

Jetzt kam der Gerber herbeigelaufen. »Was verlangt ihr für die Häute?« fragte er Hudden.

»Wir wollen sie mit Gold aufgewogen haben!«

»Entweder ihr seid verrückt oder betrunken«, rief der Gerber, »aber mich werdet ihr nicht hereinlegen.«

Und damit versetzte er Hudden einen Schlag unters Kinn. Nun kommt in Irland nie so rasch eine Menschenmenge zusammen wie bei einer Prügelei. Frauen, Männer und Kinder, Menschen, die einander in ihrem ganzen Leben noch nie begegnet waren, liefen zusammen, beschimpften sich und schlugen aufeinander ein.

Das sah der reiche Bauer, der am anderen Tag von O'Neary die verzauberte Kuhhaut gekauft und inzwischen wohl bemerkt hatte, daß sich nicht immer und ewig Pennies aus ihr hervorklopfen ließen. Er drängte sich in die Menge, fuchtelte mit einem Stock in der Luft herum, und als er vor Hudden und Dudden stand, schlug er mit dem Stock auf sie ein und rief: »Wer von euch beiden ist es gewesen? Einer von euch hat mir ein ganzes Säckchen mit Goldstücken abgenommen für eine alte Kuhhaut, aus der man angeblich in einem fort Geld herausklopfen kann. Ich habe darauf herumgeschlagen, bis die Haut Löcher hatte, und alles, was ich bekommen habe, waren Schmerzen in meinem Arm. Also, wer von euch beiden hat mir gestern die Haut aufgeschwatzt?«

»Ich war's nicht!« riefen Hudden und Dudden gleichzeitig.

»Einer von euch beiden muß es gewesen sein«, schrie der reiche Bauer zornig, »und wenn ich es aus euch herausprügeln muß.«

Und er nahm Hudden und Dudden und stieß sie mit den Köpfen zusammen, daß manche alte Frau zitterte, weil es so laut krachte.

»Sie waren es beide!« rief jemand aus der Menge.

»Man muß ihnen beibringen, daß sie uns so nicht kommen dürfen«, rief ein anderer.

Hudden und Dudden schlugen wie wild um sich und rannten fort, so schnell sie konnten. Die Leute vom Markt aber liefen hinterdrein. Erschöpft und zitternd kamen Hudden und Dudden daheim an.

Donald O'Neary stand vor seiner Hütte und wünschte ihnen einen guten Tag.

»Donald O'Neary«, brachte Dudden heraus, »wir sind ruiniert. Wir haben all unsere Kühe geschlachtet, um die Häute auf dem Markt verkaufen zu können, und gezahlt hat man uns nur mit Prügel.«

»Schlecht für euch«, sagte Donald O'Neary, »aber ich weiß euch einen guten Rat.«

»Und der wäre?« fragten Hudden und Dudden.

»Je nun«, sagte Donald, »es wird euch schwer ankommen, aber was bleibt euch anderes übrig? Jeder von euch verkauft mir die Hälfte seines Landes. Dann werdet ihr genug Geld haben, um die andere Hälfte weiter bewirtschaften zu können.«

»Ja«, sagten Hudden und Dudden und ließen die Köpfe hängen, »wer hätte gedacht, daß es dahin einmal kommen würde.«

Zwölf Männer oder zwei Frauen

Es war einmal ein Fuchs, der hatte drei Kinder, und als die Zeit kam, da er sie lehren wollte, wie man auf eigenen Füßen durch die Welt kommt, führte er sie vor ein Haus der Menschen.

Drinnen hörte man die Leute laut miteinander reden. Es war ein rechtes Spektakel in diesem Haus. Der alte Fuchs blinzelte mit seinen listigen Augen und sagte: »Nun, meine lieben Kinder, wollen wir sehen, ob ihr schon so viel gelernt habt, daß ihr mich nicht mehr braucht und euch allein in der gefährlichen Welt zurechtfinden könnt. Ich frage euch: Wie viele Menschen sind da drinnen in diesem Haus?« Darauf nickte er dem ersten Kind zu.

»Wie soll ich das wissen, da ich doch nicht drinnen im Haus gewesen bin?« antwortete es.

Er fragte das zweite Kind.

»Soll ich mich zum Fenster schleichen und all die Leute, die sich drinnen miteinander unterhalten, zählen?« fragte es zurück.

Der alte Fuchs schüttelte den Kopf. »Und du?« fragte er dann sein drittes Kind, »was meinst du, wieviel Leute dort in dem Haus miteinander reden und dabei solchen Spektakel machen, daß man es bis hierher hört?«

»Ganz einfach«, kam die Antwort, »es sind entweder zwei Frauen oder zwölf Männer.«

»Bravo«, sagte der alte Fuchs, »von jetzt an bist du erwachsen, und ich bin sicher, du wirst es im Leben zu etwas bringen.«

Das alte Schwein und sein Ferkel

Ein altes Schwein lief mit seinem Jungen eines Tages aufs Feld, um dort zu stehlen. Als sie gerade dabei waren, ihre Beute zu verspeisen, kam der Hund. Sie rannten davon, aber der Hund blieb ihnen dicht auf den Fersen. Als sie endlich in Sicherheit waren, grunzte das alte Schwein noch ganz außer Atem: »Das tue ich nie, nie, nie mehr wieder.«

»Ja, ja«, sagte das Ferkel, »und das sagst du immer, immer wieder.«

Alte Krähe, junge Krähe

Es war einmal eine alte Krähe, die baute ihr Nest. Sie brütete dort, aber von den Jungen, die aus den Eiern schlüpften, blieb nur ein einziges Krähenkind am Leben.

Der Tag kam, da nahm die alte Krähe das Junge mit auf das Feld, um es fliegen zu lehren.

Als nun das Krähenkind seine Flügel zu gebrauchen verstand, sagte die alte Krähe: »Du kannst nun so gut fliegen, daß du alle Ecken und Enden von Irland besuchen kannst. Aber ehe du mich verläßt, will ich dir noch einen kleinen Rat geben, der dich vor Gefahr beschützen soll.«

»Sprich«, sagte die junge Krähe.

»Wenn du je in einem Kartoffelfeld oder in einem Maisfeld dir deine Nahrung suchst, und es kommt jemand daher, der etwas unter dem Arm trägt oder in der Hand hält, dann fliege sofort weg, denn es könnte ein Gewehr sein, mit dem man dich erschießt.«

»Ich verstehe«, sagte die junge Krähe.

»Und noch einen kleinen Rat habe ich für dich«, sprach die alte Krähe, »wenn ein Mann, der auf der Straße oder im Feld auf dich zukommt, sich niederbeugt, dann fliege sofort weg. Er könnte nämlich einen Stein aufgehoben haben, den er nach dir werfen will und der dich erschlagen wird. Hat aber der Mann weder etwas unter dem Arm, noch beugt er sich nieder, um etwas aufzuheben, dann bist du sicher.«

»Gut und schön«, antwortete die junge Krähe, »aber was nun, wenn er den Stein in seiner Tasche bei sich trägt?«

»Fort mit dir«, rief da die alte Krähe, »du kennst dich schon besser aus in der Welt als ich.«

Cromwell und der Mönch

Vor langer Zeit lebte in Irland ein Gentleman mit Namen O'Donnell, der war mit einem Mönch befreundet.

»Nicht mehr lange hin, und die Dinge werden sich gewaltig ändern in Irland«, sprach eines Tages der Mönch zu O'Donnell, »die Engländer werden unter einem Anführer namens Cromwell in Irland einfallen. Und dieser Mann wird alle irischen Gentlemen von Haus und Hof vertreiben und das Land seinen Anhängern übereignen. Das Klügste, was du machen kannst«, erklärte der Mönch seinem Freund, »ist, nach England zu fahren, dort umherzugehen und möglichst viele Leute in einem Buch das Versprechen unterschreiben zu lassen, daß sie dir dein Land nicht fortnehmen werden. Natürlich mußt du auch zu Cromwell selbst gehen und ihn dahin bringen, daß er unterschreibt. Gegenwärtig ist er Schuhmacher.«

Sehr schön. O'Donnell brach also auf und reiste nach England. Dort ging er umher und fragte jeden, den er auf der Straße traf, ob er nicht ein Versprechen unterschreiben wolle, ihn nie von seinem Grund und Boden oder aus seinem Haus zu vertreiben. Er kam auch zu Cromwells Haus, und ging hinein, um sich einen Flicken an seinem Schuh festnähen zu lassen. O'Donnell zog den Schuh aus, und Cromwell flickte ihn. O'Donnell gab ihm eine Guinea. »Tausend Dank«, sagte Cromwell, »die Bezahlung kann sich sehen lassen.«

»Ich hoffe«, sprach O'Donnell, »du unterschreibst jetzt auch hier in diesem Buch, daß du mir nie mein Land und mein Haus fortnehmen wirst.«

»Klar doch«, antwortete Cromwell.

Und er nahm das Buch und setzte seinen Namen an die Stelle, auf die O'Donnell mit dem Daumennagel gedeutet hatte.

Als das getan war, kehrte O'Donnell nach Irland zurück. Ein paar Jahre später kam es in England zu dem großen Umschwung. Cromwell stieg sehr hoch und nahm dem König alle Macht weg. Darauf kam er nach Irland. Er begann damit, die Leute von ihrem Land zu vertreiben, vornehme Herren und andere – vor ihm waren sie alle gleich. Er tötete einige von ihnen und kam endlich auch vor O'Donnells Haus. Er klopfte an.

»Verschwinde hier. Aber rasch. Du hast dieses Haus lange genug für dich gehabt«, sagte Cromwell.

O'Donnell kam vor die Tür. »Ich hoffe, du läßt mir wenigstens so viel Zeit, daß wir zusammen essen können.«

»Was gibt es denn bei dir zu essen?« fragte Cromwell.

»Gebratene Ente«, sagte O'Donnell.

»Das ist gut«, sagte Cromwell, »gebratene Ente mag ich gern.«

Er trat ein, und die beiden begannen mit dem Essen. Als das Mahl vorbei war, zog O'Donnell sein Buch hervor.

»Kennst du diese Unterschrift?« fragte er.

»Gewiß doch«, sagte Cromwell, »es ist meine eigene. Aber wie hast du sie bekommen? Wie hast du gewußt, daß ich so hoch steigen würde?«

O'Donnell kam nicht darum herum, er mußte es ihm erzählen.

»Ein Mönch hat mir gesagt, daß große Veränderungen in Irland bevorstehen und ein Schuhmacher mit Namen Cromwell mich von meinem Land vertreiben werde.«

»Hole diesen Mann herbei. Ich muß ihn sprechen«, sagte Cromwell, »wenn er nicht kommen will, lasse ich ihm den Kopf abschlagen.«

O'Donnell führte den Mönch zu Cromwell.

»Woher weißt du das alles?« fragte der Engländer.

»Ich weiß es vom Himmel«, erwiderte der Mönch.

»Du mußt mir sagen, wie lange ich noch zu leben habe«, sagte Cromwell.

»Du wirst so lange leben, wie du es wünschst«, sagte der heilige Mann.

»Dann werde ich ewig leben«, sagte Cromwell.

»Und wie lange werde ich leben?« fragte ein englischer Edelmann aus Cromwells Begleitung, »habe ich auch ein langes Leben?«

»Wenn du lebendig an der nächsten Schmiede vorbeikommst, wirst du lange leben«, sagte der Mönch.

»Dann werde ich auch ewig leben«, antwortete der Mann.

Nun gut. Cromwell vertrieb also O'Donnell nicht aus seinem Haus. Er zog weiter mit dem englischen Edelmann, und als sie an einer Schmiede ankamen, hielt Cromwell an.

»Hier ist eine Schmiede«, sprach er, »wir haben Glück gehabt, denn bei einem der Pferde ist das Hufeisen lose.«

Er sprang vom Pferd und ging hinein.

»Beschlag mir dieses Pferd«, sagte er zum Schmied, »aber beeil dich.«

Der arme Schmied zitterte vor Angst. Er rannte von einer Ecke der Schmiede in die andere und suchte nach einem guten Stück Eisen. Cromwell half ihm beim Suchen und entdeckte den Lauf eines alten Gewehrs, der von den Deckenbalken herabhing.

»Das ist gutes Eisen«, sprach er.

Und er nahm den Lauf und warf ihn auf das Schmiedefeuer. Er war selbst eines Schmieds Sohn und kannte sich in diesem Handwerk aus. Mit dem Blasebalg fachte er das Feuer an. Der englische Edelmann stand vor der Tür der Schmiede und stützte sich mit beiden Ellbogen auf einen Zaun. Plötzlich löste sich ein Schuß aus dem Gewehrlauf, traf ihn in den Leib, und er war tot. Kaum war die Büchse losgegangen, als

Cromwell auf die Straße rannte, auf das Pferd sprang und eilig auf der Straße nach Dublin davonritt.

Aber auf dem Weg, wen sah er da? Niemand anderen als den Mönch. Der Mönch versteckte sich aus Furcht hinter einem Brückenbogen.

»Komm heraus, du Teufel!« schrie Cromwell, »wenn ich wegen dir ins Gras beißen muß, lasse ich dir den Kopf abschlagen.«

Der Mönch trat heran. »Nicht du hast mich gesehen«, sagte er zu Cromwell, »sondern der Mann, der hinter dir auf dem Pferd sitzt.«

»Was für ein Mann sitzt hinter mir auf dem Pferd?« fragte Cromwell, »was ist das für dummes Geschwätz?«

»Ein Mann sitzt hinter dir auf dem Pferd«, wiederholte der Mönch.

Cromwell sah sich um, und da saß hinter ihm der Teufel. Cromwell gab seinem Pferd die Sporen und ritt nach Dublin. Von dort setzte er nach England über und kehrte nie mehr nach Irland zurück.

Als er nun wieder einige Zeit in England war, wurde Cromwell unruhig. Der König von Spanien starb, und es folgte ihm sein Sohn auf den Thron, ein junger Mann, der für Staatsgeschäfte wenig Sinn und Verstand hatte. Cromwell dachte sich einen großen Plan aus. Er lud den jungen König nach England ein und fragte ihn, ob er nicht seine Tochter heiraten wolle.

Als der junge König von Spanien diese Einladung bekam, schickte er nach seinen Räten und erzählte ihnen davon.

»Das ist wieder einer von Cromwells Tricks«, sagten sie, »er will nur einen Vorwand haben, uns unser Land fortzunehmen. Schreibt ihm, Ihr würdet auf den Vorschlag eingehen, aber erst in einem Jahr. Unterdessen verstärkt Eure Armee, und wenn sie stark genug ist, dann schreibt abermals und sagt ihm, Ihr dächtet nicht daran, des Teufels Tochter zu heiraten.«

Nun gut. Als das Jahr herum war, schrieb der spanische König, er dächte nicht daran, des Teufels Tochter zu heiraten. Cromwell rasierte sich gerade, als der Brief eintraf. Er hatte sich schon die eine Gesichtshälfte rasiert, und ehe er sich an die andere machte, öffnete er den Brief, weil er es vor Neugier nicht mehr aushielt. Als er sah, was in dem Brief stand, nahm er sein Rasiermesser und schnitt sich die Kehle durch. Tot fiel er um. Um dieselbe Zeit, zu der Cromwell sich umbrachte, fuhr ein Schiff in Liverpool ein. Der Kapitän sah oben am Himmel einen Streitwagen, und davor her lief ein Büttel, der schrie: »Macht Platz für Oliver Cromwell!«

Um dieselbe Zeit stritt sich in Cois Fharaige, im County Galway, ein kleines Mädchen mit seiner Mutter.

»Der Teufel soll dir im Hals steckenbleiben«, rief die Mutter.

Das Mädchen begann augenblicklich zu würgen. Ein Priester kam, er betete und befahl dem Teufel, aus dem Hals zu entweichen. Er rief ein zweites Mal, und der Teufel erschien.

»Wo bist du gewesen, als ich dich das erste Mal angerufen habe?« fragte ihn der Priester.

»Ich war dort, wo Cromwell gestorben ist«, sagte der Teufel.

»Und wo warst du, als ich dich das zweite Mal angerufen habe?«

»Ich war unterwegs hierher, so schnell ich konnte.« Der Priester verbannte den Teufel in die Luft, und man sah einen Feuerregen.

Der Geschichtenerzähler, der keine Geschichte mehr wußte

Zu der Zeit, als der Tuatha De Danna die Herrschaft über ganz Irland hatte, regierte in Leinster ein König, der sehr gern Geschichten hörte. Wie die anderen Prinzen und Fürsten von Irland hatte auch er einen Geschichtenerzähler, der bei ihm ständig angestellt war.

Der Mann hatte ein Stück Land als Lehen bekommen, und dafür mußte er dem König jeden Abend, ehe dieser sich schlafen legte, eine neue Geschichte erzählen. Er kannte nun auch tatsächlich mehr Geschichten und Märchen als die meisten anderen Menschen und hatte schon ein goldenes Alter erreicht, ohne seine Aufgabe auch nur einen einzigen Abend vernachlässigt zu haben. Was dem König auch an Staatsgeschäften und anderen Sorgen im Kopf herumgehen mochte, er konnte gewiß sein, der Geschichtenerzähler werde ihm schon die Ablenkung bescheren, die man am Abend braucht, wenn man tief und gut schlafen will.

Eines Morgens stand der Geschichtenerzähler zeitig auf, und wie es so seine Art war, spazierte er durch den Park und versuchte, aus Erlebnissen, die er früher einmal gehabt hatte, die Geschichte für den Abend zusammenzufügen. Doch an diesem Morgen wollte und wollte es ihm nicht glücken. Er hatte schon den ganzen Park abgeschritten und befand sich auf dem Rückweg zu seinem Haus, und immer war ihm noch keine neue Geschichte eingefallen. Der Anfang machte ihm keine Schwierigkeiten. Da sagt man: einst war da ein König, der hatte drei Söhne; oder: eines Tages ritt der König von Irland in den Wald.

Aber damit war es dann auch schon aus. Weiter kam er nicht. Im Haus fand er seine Frau schon besorgt, weil er so spät zum Frühstück kam.

»Ich mag nichts essen«, sagte der Geschichtenerzähler, »nun bin ich doch schon so lange im Dienst des Königs von Leinster, und noch nie habe ich mich an den Frühstückstisch gesetzt, ohne daß ich meine Geschichte für den Abend schon fix und fertig im Kopf bereit gehabt hätte. Aber heute morgen ist mein Kopf wie vernagelt. Ich weiß gar nicht, was ich tun soll. Am liebsten würde ich in den Boden versinken. Die Schande, wenn der König mich am Abend ruft, und ich weiß keine Geschichte!«

In diesem Augenblick schaute seine Frau aus dem Fenster.

»Siehst du das schwarze Ding dort am Ende des Feldes?« fragte sie.

»Ja«, erwiderte ihr Mann.

Sie fuhren hin und fanden einen zerlumpten alten Mann mit einem Holzbein, der auf dem Boden ausgestreckt lag.

»Wer seid Ihr, guter Mann?« fragte der Geschichtenerzähler.

»Oh, das spielt weiter keine Rolle. Ich bin ein armes, altes, lahmes und elendes Wesen, das sich hier eine Weile ausruht.«

»Und was macht Ihr mit den Würfeln und dem Würfelbecher, den Ihr da in der Hand haltet?«

»Ich warte, bis jemand auftaucht, der mit mir ein Spielchen macht«, erwiderte der Bettler.

»Mit Euch spielen! Wozu? Was hättet Ihr denn bei einem Spiel schon groß einzusetzen?«

»Ich habe hundert Goldstücke in diesem Lederbeutel«, erwiderte der alte Mann.

»Spiel doch mit ihm«, ermunterte die Frau des Geschichtenerzählers ihren Mann, »vielleicht hast du dann heute abend dem König etwas zu erzählen.«

Sie rückten einen ebenen Stein zwischen sich und begannen zu würfeln.

Es dauerte nicht lange, da hatte der Geschichtenerzähler jeden Penny, den er besaß, verloren.

»Wohl bekomm's«, sagte er, »warum habe ich mich nur auf so etwas eingelassen!«

»Wollen wir weiterspielen?« fragte der alte Mann.

»Was redet Ihr! Ich habe kein Geld mehr.«

»Aber Ihr habt doch einen Wagen, Pferde und Hunde?«

»Na, und.«

»Ich setze dagegen all mein Geld.«

»Unsinn, Mann! Glaubst du, für alles Geld von Irland würde ich zusehen, wie meine Frau zu Fuß heimgehen muß?«

»Vielleicht gewinnt Ihr?«

»Vielleicht auch nicht«, sagte der Geschichtenerzähler.

»Spiel mit ihm, Mann«, sagte seine Frau, »mir macht es nichts aus, zu Fuß zu gehen.«

»Ich habe dir nie etwas abgeschlagen«, antwortete der Geschichtenerzähler, »du sollst auch jetzt deinen Willen haben.«

Er setzte sich wieder und verlor bei einem Wurf Pferde, Hund und Wagen.

»Spielen wir weiter?« fragte der Bettler.

»Was soll ich denn setzen?«

»Du setzt deine Frau«, schlug der alte Mann vor. Der Geschichtenerzähler wollte schweigend fortgehen, aber seine Frau hielt ihn zurück.

»Geh darauf ein«, sagte sie, »es ist jetzt das dritte Spiel. Diesmal hast du bestimmt Glück!«

Sie spielten wieder, und der Geschichtenerzähler verlor. Kaum war das geschehen, da setzte sich zu seinem Kummer und zu seiner Überraschung sein Weib neben den häßlichen alten Bettler.

»Du verläßt mich also?« schimpfte der Geschichtenerzähler.

»Was bleibt mir anderes übrig«, sagte sie, »er hat mich gewonnen. Du willst doch den alten Mann nicht betrügen?«

»Habt Ihr noch etwas, das Ihr setzen könntet?« fragte der Alte.

»Du weißt sehr wohl, daß ich nichts mehr habe«, erwiderte der Geschichtenerzähler.

»Ich setze jetzt meine ganze Barschaft und deine Frau, wenn du dich selbst als Einsatz gibst«, sagte der alte Mann.

Wieder spielten sie, und wieder verlor der Geschichtenerzähler.

»Also! Hier bin ich. Hier hast du mich. Was willst du jetzt mit mir tun?«

»Das wirst du gleich erfahren«, sagte der alte Mann, und er holte aus seiner Tasche eine lange Schnur und einen Zauberstab.

»Nun«, sagte er zu dem Geschichtenerzähler, »was für ein Tier möchtest du sein. Ein Reh, ein Fuchs oder ein Hase? Noch hast du die Wahl, später dann nicht mehr.«

Um eine lange Geschichte abzukürzen: der Geschichtenerzähler wählte sich den Hasen. Der alte Mann umwickelte ihn mit der Schnur, berührte ihn mit dem Zauberstab, und siehe da, ein Hase mit schönen langen Ohren hoppelte über das Gras.

Kaum war das geschehen, da rief niemand anderes als die Frau auch schon die Hunde herbei, und sie setzten dem Hasen nach. Das Feld war von einer hohen Mauer umgeben, also konnte der Hase nicht nach draußen entkommen, und die Frau und der Bettler sahen belustigt zu, wie er sich dadurch vor den Hunden zu retten versuchte, daß er immer wieder Haken schlug.

Schließlich flüchtete sich der Hase zu der Frau, die aber stieß ihn zurück. Die Hunde packten und beutelten ihn mit ihren Zähnen, bis der Bettler ihnen Einhalt gebot. Eine Berührung mit dem Zauberstab, und keuchend stand der Geschichtenerzähler wieder in seiner ursprünglichen Gestalt da.

»Nun, wie hat dir das gefallen?« fragte ihn der Bettler.

»Für andere mag das vielleicht eine vergnügliche Unterhaltung sein«, sagte der Geschichtenerzähler und warf seiner Frau einen bösen Blick zu, »ich für meinen Teil möchte das nicht noch einmal erleben.«

Er wandte sich an den Bettler: »Darf ich jetzt endlich erfahren, wer du bist, woher du kommst und warum es dir ein solches Vergnügen bereitet, einen armen, alten Mann wie mich zu plagen?«

»Oh«, erwiderte der Fremde, »ich bin ein seltsamer, nichtsnutziger Bursche; einen Tag reich, den anderen arm, aber wenn du mehr über mich und meine Gewohnheiten wissen willst, so komm mit mir. Dann wirst du jedenfalls klüger sein, als wenn du hierbleibst!«

»Wie du meinst«, antwortete der Geschichtenerzähler. Der Fremde griff in die Seitentasche seiner Jacke, zog vor ihrer aller Augen einen gutaussehenden Mann mittleren Alters hervor und sprach zu ihm: »Bei allem, was du gesehen und gehört hast, als du in dieser Tasche stecktest, kümmere dich um diese Dame, ihren Wagen und ihre Pferde, und sorge dafür, daß sie zur Stelle sind, wann immer ich sie zu sehen wünsche.« Kaum hatte er diese Worte gesprochen, als alles verschwand, und der Geschichtenerzähler sich am Foxes' Ford, nahe der Burg des Roten Hugh O'Donnell, wiederfand. Er konnte alles sehen, war aber selbst unsichtbar.

O'Donnell saß in seiner Halle. Er hatte gut gegessen und gut getrunken.

»Geh hinaus«, rief er dem Türhüter zu, »und sieh nach, wer oder was da kommt.«

Der Türhüter ging. Vor ihm stand ein dürrer grauhaariger Bettler, die Schuhe durchweicht, mit Löchern im Hut und Mantel und in der Hand einen Stab.

»Gesegnet seist du, O'Donnell«, sagte der hagere grauhaarige Bettler.

»Und du auch«, sagte O'Donnell, »wo kommst du her?«

»Ich komme vom fernsten Strom der Welt, von den Tälern, wo die weißen Schwäne fliegen, eine Nacht in Islay, eine Nacht in Man, eine Nacht auf den kalten Bergen.«

»Da mußt du ja weit gereist sein«, sagte O'Donnell, »vielleicht hast du auch auf der Straße etwas gelernt.«

»Ich bin ein Gaukler«, sagte der hagere graue Bettler, »für fünf Silbermünzen zeige ich euch eines meiner Kunststücke.«

»Du sollst sie haben«, sagte O'Donnell. Da legte der hagere graue Bettler drei kurze Strohhalme auf seine Handfläche.

»Den mittleren«, erklärte er, »blase ich fort. Die beiden anderen aber bleiben liegen.«

»Das geht nicht«, sagten alle wie aus einem Munde. Aber der hagere graue Bettler legte einen Finger auf die beiden äußeren Strohhalme und blies dann den mittleren fort.

»Das ist ein guter Trick«, sagte O'Donnell; und er gab ihm die versprochenen Silberstücke.

»Für die Hälfte des Geldes«, rief ein Junge aus dem Gefolge O'Donnells, »hätte ich dasselbe Kunststück vorgeführt.«

»Nimm ihn beim Wort, O'Donnell!« sagte der Bettler.

Der Junge legte drei Strohhalme auf die Hand und preßte die Finger auf die beiden äußeren Strohhalme, wie er es bei dem Fremden gesehen hatte.

Er blies, aber es flog nicht nur ein Strohhalm, sondern seine ganze rechte Hand fort.

»Ungeschicklichkeit zieht Unglück nach sich«, sagte der Fürst.

»Sechs Münzen, O'Donnell, und ich zeige dir ein anderes Kunststück«, rief der hagere Bettler.

»Zugestanden!«

»Siehst du meine beiden Ohren!«

»Sie sind so groß, daß sie niemand übersehen kann.«

»Ich werde mit dem einen Ohr wackeln, ohne daß sich das andere Ohr bewegt.«

»Das glaube ich nicht«, sagte O'Donnell.

»Paß auf«, rief der Bettler, und er fuhr sich mit dem Finger der linken Hand an das rechte Ohrläppchen und ließ es schneppern.

O'Donnell lachte und zahlte.

»Das nennst du ein Kunststück«, rief der Junge wieder, »das kann jeder.« Er faßte sich mit dem Finger ans Ohr, wollte es dem Bettler nachtun, da hielt er sein Ohr in der Hand.

»Ungeschicklichkeit zieht Unglück nach sich«, sagte O'Donnell.

»Nun, Fürst«, sagte der hagere Bettler, »ich habe dir ein paar Kunststücke gezeigt, aber jetzt führe ich dir noch etwas besonders Lustiges vor, für denselben Preis.«

»Nur immer zu. Ich zahle«, sagte O'Donnell.

Da holte der hagere Bettler aus einer Tasche, die er unter seiner Achsel trug, einen Ballen Seide hervor, den warf er in den Himmel, und es wurde daraus eine Leiter. Dann hatte er plötzlich einen Hasen in der Hand, der begann, die Leiter hinaufzuspringen, und in der Tasche steckte auch noch ein Hund, der jagte dem Hasen nach.

»Ist hier jemand«, fragte der hagere Bettler, »der dem Hund und dem Hasen hinterdreinlaufen will?«

Der Junge, der es inzwischen fertiggebracht hatte – fragt mich nicht wie! – sein Ohr an den Kopf und seine Hand an den Arm zu setzen, rief: »Hier, ich bin dabei!«

»Dann lauf los. Immer auf der Leiter nach oben«, sagte der Gaukler, »aber ich warne dich. Wenn du zuläßt, daß meinem Hasen ein Leid geschieht, werde ich dir den Kopf abschlagen.«

Der Junge sprang auf die Leiter und begann den Tieren nachzusteigen. Der Bettler schaute ihm eine Weile nach, dann rief er aus: »Der Hund frißt den Hasen, und unser Freund ist eingeschlafen.«

Kaum hatte er das gesagt, da schwebte der schlafende Junge auch schon durch die Luft, und hinter ihm kam der

Hund an und trug den letzten Bissen des Hasen noch zwischen den Zähnen.

Da schlug der Bettler dem Jungen mit einem Schwert den Kopf ab, und dem Hund erging es nicht besser.

»Das finde ich nicht mehr lustig«, murrte O'Donnell, »daß ein Hund und ein Junge an meinem Hof getötet worden sind, macht mich zornig.«

»Gib mir für jeden von ihnen fünf Silberstücke«, sagte der Gaukler, »und ihre Köpfe kommen wieder dorthin, wo sie zuvor saßen.«

»Einverstanden«, rief O'Donnell.

Zweimal fünf Münzen wurden gezahlt, und hui, da hatten der Hund und der Junge ihren Kopf wieder. Und obwohl sie noch lange lebten, lief der Hund nie mehr einem Hasen nach, und auch der Junge soll seither seine Augen besser offengehalten haben.

Kaum hatte der hagere Bettler diese Wunder vollbracht, da war er auch schon verschwunden, und niemand vermochte zu sagen, ob er sich nun in Luft aufgelöst habe oder vom Boden verschluckt worden sei.

Er verschwand, wie Welle über Welle fällt,
Wie Wirbelwind auf Wirbelwind folgt,
wie ein wütender Winterwind,
so rasch, so schneidend, so frech.
Und er hielt nicht an,
bis er kam
an den Hof von Leinsters König.
Mit einem lustigen Satz
sprang er über die Wetterfahne,
über Schloß und Stadt
des Königs von Leinster.

Träge und faul vom guten Essen und Trinken saß der König da. Es war die Stunde, zu der er sich gern eine

Geschichte erzählen ließ, aber wo immer man auch suchte, sein Geschichtenerzähler war nirgends zu finden.

»Geh«, sprach der König zu dem Türsteher, »und schau, ob du eine Menschenseele auftreibst, die etwas über meinen Geschichtenerzähler zu sagen weiß.«

Der Türsteher tat, wie ihm geheißen, und wem begegnete er da? Niemand anderem als dem hageren Bettler.

»He, du, Fremder! Traust du dir zu, einen König zu unterhalten?«

»Das könnte angehen«, antwortete der Bettler.

»Hab keine Furcht«, fügte er für den Geschichtenerzähler, der bei ihm war, hinzu, »du wirst wieder alles mit ansehen können, selbst aber unsichtbar sein.«

Als der König hörte, daß ein Gaukler vor der Tür stehe, ließ er ihn in die Halle bitten.

»Ich bin sehr stolz, die besten Harfenspieler in allen fünf Teilen Irlands an meinem Hof zu haben«, sagte er, und hieß sie mit einem Wink auf spielen.

»Hast du jemals so schöne Musik gehört?« fragte der König den hageren Bettler.

»Gewiß doch«, antwortete der Fremde, »so knurrt die Katze vor dem Suppentopf, so summen die Motten im Zwielicht, so zetert ein böses altes Weib.«

Als die Harfenspieler diese Beleidigungen vernahmen, zogen sie ihre Schwerter und wollten sich auf den Fremden stürzen, aber statt ihn zu treffen, schlugen sie sich gegenseitig die Köpfe ein.

Der König sah das, wurde zornig und rief: »Hängt diesen verdammten Burschen von Gaukler auf. Mit ihm hat alles angefangen. Wenn ich schon keine Geschichte erzählt bekomme, dann will ich wenigstens Ruhe und Frieden haben in meinem Reich.« Die Wache kam, ergriff den hageren Bettler, führte ihn zum Galgen und knüpfte ihn auf. Aber als die Soldaten wieder zurück in die Halle des Königs kamen, wen sahen sie da auf einer Bank sitzen und sein Glas Ale zum

Munde führen? Niemand anderen als den hageren Bettler, den sie doch eben hingerichtet hatten.

»Haben wir dich nicht vor wenigen Minuten an den Galgen gebracht«, rief der Hauptmann, »wie kommst du denn hierher in die Halle?«

»Ihr müßt euch täuschen«, sagte der Bettler und nahm einen Schluck, »mich hat keiner gehängt.«

Zurück rannte die Wache zum Galgen. Da baumelten statt des Fremden die drei Lieblingsbrüder des Königs.

Der Hauptmann war schier verzweifelt. Er rannte zum König und fragte stotternd: »Was soll ich tun? Wir haben diesen Vagabunden gehängt, wie Ihr befohlen habt, und jetzt sitzt er in der Halle auf einer Bank, als sei nichts geschehen. Statt dessen aber fanden wir am Galgen deine drei Brüder im Winde schaukeln.«

»Das geht nicht mit rechten Dingen zu«, sagte der König, »hängt den Vagabunden noch einmal auf.«

Als sie nun wieder mit dem Bettler zwischen sich zum Galgen kamen, hingen dort zwar nicht mehr die drei Brüder des Königs, dafür aber die besten Harfenspieler.

Der Hauptmann der Wache war ratlos.

»Wie oft wollt Ihr es noch versuchen, mich vom Leben in den Tod zu bringen?« fragte ihn der Bettler höhnisch.

Der Hauptmann überlegte.

»Ach was«, sagte er, »scher dich fort. Aber rasch. Mit dir haben wir schon genug Ärger gehabt.«

»Endlich nehmt Ihr Vernunft an«, sagte der Bettler, »wie kommt Ihr dazu, einen Fremden zu hängen, nur weil ihm eure Musik nicht gefällt? Schaut jetzt noch einmal am Fuß des Galgens nach. Ihr werdet dort alle, die eben noch mit des Seilers Tochter tanzten, gesund und munter wiederfinden.«

Er sagte diese Worte und verschwand.

Der Geschichtenerzähler fand sich plötzlich an dem Ort wieder, wo er dem Fremden zuerst begegnet war, und nahebei standen auch seine Kutsche, seine Hunde, seine Pferde und seine Frau.

»Ich will dich jetzt nicht länger beunruhigen«, sagte der hagere Bettler zu ihm, »dort stehen dein Wagen, deine Pferde, deine Hunde, dein Geld und dein Weib. Ich gebe sie dir zurück.«

»Was den Wagen, die Pferde und meine Hunde angeht«, sprach der Geschichtenerzähler, »so danke ich dir. Mein Weib und mein Geld aber kannst du behalten.«

»Nein«, sagte der Fremde, »nimm auch dein Geld zurück. Und was deine Frau angeht, so solltest du nicht zu schlecht von ihr denken. Sie konnte nichts dafür!«

»Nichts dafür! Sie hat mich meinen eigenen Hunden vorgeworfen, gar nicht davon zu reden, daß sie sofort bereit war, mich für einen verlumpten, alten Burschen im Stich zu lassen.«

»Ich bin nicht so alt und verlumpt, wie es den Anschein hat«, erwiderte der Fremde, »ich bin Angus von Bruff. Manche gute Tat hast du dem König von Leinster getan. Heute morgen erzählte mir mein Zauberer, welche Schwierigkeiten du hattest. Da beschloß ich, dir zu helfen. Was deine Frau angeht, so veränderte eben der Zauber, mit dem ich deinen Körper in einen Hasen verwandelte, bei ihr Sinn und Verstand. Vergib und vergiß, wie es Mann und Weib geraten ist, und jetzt hast du wenigstens eine Geschichte, wenn der König von Leinster dich rufen läßt.«

Und nach diesen Worten war er verschwunden.

Das will ich meinen, daß der Mann nun eine Geschichte hatte.

Von Anfang bis zu Ende erzählte er am Abend dem König, was ihm zugestoßen war, und so lang und laut lachte der König, daß er in dieser Nacht überhaupt nicht mehr schlief.

Er sagte auch dem Geschichtenerzähler, in Zukunft solle er sich keine Sorgen machen, wenn ihm einmal keine neue Geschichte mehr einfalle, und immer dann, solange der König lebte, mußte ihm der Geschichtenerzähler aufs neue die Geschichte von dem hageren Bettler erzählen.

Nachwort

Irland und seine Märchen

»Ein Lied der menschlichen Stimme erhält
sich länger als das Lied der Vögel;
Wort überdauert allen Reichtum und allen
Glanz dieser Erde.«
Spruch der irischen Märchenerzähler

Keine Nation der Welt hat ihre Märchen mit so liebevoller Hingabe gesammelt wie Irland.

In keinem Land Europas ist das mündliche Erzählen von Märchen und folkloristischen Geschichten, gewissermaßen als existentielles Bedürfnis, so lang lebendig geblieben.

Der Gründe dafür sind viele. Da ist einmal die geographische Lage: eine Insel am Rande Europas, die die Römer nie eroberten, in der keltische Tradition und Christentum friedlich eine bizarre Verbindung eingingen.

Da ist das phantasmagorische Erbe und die Lust am labyrinthisch verschlungenen Ornament, die aus der keltischen Kulturtradition herrühren.

Da ist zu bedenken, daß die eigenständige Sprache der Grünen Insel, das Gälische, über Jahrhunderte von der britischen Besatzungsmacht unterdrückt wurde, daß die Sprachkultur der Barden, mit der Vertreibung und der Flucht des irischen Adels ihrer Mäzene beraubt, in den Untergrund ging, aber in den Hütten der verarmten und von ihren englischen Landherren ausgeplünderten Bauern eine Zufluchtsstätte fand.

Schließlich ist daran zu erinnern, daß der Rückgriff auf die alten keltischen Sagen- und Märchenstoffe durch die literarische Schule der »Irish Revival« um die Jahrhundertwende eine nicht zu unterschätzende Rolle bei der Propagierung und Mobilisierung des Unabhängigkeitskampfes spielte.

So nimmt es nicht wunder, daß nach der Erringung der Unabhängigkeit in den zwanziger Jahren des 20. Jahrhunderts die republikanische Regierung, der nicht wenige Dichter und Gelehrte angehörten, die in ihrem Bewußtsein und ihrem ästhetischen und kulturellen Programm der »Irish Revival« nahegestanden hatten, alle Bemühungen um die Sammlung irischer Folklore tatkräftig unterstützte und die bäuerlichen Märchenerzähler überall im Land gern bereit waren, Sammlern ihr Märchenrepertoire zu erzählen, kam das doch so etwas wie einer nationalen Tat gleich.

Gewisse chauvinistische Züge, die durch diese Unterströmung in das politische Bewußtsein der Iren unserer Tage kamen, sind nicht zu übersehen. Doch wäre es grob vereinfachend, hier von so etwas wie einer irischen Variante des »Blut-und-Boden-Mythos« zu sprechen. Der ausgeprägte Nationalismus, die Glorifizierung der gälischen Tradition waren die wohl unvermeidlichen und bei jedem unterdrückten Volk zu beobachtenden Reaktionen auf jahrhundertelang währende Unterdrückung.

Heute finden sich in den Archiven der Irischen Folklore-Kommission in Dublin, in einem der schönen »Georgian houses« um Stephan's Green, eineinhalb Millionen Manuskriptseiten mit Aufzeichnungen und Notizen zu Märchen und märchenähnlichen Stoffen, dazu Tausende von Wachsmatrizen und, aus den letzten Jahrzehnten, Tonbandrollen, die die Stimmen der »Quellen«, der mündlichen Erzähler, festhalten. Ein internationales Märchenmotiv ist hier oft in mehreren hundert Varianten, gegenüber einem Dutzend in entsprechenden Sammlungen auf dem Kontinent, vertreten.

Im April 1935 – ein bekannter Folklorist war damals Präsident der Republik – hatte die Regierung die Irische Folklore-Kommission ins Leben gerufen mit der Absicht, das Beste von dem, was sich bis zu diesem Zeitpunkt noch von der Tradition des Mündlichen erhalten hatte, zu sammeln, zu katalogisieren und so für die Nachwelt zu bewahren.

Im Herbst 1935 wurden die ersten »hauptamtlichen« Sammler ernannt. Keiner von ihnen hatte einen akademischen Grad; vielmehr waren es Männer und Frauen, die die lokalen Dialekte des Anglo-Irischen gut beherrschten und mit den ländlichen Sitten und Lebensgewohnheiten genau vertraut waren. Die Ausrüstung dieser Märchensammler bestand aus einem Ediphon, einem Vorläufer unserer Diktiergeräte, das vor allem zur Aufzeichnung von längeren Märchen und folkloristischen Erzählungen benutzt wurde. Kürzere Stücke und Balladentexte wurden in Stenographie protokolliert.

Die gälischen Bezeichnungen für die verschiedenen Gattungen mündlich erzählter Stoffe lauten:

›Seanchas‹ für Feen- und Geistergeschichten; ›seansgíalta‹ für längere Märchen (›Der Schwarze Dieb‹); ›fiannaíocht‹ für Märchen und mythologische Heldensagen, die um die Fianna kreisen (›Dermot mit dem Liebesfleck‹ und ›Céatach‹).

Das Erzählen von ›fiannaíocht‹ blieb gewöhnlich Männern vorbehalten. Ein irisches Sprichwort besagt: »Eine Frau, die von der Fianna erzählt, gleicht einer gackernden Henne!«

Noch heute erhält die Kommission jede Woche etwa ein Dutzend bisher unbekannter Märchen von ihren Vertrauensleuten, die über die ganze Republik hin verstreut sind. Besonders fündig werden sie vor allem im »Wilden Westen«, in den noch rein gälisch-sprachigen Gegenden um Galway.

Jeder Sammler führt zudem über seine Gewährsleute und die Gemeinde, in der er arbeitet, Werkstattnotizen, so daß die Wissenschaftler auch über den »Nährboden«, auf dem die Märchen weiterlebten und weiterwucherten, genau orientiert sind.

Die Erzähler, ›seanchaí‹, selbst haben sich inzwischen an technische Apparate gewöhnt, erzählen vor dem Mikrophon ohne Scheu, ja sie sind, wie wir auf unseren Kreuzfahrten durch Irland immer wieder feststellen konnten, fast schon erstaunt, wenn jemand, der sich für Märchen interessiert, kein Tonbandgerät vor ihnen aufbaut.

Als die systematische Sammlertätigkeit der Irischen Folklore-Kommission begann, war allerdings schon über ein Jahrhundert hin von Amateuren und enthusiastischen Literaten ein gutes Stück Pionierarbeit geleistet worden.

1825 hatte ein Londoner Buchhändler ein dünnes Bändchen mit dem Titel ›Fairy Legends and Traditions of the South of Ireland‹ veröffentlicht, die erste Sammlung und schriftliche Fixierung mündlich überlieferter Märchen und Sagen.

Der Herausgeber, Thomas Crofton Croker, war der 1798 in Cork geborene Sohn eines Armeeoffiziers. Von London aus war er in den zwanziger Jahren des 19. Jahrhunderts häufig nach Cork, Waterford und Limerick zurückgekehrt und hatte die Geschichten auf seinen ausgedehnten Fußwanderungen durch das südliche Irland gehört und notiert.

Croker war eine Gestalt, deren Tätigkeit und Vorlieben in die Szenerie der europäischen Romantik paßten. Sowohl Sir Walter Scott als auch die Brüder Grimm zollten seiner Sammlerleidenschaft begeistert Beifall, ja, die Grimms übersetzten sein Buch schon ein Jahr nach dessen Erscheinen in England unter dem Titel ›Irische Elfenmärchen‹ ins Deutsche. Ein zweiter und ein dritter Band Märchen und Sagen, die Croker herausgab, waren Scott und den Brüdern Grimm gewidmet.

Durch diese Publikationen war das Interesse der Märchensammler und Folkloristen für Irland ein für allemal geweckt worden.

Die Grimms ordneten die in mündlicher Überlieferung im Volk fortlebenden Geschichten übrigens nicht ihren Märchen zu, sondern erklärten, man müsse sie als Sagen ansehen, in die bäuerliche Berichte von Geisterwesen göttlicher Abstammung, welche aus alten Mythologien herrührten, eingesprengt seien.

Heute wird eine scharfe Abgrenzung zwischen »Märchen« einerseits und »Sage« andererseits in Irland nicht mehr gezogen, weil es sich herausgestellt hat, daß es viele Geschichten gibt, die typische Elemente beider Gattungen in sich tragen, und weil man erkannt hat, daß die Vorstellungen von Geisterwesen wie Feen, Banshees, Pukas, Lepreachauns ihren Ausgangspunkt in frühen Kulten von Lokalgottheiten und Fruchtbarkeitsmythen einzelner Siedlungen haben.

Nach der Grimmschen Einordnung wären also alle Feengeschichten eigentlich Sagen, was aber als Bezeichnung doch zu Mißverständnissen Anlaß geben könnte. Auch die Brüder Grimm nahmen es da nicht so genau, wenn man bedenkt, daß sie der Übersetzung der Crokerschen Texte den Titel ›Irische Elfenmärchen‹ gaben.

Der englische Sammelbegriff, der Sagen wie Märchen mit einschließt, ist mit dem Wort »Tale« gegeben. Ist von »Fireside Tales« die Rede, so kommt das unserer Vorstellung von Märchen im engeren Sinn nahe, während der englische Begriff »legend« nicht nur Heiligenerzählungen, also Legenden meint. Am eindeutigsten ist für alle hier angesprochenen Stoffe das Wort »Folk Tale«.

Doch dürfen wir den Streit um die Nomenklatur gewiß den Wissenschaftlern überlassen. Für den vom Märchen faszinierten Leser läßt sich feststellen, daß alle irischen Erzählgattungen der Folklore – einschließlich der erzählenden Balladen, die in Irland »recitations« genannt werden – von der Vorliebe dieses keltischen Volkes für die »Jenseitswelt«, für das Sinnieren und Träumen, für das Phantasmagorische und Ornamentale, das Verschlungen-Labyrinthische durchdrungen sind und man eben diese Einstellung zum Stoff als den allen Gattungen gemeinsamen Nenner anführen kann.

Schon früh wurde Croker von anderen Sammlern der Vorwurf gemacht, er habe nicht die präzisen Methoden der

Volkskunde bei seiner Sammeltätigkeit und Fixierung der Stoffe beachtet. Wo er ein Bruchstück einer alten Geschichte hörte, machte er in seinen Büchern eine runde Erzählung daraus.

Ein Sammler, der in seiner Denkweise und Haltung gewissermaßen das Zwischenglied von alter und neuer Zeit darstellt, war dann der Dubliner Buchhändler Patrick Kennedy, der die ersten zwanzig Jahre seines Lebens im County Wexford, im Südosten Irlands, verbrachte.

In eben dieser Zeit vollzog sich in dieser Gegend eine wichtige Veränderung in der Sprache. Die alten Geschichten wurden zum ersten Mal nicht länger auf gälisch erzählt. Eine neue Generation wechselte jetzt in diesem Gebiet, in dem der britische Einfluß von Anfang an besonders stark war, zum Englischen über.

Hinzu kam in den folgenden Jahrzehnten der Einschnitt, den »the great famine«, die große Hungersnot der Jahre 1845–49, setzte. Als eine Seuche die Kartoffelpflanzen befiel und dieses Volksnahrungsmittel der armen Leute nicht mehr in hinreichendem Maße vorhanden war, kam es in Irland zu einer sozialen Katastrophe. In den vier Jahren verhungerten 700 000 Menschen, und mehr als 800 000 verließen die Grüne Insel auf den sogenannten »Sargschiffen«, die ihren Namen daher hatten, weil die Mehrzahl ihrer Passagiere während der Überfahrt in die Neue Welt den Tod fand. Beim Zensus des Jahres 1851 stellte sich heraus, daß sich die Bevölkerungsverluste auf zwei Millionen Menschen beliefen.

Kennedy hatte die Veröffentlichungen von Croker gelesen; er war auch mit den Arbeiten der Brüder Grimm vertraut und kannte die norwegischen Zaubermärchen von Asbjörnsen und Moe, die Sir George Webb Dasent 1859 ins Englische übertrug. Was Kennedy offenbar vorschwebte, war, ein ähnliches Standardwerk für die Folklore der irischen Insel zu schaffen.

An den Herausgeber der lokalen Zeitung ›Wexford Independent‹ schrieb er am 6. August 1851: »Kennen nicht Sie und ich viele Bräuche und Geschichten unserer Heimat? Wäre es bei den gegenwärtigen Zuständen in unserem Land nicht wichtig, diese, und sei es auch nur unvollkommen, zu sammeln und zu bewahren?«

Er forderte also die Leser dieses Blattes auf, Märchen und Geschichten einzusenden, die in einer besonderen Spalte der Zeitung regelmäßig abgedruckt werden sollten.

Mit der Zeit kam so das Material zu drei von Kennedy herausgegebenen Bänden zusammen. Sie trugen die Titel:

›Legendary Fictions of the Irish Celts‹ (1866), ›The Fireside Stories of Ireland‹ (1870) und ›The Bardic Stories of Ireland‹ (1871).

Hier wurde, wie der bekannte amerikanische Volkskundler Richard M. Dorson später urteilte, »zum ersten Mal das Spektrum der mündlichen Erzählertradition in seiner ganzen Breite vorgeführt«.

Hiermit wurde einer der prächtigsten Schätze gälischer Erzählkunst mit fast tausendjähriger Tradition gehoben.

Kennedy versah seine Stoffe mit einem kommentierenden Vorspann, in dem er auch Auskünfte über seine Gewährsleute und die Lebensumstände und Berufe der Erzähler einstreute. Auch dieses Muster soziologischer Anmerkungen haben die modernen Sammler übernommen.

Kennedy hatte in einem Landstrich von Irland gesammelt, der zu dieser Zeit schon stark anglisiert war. Ein ideales Feld tat sich auf, als die ersten »collectors« weiter nach Westen, in jene Gegenden vorstießen, in denen, nicht zuletzt durch die isolierte Lage und die schlechten Voraussetzungen für ertragreichen Ackerbau, englische Sprache und englische Lebensart sich nur oberflächlich oder noch gar nicht ausgebreitet hatten und man auf eine gälisch sprechende und an den alten keltischen Traditionen festhaltende Bevölkerung stieß.

Seltsamerweise war es gerade ein Amerikaner, der zum ersten Mal einen solchen Vorstoß unternahm. Jeremiah Curtin war in Wisconsin in den USA als Sohn irischer Eltern geboren worden und hatte seine akademische Ausbildung an der Harvard-Universität erhalten.

Curtin muß eine schon genial zu nennende Fähigkeit besessen haben, sich fremde Sprachen rasch und gründlich anzueignen.

Er sammelte zuerst Geschichten und Märchen bei den skandinavischen, deutschen und slawischen Einwanderergruppen um Milwaukee. Er lernte sieben Sprachen, notierte russische, indianische und irische Märchen und übersetzte, gewissermaßen als Spielerei, nebenher den Roman ›Quo vadis‹ aus dem Polnischen.

1887 kam er nach Dublin, um dort die zweitausend Bände altgälischer Manuskripte durchzusehen, die umfangreichste Sammlung dieser Art auf der ganzen Welt.

Darauf reiste er nach Kerry, Galway und nach Donegal und zeichnete dort unter den Strohdächern, vor dem Torffeuer, von gackernden Hühnern umflattert, bei den Bauern sogenannte »long tales« auf, weitausgesponnene Märchen und Märchenzyklen.

Die Ausbeute dieser Reise schlug sich 1889 in dem Buch ›Myth and Folklore of Ireland‹ nieder. Es enthält nicht weniger als zwanzig Märchen, oft vier- bis fünftausend Wörter lang, mit poetischen Abenteuern, die um Könige und Riesen kreisen. Ja sogar eine volkstümliche Version des alten Epos um Cuchulain brachte er mit.

Curtin sammelte gewissermaßen »aus erster Hand«, oder »an der Quelle«, und er schrieb seine Märchen zunächst in Gälisch und nicht in Englisch nieder. Obwohl er sich eines Dolmetschers bediente, war er doch in der Lage, wenigstens den roten Faden der Handlung beim Erzählen selbst zu verfolgen. Zu den Trophäen, die Curtin von seinen Reisen durch den Südwesten und Nordwesten Irlands heimbrachte, gehört auch eine dem Sagen- und Märchenhelden Fin Mac Cumhail zugeschriebene Polyphem-Episode.

Zwei weitere Reisen in den Jahren 1891 und 1892/93 brachten abermals reiche Ausbeute, die in dem Band ›Hero Tales of Ireland‹ veröffentlicht wurde. Übrigens wurden Curtins Reisen durch ein Stipendium der großen New Yorker Zeitung ›Sun‹ ermöglicht.

In den beiden letzten Jahrzehnten des 19. Jahrhunderts fühlten sich durch die Bedrohung der gälisch-irischen Kultur von seiten Englands zahlreiche englische und irische Schriftsteller und Literaten zu einer Sammlung irischer Folklore aufgerufen. Schon William Makepeace Thackeray hatte in seinem immer noch höchst amüsant zu lesenden ›Irish Sketch Book‹, einem Reisebuch, Märchen eingestreut, die er unterwegs gehört hatte.

(Von den Geschichten bzw. Märchen, die auch in diesem Band enthalten sind, findet sich bei Thackeray eine Version des ›Schwarzen Diebs‹, die er den Geschichten aus ›Tausendundeiner Nacht‹ an die Seite stellt und als »wild und seltsam wie ein orientalisches Zaubermärchen« charakterisiert, außerdem das dem ›Märchen vom Kleinen und vom Großen Klaus‹ verwandte Bauernmärchen von ›Hudden, Dudden und Donald O'Neary‹.

In der anglo-irischen High-Society machte, was die Folklore-Vorliebe dieser Zeit anging, der berühmte und wegen seiner Amouren skandalumwitterte Arzt Sir William Wilde, der Vater Oscar Wildes, mit seinem schon 1853 erschienenen Bändchen ›Irish Popular Superstitions‹ den Anfang.

Im Vorwort beklagt er den Verfall und Untergang der gälischen Sprache und berichtet beispielsweise von einem irischen Farmer, der immer dann, wenn sein achtjähriger Sohn ins Gälische verfiel, an seinem Stock eine Kerbe einritzte, die das Zeichen dafür war, daß das arme Kind am Morgen von seinem Lehrer eine Tracht Prügel verabreicht bekommen würde. Auch Lady Wilde zollte dem Zeitgeschmack und der

Mode ihren Tribut mit der Veröffentlichung eines Buches, in dem Volksglaube, Märchen und alte Zauberformeln versammelt sind.

Sie sah in der irischen Vorliebe für Aberglauben eine instinktive Abneigung gegenüber dem, wie sie fand, engstirnigen »common sense« der Engländer, verbunden mit einem leidenschaftlichen Verlangen nach dem Mystischen und Unsichtbaren – eine Vorliebe, die sich bis in unsere Tage erhalten hat und als unheilvoller Einfluß auf das politische Bewußtsein vieler Iren fortwirkt – und mitbedacht sein will, wenn jemand über keltisches Jenseitsverlangen gar zu sehr ins Schwärmen gerät.

Das nächste illustre Paar im Reigen der irischen Märchen- und Folkloresammler waren dann Lady Isabella Augusta Perses Gregory und William Butler Yeats. Die damals 43-jährige verwitwete Dame begegnete dem dreißigjährigen Dichter 1885. Seitdem verband die beiden eine für die irische Literatur und das irische Theater höchst fruchtbare Seelenfreundschaft.

Lady Gregory lud Yeats auf ihren Landsitz Coole in der Baronie Kiltartan, südöstlich von Galway, ein. Sie nahm ihn zu den Abenden der ländlichen Märchenerzähler mit, auf denen der Dichter wegen seiner streng-korrekten Kleidung oft für einen Pfarrer gehalten wurde. Später erwarb Yeats in der Nähe des Besitzes der Gregorys, in einer verträumten Wiesenlandschaft, die von einem kleinen Fluß durchzogen wird, einen alten Wachtturm, den er sich zu einem Märchen-Refugium ausbaute. Heute ist Thoor Ballylee Museum, um nicht zu sagen Kultstätte der Yeats-Gemeinde. Aber auch ein etwas nüchterner Mensch aus einer Zeit, in der »das Gespräch über Bäume fast ein Verbrechen ist, weil es ein Schweigen über so viele Untaten einschließt«, wird sich dem atmosphärischen Zauber dieses Elfenbeinturms in einer irischen Märchenlandschaft nicht ganz entziehen können. Schon 1888 hatte Yeats einen Band ›Fairy and Folk Tales of the Irish Peasantry‹ veröffentlicht, dem 1892 die ›Irish Fairy Tales‹ folgten. Wie aus den

Briefen des Dichters aus dieser Zeit ersichtlich ist, stand hinter seiner Beschäftigung mit irischer Folklore ein Programm: »All dies ist bestimmt für die irischen Dichter. Sie sollen die Handlungen und die Atmosphäre für ihre Werke daraus schöpfen.«

Was Yeats erträumte, war eine Literatur, in der die Grenzen zwischen der Phantasie des einzelnen Künstlers und des Volkes als Kollektiv aufgehoben sind. Leute, die Folklore mit wissenschaftlicher Absicht sammelten, verhöhnte er gern als »Kerle, die Märchen wie Preislisten des Lebensmittelhandels zusammenstellen«.

Was Yeats an der irischen Folklore reizte und inspirierend vor allem auf seine Lyrik und auch auf seine Theaterstücke einwirkte, die ja nicht selten auf Märchenstoffe zurückgehen, war einerseits das stilisierte Ornament und zum anderen die Mystik.

Yeats nahm die Märchenwelt und das Feenwesen sehr ernst. Er behauptete, selbst der sogenannten Todeskutsche mit den vier Kutschern und den vier Pferden ohne Köpfe begegnet zu sein. Zudem erzählt er allen Ernstes, er sei in der Umgegend von Sligo von Feen vier Meilen weit durch die Luft getragen worden.

Es würde hier zu weit führen, den sehr dichten Zusammenhang zwischen dem literarischen Werk Yeats', dem mystischen Bewußtsein des Dichters und bestimmten Stoffen der irischen Folklore im einzelnen nachzuspüren.

Vieles, was uns als Spleen und absonderlich erscheint, wird zumindest besser verständlich, wenn man weiß, daß Yeats' wichtigste Kindheitseindrücke auf die Ferienbesuche bei den Großeltern und Verwandten in Sligo zurückgehen – eine Gegend, die selbst heute noch voll mythologischer Reminiszenzen, voller Volksaberglauben und im Halbbewußtsein dahinströmender Märchen- und Volkstraditionen steckt. Das wichtigste Buch, will man Yeats' Vorstellung vom Märchen und der Folklore näherkommen, ist ›The Celtic Twilight‹, dessen erste Ausgabe 1893 erschien. Es ist weder eine regelrechte Märchensammlung, wie die Anfangsszene mit dem Märchenerzähler Paddy Sligo vermuten lassen könnte, noch ein literarischer Sketch über folkloristische Themen, vielmehr ein »introspektives Tagebuch, das mit dem schattenhaften Volksglauben an die Kräfte und Mächte der Feen spielt«.

Es war dieses Buch und eine Sammlung von Douglas Hyde, die die reiche, kultivierte und wohl um diese Zeit auch etwas gelangweilte Witwe, Lady Gregory, dazu brachten, sich in der Umgebung ihres Gutes selbst als Sammlerin zu betätigen. Was Märchenstoffe angeht, so sind vor allem zwei ihrer Bücher der Beachtung wert.

›Poets and Dreamers‹ (1903) enthält gewissermaßen die erste Ernte ihrer Sammeltätigkeit im County Galway.

Das Einführungskapitel setzte sich mit dem Volksdichter Raftery auseinander, dessen satirische Verse damals noch unter den Bauern und armen Leuten lebendig waren.

In einem langen Kapitel mit der Überschrift »Träume aus dem Arbeitshaus« gibt sie sehr verschiedenartige Märchen und volkstümliche Geschichten wieder, die sie während dreier Nachmittage in einem Arbeitshaus auf dem Lande hörte.

Dem an die Seite zu stellen wäre das ›Kiltartan History Book‹. Hier stellt sich Geschichte in märchenhaften Geschichten dar, eben so, wie das Volk sie sieht, das verarmte Landvolk des Westens. Aus dem mythischen Helden Finn wird in zweitausend Jahren mündlichen Erzählens ein verschlagener Clown; Goban Saor, der Schmied aus der keltischen Mythologie, wird zum Erbauer der normannischen Trutzburgen, der irische Politiker Daniel O'Connell verwandelt sich nur sechzig Jahre nach seinem Tod in einen Witzbold und bauernschlauen Rechtsgelehrten, in eine Art irischen Till Eulenspiegel. Oliver Cromwell aber bleibt auch nach zweieinhalb Jahrhunderten im bäuerlichen Gedächtnis der teuflische Mordbrenner, als der er sich in Irland tatsächlich aufführte.

In die Zeit der Wende vom 19. zum 20. Jahrhundert fällt auch die erstaunliche, der Folklore verpflichtete Karriere des irischen Dichters John Millington Synge, den Yeats aus Paris zurück nach Irland lockte. 1898 besuchte er die entlegenen Aran Islands und schmolz die Märchenstoffe, die er dort hörte, in die Handlung von Stücken eines teils phantastisch-poetischen, teils aber kritisch realistischen Volkstheaters um. Besonders der zunächst in Irland einen Theaterskandal hervorrufende ›Playboy of the Western World‹, den das Ehepaar Böll unter dem Titel ›Ein wahrer Held‹ ins Deutsche übersetzt hat, ist in seiner Handlung durchweht von der Aura des Geschichtenerzählens.

Und in seinem Tagebuch von den Aran Islands streute Synge immer wieder Märchen ein, die er von Shanachies hörte und die vor ihm schon Sir William Wilde und »Mr. Curtin aus Amerika« erzählt hatten. In einem dieser Märchen taucht übrigens auch das Motiv mit dem verpfändeten Pfund Fleisch auf, das Shakespeare in seinem ›Kaufmann von Venedig‹ benutzt hat und, wie Synge kommentierend anmerkt, von Persien und Ägypten bis in die ›Gesta Romanorum‹ und das ›Pecorone‹ des florentinischen Notars Ser Giovanni gelangte. Wie diese Geschichte freilich von dort bis auf die Aran-Inseln kam, weiß auch er nicht zu sagen.

Die überragende Gestalt, die zur Epoche der modernen, sorgfältig organisierten Sammlertätigkeit und der Irischen Folklore-Kommission hinüberweist, ist dann Douglas Hyde. Er war ein Freund von Lady Gregory, von Yeats und Synge. Er kannte die großen englischen Sammler Nutt und Larnamie. Er war Schauspieler, Volksschauspieler, in einer sehr irischen Bedeutung dieses Wortes, Gelehrter und Dichter. Als Gründer und Präsident der Gaelic League, die ursprünglich eine unpolitische Körperschaft war und sich die Erneuerung der gälischen Sprache und Literatur zur Aufgabe gesetzt hatte, träumte er wie Yeats von einer neuen nationalen Literatur, die höchsten ästhetischen Ansprüchen genügen sollte, und förderte die Verbreitung der alten Märchen und Sagen.

Er war zudem Sammler, Übersetzer und Kommentator, in seiner Vielseitigkeit, mit seinem Wissen und seinem poetischen Sinn die Idealgestalt eines kreativen Folkloristen. Die ersten sechs der vierzehn Märchen seiner 1890 veröffentlichten Sammlung ›Beside the Fire, A Collection of Irish Gaelic Folk Stories‹ gab er in Gälisch und Englisch wieder. Am Ende des Buches finden sich Anmerkungen unter der Überschrift: »Wo die Geschichten herstammen«. Ein Vorwort von vierzig Seiten untersucht den Zusammenhang zwischen den Manuskripten der irischen Barden und den mündlich überlieferten Texten, erklärt die Technik des Sammelns, porträtiert die Erzähler und setzt sich mit Übersetzungsproblemen und Fragen der historischen Schichten in den Märchen auseinander.

1938 wurde Hyde der erste Präsident der Republik Irland. Damit hatten die Märchensammler im höchsten Würdenträger des Staates einen einflußreichen Gönner. Es ist aber überhaupt Hyde in seiner Eigenschaft als Professor für Irische Sprache und Literatur an der Nationalen Universität in Dublin zu verdanken, daß sich Folklore, wie Dorson schreibt, von einem Hobby zu einem beachteten und beachtenswerten Wissensgebiet entwickelte.

Nachdem wir die Entwicklung des Märchensammelns von den dilettantischen Anfängen zu Beginn des 19. Jahrhunderts bis in unsere Tage hier haben Revue passieren lassen, wird es notwendig, daß der Leser als Einführung in die Märchen eine Vorstellung von dem eigentlichen Ritual und der Atmosphäre eines naiven Märchenerzählers erhält.

Am besten geschieht dies, indem wir hier ein Porträt der letzten großen irischen Märchenerzählerin Peig Sayers wiedergeben, das von Seosamh Ó Dálaigh stammt. Peig Sayers (1873-1958) gilt als die »Königin der Gälischen Märchenerzähler«. Sie kam im Kirchspiel von Dunquin in Kerry zur Welt und siedelte nach ihrer Heirat auf die Große Blasket-Insel über, wo sie für den Rest ihres Lebens blieb. Ihre Lebenserinnerungen ›An Old Woman's Reflections‹, die seit 1962 auch in englischer Sprache vorliegen, sind wohl die beste Einführung in die Welt der irischen Märchen- und Geschichtenerzähler. Dálaigh berichtet: »Sobald die Besucher angekommen waren – denn alle versammelten sich in Sayers' Haus, wenn Peig da war, um ihr in der Zeit zwischen dem Abendessen und Mitternacht zuzuhören –, wurden die Schemel zurückgeschoben und der Kreis erweitert. Zuerst redete man über Neuigkeiten, und von den Neuigkeiten kam man auf das Thema des Abends, auf den Tod, die Feen, auf das Wetter oder auf die Ernte. Alles war ein Teil der Geschichte: die Aussprüche von Verstorbenen, die Erlebnisse von Anwesenden; und Peig, indem sie sich langsam einstimmte, kommentierte all das mit Versen, Sprichwörtern und Geschichten. Oft wurden ihre Gedanken düster, dann kam sie beispielsweise auf den bitteren Tag zu sprechen, als die Leiche ihres Sohnes Tom heimgebracht worden war, der Schädel aufgeschlagen von den Felsen, auf die er von einer Klippe herabgestürzt war. Die Leiche war derart verstümmelt, daß man fürchtete, man würde sie nicht öffentlich aufbahren können. Also hatte Peig all ihre Tapferkeit zusammengerafft und den Schädel mit ihren mütterlichen Händen wieder in eine ansehbare Gestalt zurechtgedrückt. ›Es war schwierig‹, pflegte sie nur zu sagen, und mit einer Handbewegung, die den langen Schal, den sie trug, fliegen ließ, kam ein Anruf der Heiligen Jungfrau, und dann sagte sie: ›Jeder muß sein eigenes Kreuz tragen!‹

Ich habe nie etwas Ergreifenderes gehört als die Stimme dieser alten Frau, wenn sie die Klage der Maria um ihren Sohn anstimmte. Ich trat aus dem Haus auf die Straße, und ich war so benommen, daß ich nicht wußte, wo ich war.

Wie alle großen Märchen- und Geschichtenerzähler konnte Peig von einem Augenblick auf den anderen von tiefer Trauer zu ausgelassener Fröhlichkeit überwechseln.

Eigentlich war sie eine heitere Frau. Die Veränderung ihrer Stimme war wie das Changieren eines Wasserspiegels unter freiem Himmel. Während sie redete, erzählten ihre Hände mit, ein Klatschen der Handflächen wischte ein Bild aus, ein Schnalzen mit dem Daumen beschwor ein Geheimnis; wenn von einem Verbrechen die Rede war, nahm sie die Hand vor den Mund und dämpfte ihre Stimme zu einem Flüstern. Wenn der Spaß am besten ist, soll man gehen, sagt ein irisches Sprichwort, und wenn sich alle Besucher verabschiedet hatten, kehrte Peig etwas Asche über die Glut des Torffeuers, damit es bis zum nächsten Morgen weiterglomm, und dann sprach sie ihr Gebet:

Ich bewahre dieses Haus
wie Christus uns alle bewahrt.
Die heilige Brigitte ist an beiden Enden des Hauses
und Maria in seinem Mittelpunkt.
Die drei Engel und die drei Apostel,
die am meisten der Gnade teilhaftig sind,
schützen dieses Haus und alles, was in ihm ist,
bis zum Morgen.

›Es ist hart, alt zu werden‹, sagte Peig einmal zu mir, ›aber‹, so fügte sie mit einem schlauen Lächeln hinzu, ›ich werde auch noch nach meinem Tode Geschichten erzählen.‹«

Der gälische Märchenerzähler gehört zu den Antiquitäten, zu einem Europa, in dem es keine Bücher, kein Radio, kein Kino, kein Fernsehen gab, zu einem Europa, dessen einzige Unterhaltung in dörflichen Geschichten oder in dem Winternachtsmärchen eines durchreisenden Fremden bestand.

Ohne Buchwissen, aber keineswegs ungebildet, sind diese Märchenerzähler die Erben eines beachtlichen Kunstverstandes.

Gewöhnlich sind es alte Männer oder alte Frauen, nicht selten aber auch Junggesellen, die einsam sind, oft auf ihren abgelegenen Katen tage- und wochenlang mit keinem anderen Menschen zusammenkommen.

Doch Irlands Märchenerzähler sind – wenngleich man mit etwas Glück und Kontakten zu der ländlichen Bevölkerung noch heute ihren letzten Nachfahren begegnen kann – eine aussterbende Rasse, und ihre Art des Märchenerzählens ist eine untergehende Kunst.

Diese alten Frauen und Männer haben ihr Publikum verloren und verlieren es, wo sie noch erzählen, von Tag zu Tag mehr.

Das Radio hat ihre Stimme übertönt, das gedruckte Wort hat ihr Gedächtnis überflüssig gemacht, die Bilder, die sie einst aus den glimmenden Torfstücken lasen, erscheinen heute mühelos und grell auf der Kinoleinwand. Die Welt hat sich geweitet. Die Imaginationsfähigkeit des Menschen hat abgenommen. Ein »collector« der Folklore-Kommission erzählte uns: »Ich besuchte einen gälischen Geschichtenerzähler, der in dem Ruf stand, in seinem Bezirk der einzige Mann zu sein, der noch auf rechte Art das ›Märchen vom Sohn des Königs von Irland‹ erzählen könne, eine Geschichte, für die er die Nächte von zwei Wochen brauchte. Ich traf ihn nicht daheim an. Ich fand ihn im Lager seines Feindes, im Kino. Er sah sich einen Wildwestfilm an.«

Es wäre weltfremd, dem Untergang der mündlichen Erzählkunst in Irland allzusehr nachzutrauern. Sie ist ein Restbestand einer anderen, versunkenen Bewußtseinslage der Menschheit, die sich hier durch die insulare Isolation und durch die Abgeschiedenheit gewisser Landschaften auf der Insel selbst so lange gehalten hat.

Das tut der Faszination keinen Abbruch, die sich auch für den modernen Menschen einstellt, wenn er den letzten »Barden der Torffeuer« begegnet und das Glück hat, sie in ihrem Element zu erleben.

Abschließend müssen noch ein paar Sätze zu den Auswahlprinzipien dieses Bandes, den Quellen, aus denen die hier aufgenommenen Märchen stammen, und zu der Sprache des irischen Märchens gesagt werden. Meine Auswahl ist subjektiv. Das ist bei der unerhörten Fülle des zur Verfügung stehenden Materials auch gar nicht anders möglich. Ich betrachte die hier versammelten Märchen gewissermaßen als meine Lieblingsgeschichten, habe allerdings darauf geachtet, daß die Hauptgruppen, etwa in der Art, wie sie Kennedy aufgestellt hat, mit jeweils typischen Beispielen vertreten sind.

Besonders hinweisen möchte ich den Leser noch darauf, daß es sich bei den langen Geschichten am Anfang des Bandes, die als Gattung zwischen Heldensagen und Märchen einzuordnen wären, in der Tat um mündlich überlieferte Stoffe handelt. Man geht wohl nicht fehl, wenn man annimmt, daß sich diese Bruchstücke von Heldenepen im Verlauf der Überlieferung immer mehr zum Märchen hin verändert haben. Gewiß haben sie ursprünglich irgendeinen Zusammenhang mit den beiden großen Saga-Zyklen der gälischen Frühzeit gehabt, die auf andere Art auch noch durch Manuskripte aus dem 12. Jahrhundert überliefert sind.

Die eine der beiden Sagaketten rankt sich um den Streit über den Besitz eines riesenhaften Stiers. Historischer Kern ist hier wohl der Kampf zwischen den beiden alten Großkönigen Connaught im Nordwesten und Ulster im Nordosten. Man hat den »Tain Bo Cuailgne« auch als den Versuch eines frühen Barden interpretiert, eine Art Ilias Irlands zu schaffen. Man muß dazu wissen, daß die Grundlage des Reichtums in dieser Frühzeit der Besitz von großen Rinderherden war. Ironisch gesprochen kann man also sagen, daß wir hier, trotz der pathetischen Sprache dieser Sagas, so etwas wie einen Bericht über eine Cowboyfehde im frühen Europa vor uns haben.

Der zweite epische Zyklus hat die Taten der Fianna und ihrer Helden zum Inhalt. Ob es jemals in Irland eine solche

Schutzmannschaft gegeben hat, wie sie uns in den Märchen und Sagen entgegentritt, ist umstritten.

›Deirdre von den Schmerzen‹ ist eine märchenhafte Version der großen tragischen irischen Liebesgeschichte, die fast jeder Dichter Irlands in seiner eigenen Version nachzuerzählen versucht hat.

Ein Märchen wie ›Céatach‹ ist bezeichnend für die außerordentlich grelle und ausschweifende Phantasie früher keltischer Erzähler. Im Märchen ›Der König, der nicht schlafen konnte‹ verbinden sich, sehr bezeichnend für die mündliche Erzähltradition, geschichtliche Ereignisse um zwei Hochkönige von Tara mit märchenhaften Motiven. Die meisten Märchen habe ich aus der Gattung der Feengeschichten ausgewählt, weil sie typisch gerade für die irische Märchenvorstellung sind.

Die Frage, ob es Feen, Lepreachauns (kleine Männchen), Banshees (Klagegeister), Pukas (Geistererscheinungen in Gestalt eines Esels) und das »kleine Volk« oder die »guten Leute unter der Erde« wirklich gebe bzw., etwas aufgeklärter gesprochen, wie man sich diese Vorstellungen erklären könne, ist unter dem Volk, aber auch unter den Folkloristen und den Dichtern nie verstummt.

Nun wird sich jemand, der die Grüne Insel öfter besucht, nicht dadurch unbeliebt machen wollen, daß er in diesem Zusammenhang von Humbug spricht oder die Existenz der Feen und der kleinen grünen Männchen glatt leugnet. Das könnte ihm schlecht bekommen, wie ich schon als Student bei einem berühmten Keltologen an der Universität München erfuhr, als ich in einem seiner Seminare dieses Problem allzu realistisch oder respektlos materialistisch angehen wollte.

Der Herausgeber dieser Sammlung versteckt sich hinter einem Sachverständigen, dem besten, der sich denken läßt. Er heißt Sein Ó Súilleabháin und ist gegenwärtig Direktor der Irischen Folklore-Kommission und zudem der Verfasser des ›Handbooks of Irish Folklore‹.

Seán Ó Súilleabháin, oder, um die englische Version des Namens anzuführen, Sean O'Sullivan, schreibt in seinem Essay ›Irish Folk Custom and Belief‹: »Wenn man mich fragt, ob ich an Feen glaube, so antworte ich, daß man diese Frage anders stellen muß, nämlich so: glaube ich, daß unsere Vorfahren und die älteren Leute der heutigen Generation an Feen glaubten oder glauben? Darauf ist meine Antwort: ja, unbedingt.

Was jemand glaubt, ist für ihn wahr und wirklich, gleichgültig, ob es andere bestreiten. Das Entscheidende ist doch: Warum ist es zu dem Feenglauben gekommen! Die Antwort darauf wäre, daß der Glaube an die Existenz von Feen half, eine Erklärung für Vorgänge zu finden, die sich auf rationalem Weg nicht erklären ließen. Die Menschen suchen stets für alles nach Gründen, und wenn irgendein unerklärliches Ereignis den Feen zugeschrieben werden konnte, fühlten sie sich erleichtert und beruhigt.

Die Feen waren also für unsere Vorfahren Wirklichkeit. Sie haben im Irischen verschiedene Namen: The Good People, the Little People, the Noble People, The People of the Hills, The People Outside us und so weiter. Man sagte, sie lebten in den ›lisses‹, aufgegebenen Gehöften, von denen es im ganzen Land Tausende gab und gibt. Auch Hügelkuppen und Berge wurden als ihr Wohnsitz angesehen. Ihr Ursprung wird zurückgeführt auf den Sturz der Engel aus dem Himmel nach der Rebellion Luzifers gegen Gott. Als St. Michael Gott bat, nicht alle Wesen in die Hölle zu stürzen, erlaubte Gottvater einem jeden Engel, gefallen oder nicht, zu bleiben, wo er gerade war. Jene, die sich zu diesem Zeitpunkt auf der Erde befanden, sind die Feen, während die immer noch Fallenden in der Luft leben. Sie fürchten sich vor ihrem Schicksal am Tage des Jüngsten Gerichts, und wenn dann noch genug Blut in ihren Körpern fließt, um ihren Namen zu schreiben – aber genau daran mangelt es ihnen zumeist –, dürfen sie wieder in den Himmel.

Manchen Leuten schreibt man die Fähigkeit zu, die Feen zu sehen, andere haben diese Fähigkeit nicht. Im Aussehen sind die Feen meist der menschlichen Statur ähnlich, bis auf den Lepreachaun, den Schuhmacher unter ihnen, der winzig klein ist. Die Feen führen ein regelrechtes Gemeinschaftsleben, sie haben eigene lokale Herrscher: Finnbheara und Méadhbh in Connaught, Clíodhna in Munster, Aine in Donegal. Sie scheinen wie menschliche Wesen zu leben, essen dieselbe Nahrung und haben eine große Vorliebe für Tabak, Whiskey und poteen (schwarzgebrannter Schnaps) wie die Menschen. Wo poteen gebrannt wird, muß man den ersten Tropfen für Red Willie gegen die Decke der Hütte spritzen, er führt dann die Polizei in die Irre. Feen entleihen sich manchmal Nahrungsmittel von ihren menschlichen Nachbarn, sie treiben wohl auch mal eine Kuh zu ihrem ›liss‹ davon, um sie zu melken. Aber alles, was sie sich geborgt haben, geben sie zurück.«

So gibt es eine ganze Verhaltenslehre über die Feen, die man eigentlich kennen muß, um die Feenmärchen mit rechtem Verständnis zu lesen. Aber lassen wir es mit der angeführten Kostprobe hier genug sein.

Ein besonderer Typ des irischen Märchens, der in der Nähe der Fabel steht, ist die Tiergeschichte. Sie ist in diesem Band mit drei Beispielen vertreten. Es wird angenommen, daß diese Geschichten aus den Lehrbüchern der Mönche ihren Weg in die Strohdachhütten fanden.

Richtig erschien es mir auch, ein historisches Märchen, wie das von ›Cromwell und dem Mönch‹, aufzunehmen. Es ist beispielhaft dafür, wie reale geschichtliche Ereignisse in märchenhaftem Stil tradiert und variiert werden.

Typisch für die Erzähllust dieses keltischen Volkes ist, daß in seinen Märchen immer wieder das Motiv des Mannes auftaucht, dessen großes Unglück oder schwere Verfehlung darin besteht, daß er entweder noch nie eine Geschichte zu erzählen gewußt hat, oder daß ihm keine Geschichte mehr einfallen will. Eine Situation, aus der er zumeist bald dadurch erlöst wird, daß ihm etwas um so Ungeheuerlicheres und Absonderlicheres zustößt. Er muß zumeist durch tiefe Angst gehen, eine Entwicklung, die auch auf den für die Phantasie reinigenden Vorgang hinweist, der sich beim Märchenerzählen und beim Märchenhören ergibt.

Auch zu dem Erzählstil noch eine Bemerkung. Vieles geht einfach dadurch verloren, daß eine mündlich erzählte Geschichte hier schriftlich fixiert wird. Wo immer es irgend möglich war, habe ich gewisse Formeln, die der mündliche Erzähler gebraucht, zu erhalten versucht. Sprachlogische Fehler des Erzählers habe ich nicht korrigiert. Für einen Märchenerzähler und seine Zuhörer ist es offenbar durchaus denkbar, daß – wie dies in der Geschichte von Deirdre der Fall ist – ein Mann, dem man schon den Kopf abgehauen hat, noch einen anderen Krieger aus einem Haus herbeiruft.

In manchen Märchen wird dem Leser auffallen, daß im Lauf der Geschichte manchmal gewisse »Dürrestrecken« auftreten. Das liegt daran, daß ein mündlicher Erzähler, wie die Sammler in ihren »Feld-Tagebüchern« immer wieder anmerken, ab und zu einen Zeitraum braucht, in dem er sich etwas entspannt. Es schien mir nicht richtig, an solchen Stellen etwas zu »verschönen«.

Eine genaue Angabe der Quellen findet der Leser im Anschluß. Beigegeben habe ich zudem noch eine Liste von Büchern, die für alle wichtig sein könnten, die sich, angeregt von der Lektüre der hier versammelten Märchen, intensiver mit irischer Folklore befassen möchten.

Frederik Hetmann

Anhang

Der Feenglaube der keltischen Völker und sein kultureller Kontext

Von besonderer Bedeutung innerhalb der Märchenvielfalt der keltischen Länder Europas (Irland, Schottland, Wales, Bretagne) sind Texte, in denen sich der Feenglaube ausdrückt[1].

Es gibt in der Folklore der insularen Kelten ein Reich, das man vergeblich auf einer Landkarte sucht. Es heißt englisch *Otherworld*, übersetzt »Anderswelt«. In den verschiedenen Texten taucht es unter der Bezeichnung »Land der Ewigen Jugend, »Land hinter den Wellen« , »Insel der Seligen«, »Land der Frauen«, »Welt der Hoffnung«, »Reich des Versprechens« auf.

Bewohnt wird die Anderswelt von Feen: dem Lepreachaun, dem Pooka, dem Cluricaune, der Banshee, den Merrows, Brownies, Hobgoblins, dem Nicht Nocht Naethin, der Nenam, dem Nuckelavee und wie die verschiedenen Geschöpfe unter dem »kleinen Volk« noch alle heißen.

Es ist sehr interessant, einen Augenblick bei der Herkunft und Bedeutung des Wortes *Fee*, englisch *Fairy*, zu verweilen. Das englische Wort *Fairies* tritt sprachgeschichtlich relativ spät auf, früher liegt das Hauptwort *Fays*. Man leitet es ab von dem lateinischen *Fatae* (fatum = Schicksal). Die klassischen

1 Vgl.: Frederik Hetmann: Märchen und Märchendeutung – erleben und verstehen. Krummwisch bei Kiel, 1999, S. 91–112.

drei Fatae – später kamen weitere hinzu – waren übernatürliche Frauen, die das Schicksal eines Menschen bestimmten und über den Geburtsvorgang wachten.

Fay-erie bezeichnete zunächst einen Zustand von Verzauberung und Glanz. Erst später wurde es für die Feen selbst benutzt, weil sich mit ihnen solche Eigenschaften verbanden.

Die Bezeichnung *Fee* deckt ein weites Feld ab. Sie umfaßt die angelsächsischen und skandinavischen Elfen, die DaoIne Sidhe des schottischen Hochlandes, die Tuatha de Danann in Irland, die Tylwyth Teg in Wales, das kleine Volk und die Guten Nachbarn.

Feenvolk und Haushaltself

Die Feen werden im allgemeinen in zwei große Gruppen unterteilt. Erstens in jene, die zu einem Feenvolk oder zu einer Nation gehören. Feenvölker oder Nationen sind sozial organisierte Gesellschaften innerhalb des Feenlandes, der Anderswelt. Solche Völker sind beispielsweise die *Sidhe*, d. h. *das Volk aus den Hügeln*, oder die Zwerge in Irland und in den deutschsprachigen Ländern. Zweitens gibt es die individuellen Feen, die einem bestimmten Ort, einem Beruf oder einem Haushalt zugeordnet werden. Beispiele sind hier die *Undine*, die in einer Quelle oder einem Fluß lebt, oder der *Lepreachaun*, der Schuhmacher ist.

Die Angehörigen dieser zweiten Gruppe sind, eben weil sie Individuen sind, in Natur und Verhalten sehr verschieden. Die wichtigsten unter ihnen sind auf den britischen Inseln die *Haushaltsfeen* wie beispielsweise der Billy Blin in den schottischen Balladen.

Eine Haushaltsfee oder ein Haushaltself – ein Zwerg, Kobold, Nis, Brownie, Billy – ist immer an einen Hausstand gebunden. Er/sie schläft oft auf dem Herd oder kommt durch den Schornstein ins Haus. Er/sie ist im allgemeinen hilfreich, kann aber auch Streiche spielen. Er/sie verrät einen Zauberspruch und wie man einen Bann löst, beispielsweise wenn die Frau des Hauses Schwierigkeiten bei der Geburt hat. Ein Feenwesen dieser Art macht aber auch Butter, braut Bier und sorgt dafür, daß der Teig aufgeht. Es kehrt die Küche aus, wäscht das Geschirr und macht am Morgen Feuer. Aber man muß es freundlich behandeln. Es hat es gern, wenn man ihm eine Schüssel Milch auf einen Stein stellt. Es hat die Größe eines einjährigen Kindes, aber oft mit dem Gesicht eines uralten Mannes.

Andere Feen der zweiten Gruppe stehen mit besonderen Orten in Zusammenhang. Die *Salamanderfee* lebt im Feuer, die *Undine* im Wasser, die *Bucca* in Bergwerken, die *Merrow* auf dem Meeresboden. Wieder andere hausen in Bäumen, in der Luft, in Erdhügeln, bei Schuhmachern, Zinn- und Hufschmieden.

Erfahrungen mit Feen

In einer großen Untersuchungen über Feenglauben[2] vergleicht Reidar Th. Christiansen den Feenglauben Skandinaviens mit dem Irlands. Irland ist eine der Bastionen des Feenglaubens. Auch wenn die junge Generation skeptisch geworden ist, gibt es doch unter den älteren Leuten noch viele, die von der Existenz der Feen unbedingt überzeugt sind:

Eine neue Straße wurde bei Toorglas im County Mayo gebaut, und die Bauarbeiter waren nicht bereit, den Boden um einen Feenpalast anzutasten. Sie traten in einen Streik. Ein Beamter aus dem Ministerium wurde geschickt, um den Kon-

2 In: »Heriditas«, Essays and Studies presented to Professor Séamus Ó Duilerga, Dublin 1975: Reidar Th. Christiansen, Some note on the Faries and Fairy Faith, S. 95-111.

flikt beizulegen. Die Bauern, die der Beamte befragte, sagten, sie selbst glaubten zwar nicht an das kleine Volk, aber ein Verstoß gegen das Tabu dürfte viel böses Blut geben, und es sei klüger, die Straße umzuleiten. Tatsächlich wurde die Straße umgeleitet.

Ich selbst habe 1969 in der Nähe von Sligo auf einer Straßenkreuzung alte Frauen getroffen, die auf Feenjockeys Wetten mit realem Geld abschlossen. Mitte der 1980er Jahre begegnete ich im nördlichen Donegal Menschen, die von der Existenz der Feen vollkommen überzeugt waren.

In der zuvor erwähnten Untersuchung berichtet Professor Christiansen, der Glaube an übernatürliche Geschöpfe in der Art der Feen sei keineswegs auf Europa beschränkt, sondern tauche in ähnlicher Form überall auf der Welt auf. Das führt ihn zu der Annahme, daß der Feenglaube in bestimmten menschlichen Situationen, die Rätsel aufgeben, seinen Ursprung habe.

Christiansens Theorie ist es, daß mit dem Feenglauben z. B. Fragen nach dem Tod junger Menschen, nach mysteriösen Viehseuchen, nach klimatischen Katastrophen, nach lebensgefährlichen Krankheiten oder nach Geburten von geistig behinderten Kindern beantwortet würden. Ursache und Wirkung wird damit (zumindest teilweise) den Feen zugeschrieben. Da er solche Vorstellungen für universell ansieht, unternimmt er keine gesonderte Analyse über die Ursprünge des Feenglaubens in Skandinavien und Irland.

Theorien über Feen

Die Feenvorstellung ist in den letzten 200 Jahren in der Wissenschaft unter anderem folgendermaßen erklärt worden:

- Die Feen und die Anderswelt sind Tote, tote Ahnen oder tragisch früh Verstorbene;
- Die Feenvorstellung hat einen historischen Kern. Feen

stehen für ein Volk, das vor Invasoren und Eroberern in den Untergrund ausgewichen ist;
- Feen sind ehemalige Götter, deren Macht und Größe sich immer mehr abschwächte; vor allem hat sich viel von einem Glauben an die frühgeschichtliche *Große Mutter*, die sich später in eine Triade (Gruppe von drei Götinnen) verwandelte, in der Feenvorstellung erhalten;
- Psychologisch betrachtet wird im Feenglauben und in den Feengeschichten ein Mangel oder eine imaginäre Wunscherfüllung kompensiert.

Schließlich und letztlich kann man im Feenglauben, so meine ich, das menschliche Urbedürfnis nach *Transzendenz* erkennen. Der Wunsch nach Transzendenz wird in der Philosophie abstrahiert, im Feenglauben aber konkretisiert.

Unabhängig davon, welchem der angeführten Erklärungsmodelle man persönlich die größte Glaubwürdigkeit einräumen mag, ist der Feenglaube mit seinen Geschichten eines der eindrucksvollsten Zeugnisse für die Macht und die Bedeutung der Imagination, der menschlichen Phantasie.

Frederik Hetmann

Literaturverzeichnis

Der Schwarze Dieb Jeremiah Curtin, nach mündlicher Überlieferung, in: ›Myth and Folklore of Ireland‹, London 1890.

Der König, der nicht schlafen konnte IFC Vol. 168, 1-44 (Nummer des Archivs der Irish Folklore Commission, Dublin). Aufgezeichnet am 5. und 27. Juni 1934 von Liam Mac Meanman, Erzähler: Jimmy Cheallaigh, Cró na Duinne, Kirchspiel von Glenfin, Co. Donegal.

Deirdre von den Schmerzen nach Sir Samuel Ferguson, ›Hibernian Night's Entertainment‹, New York 1872.

Dermot mit dem Liebesfleck Nicholas O'Kearney, Transactions of the Ossianic Society, II, 1854. Siehe auch IFC Vol. 984, 227–34, aufgenommen von Dr. Robin Flower, 1930, Erzählerin: Peig Sayers, Blasket Island, Co. Kerry.

Céatach IFC Vol. 157; 215–51, aufgenommen im September 1935 von Sáamus Ö Duilearga, Erzähler: Éamonn a Búrc aus Aill na Brón, Kilkerrin, Cárna, Co. Galway.

Die drei Söhne des Königs von Antua Jeremiah Curtin, in ›The Sun‹, 29. Januar 1893. Im Archiv der IFC finden sich nicht weniger als 32 Versionen dieser Geschichte. Siehe auch: Jeremiah Curtin, ›Myth and Folklore of Ireland‹, London 1890.

Der Sohn der Witwe, der Teufel und der Narr Jeremiah Curtin, ›The Sun‹, 21. Mai 1893. Siehe auch in: ›Curtin Tales of the Irish Fairies‹, London 1895. Und für den ersten Teil des Märchens: Féil-Sgribhinn Eoín Mhic Néill, ›Essays and Studies presented to Professor Eóin Mac Néill‹, Dublin 1940.

Die Königin der Planeten IFC Vol. 2, 122-39, aufgenommen am 1. Januar 1930 von Seán Ó Dubhda, erzählt von Séan Mac Criomhthain, Cill MhaoIchéadair, Dingle-Halbinsel, Co. Kerry.

Daniel Crowley und die Geister The Gael, April 1899, pp. 43-44, New York.

John Connors und der Feenkönig Jeremiah Curtin, ›Tales of Fairies and of the Ghost World‹, aufgezeichnet nach mündlicher Überlieferung im Südwesten von Munster, Boston 1895.

Das Märchen vom Dornbusch in Donegal Aufgezeichnet vom Herausgeber nach mündlicher Überlieferung in Ballintogher, Co. Sligo, August 1970.

Seán Palmers Reise mit den Feen nach Amerika R. M. Dorson, ›Collecting in County Kerry‹, Journal of American Folklore, LXVI, 36–42. Erzähler: William Bradley von Seán Palmer in Rinneen Bän, Ballinskelligs Bay, Co. Kerry, Juni 1933. Andere Versionen: Philip Dixon Hardy, »Legends, Tales and Stories of Ireland«, Dublin 1837. Patrick Kennedy, »Legendary Fictions of the Irish Celts«, London 1891. ›The Fireside Stories of Ireland‹, Dublin 1870.

Schwarze Magie IFC Vol. 1034, 56–60, aufgezeichnet im Oktober 1946 von Seán Ó Heochaidh. Erzähler: Diarmaid Mac Seäin, Ceapach, Teelin, Co. Donegal.

Der Hahn und das vierblättrige Kleeblatt IFC Vol. 272, 415-19, aufgenommen am 7. Dezember 1936 von Seosamh Ó Dálaigh. Erzähler: Seán Ó Muircheartaigh, Gleann Loic, Dunquin, Co. Kerry. Siehe auch: J. Curtin, ›Tales of Irish Fairies‹, u. P. Kennedy, ›Legendary Fictions of the Irish Celts‹.

Dreimal lacht der Lepreachaun IFC Vol. 451, 71-78, aufgezeichnet am 20. Dezember 1937 von Brian Mac Lochlainn. Erzähler: Seán Ó Conaola, Doire Gimleach, Ballyconneely, Co. Galway.

Die Kuh, die den Pfeifer fraß IFC Vol. 702, 167-69, Sammler: Seosamh Ó Dála, Mai 1940. Erzähler: der Fischer Seán Bruic, Tir Iochtarach, Kirchspiel Cloghane, Co. Kerry.

Die Geschichte vom Suppenstein Erzähler: Dick Denihan, Old Dick, Kirchspiel Athea, Co. Limerick. Vgl. auch:

Kevin Danaher, ›Folktales of the Irish Countryside‹, Cork 1967.

Hudden, Dudden und Donald O'Neary David Nutt, ›Celtic Fairy Tales‹, London 1891. Nach mündlicher Überlieferung von D. W. Logie.

Zwölf Männer oder zwei Frauen IFC Vol. 84, 201, aufgezeichnet im Juni 1934 von Pádraig Ó Milléadha. Erzähler: Seán Ó Catháin, An Gnoc Bui, Baile na Molt, Co. Waterford.

Das alte Schwein und sein Ferkel IFC Vol. 84, 250, aufgezeichnet am 12.Juli 1934 von Pádraig Ó Milléadha. Erzähler: Aine Bean Ui Choinghialla, An Tuairin, Baile Mhic Caibre, Co. Waterford. Sie hörte die Geschichte zum ersten Mal 70 Jahre vor der Aufzeichnung von ihrem Vater. Die gälischen Worte für »nie mehr« und »immer« imitieren den Grunzlaut der Schweine.

Alte Krähe, junge Krähe IFC Vol. 489, 281-83, aufgezeichnet 1937 von Padhraic Ó Coincheanainn von einem unbekannten Märchenerzähler in Anach Cuain, Co. Galway.

Cromwell und der Mönch IFC Vol. 157, 176-83, aufgezeichnet im August 1935 von Liam Mac Cosdeala. Erzähler: Marcus Ó Neachtain, Aird Mhór, Carna, Co. Galway. Die Geschichte wurde über drei Generationen hin überliefert, also von dem Großvater Marcus auf den Vater Eoghan und von diesem auf den jungen Marcus, der bei der Aufzeichnung 29 Jahre alt war.

Der Geschichtenerzähler, der keine Geschichte mehr wußte David Nutt, ›Celtic Fairy Tales‹, London 1891.

Für Liebhaber irischer Märchen und irischer Folklore empfiehlt der Herausgeber folgende Bücher – eine Bibliographie, die freilich keinen Anspruch auf Vollständigkeit erhebt, aber vielleicht dem Interessierten erste Schritte zum Verständnis irisch-gälischer Folklore erleichtern dürfte:

Patrick F. Byrne, *Witchcraft in Ireland,* Cork 1967.
Patrick F. Byrne, *Irish Ghost Stories,* Cork 1965.
Padraic Colum, *A Treasure of Irish Folklore,* New York 1954.
Jeremiah Curtin, *Irish Folk-Tales,* Dublin 1944.
Kevin Danaher, *Folktales of the Irish Countryside,* Cork 1967.
Myles Dillon, *Irish Sagas,* Cork 1968.
Sean O'Faolain, *The Irish,* Harmondsworth, Middlesex, 1947.
Eileen O'Faolain, *Irish Sagas and Folk-Tales,* London 1954.
Lady Gregory, *God & Fighting Men,* Buckinghamshire 1970.
Lady Gregory, *Visions & Beliefs in the West of Ireland,* Buckinghamshire 1970.
Lady Gregory, *Cucaulain of Muirthemne,* Buckinghamshire 1970.
(Die genannten Bände bilden die neue Coole Edition.)
T. R. Henn, *Thoor Ballylee,* Dublin 1965.
Elizabeth Hickey, *The Legend of Tara,* Dundalk 1969.
P. W. Joyce, *Old Celtic Romances,* Dublin 1961.
Patrick Kennedy, *Irish Folktales,* Cork 1969.
David Nutt, *Celtic Tales,* London 1891.
David Nutt, *More Celtic Tales,* London 1893.
Julis Pokorny, *Altkeltische Dichtungen,* Bern 1944.
F. M. Pilkington, *Shamrock & Spear, Tales & Legends from Ireland,* London 1966.
Peig Sayers, *An Old Woman's Reflection,* London 1962.
Sean Ó Suilleabháin, *Nosanna agus Piseoga na nGael,* Dublin ohne Jahr.
Sean Ó Suilleabháin, *Folktales of Ireland,* London 1966.
John M. Synge, *Die Aran-Inseln,* München 1962.
Sinéad de Valera, *Fairy Tales of Ireland,* London 1967.

William Butler Yeats, *Irish Folk Stories and Fairy Tales,* New York ohne Jahr (Paperback-Ausgabe).

Dank zu sagen habe ich folgenden Personen:
An t-Athair Tómas Ó Fiaich vom St. Patrick's College, Maynooth für so zahlreiche freundliche Belehrungen;
Mrs. & Mr. F. Foley, »Corner House«, Rathimney, Gusseran, New Ross,
Mr. McDonagh, Lurgan Lodge, Ballintogher, Co. Sligo, der mich mit den Märchenerzählern in dieser Gegend bekannt machte, und Nor, die meiner Neugier für irische Folklore Toleranz entgegenbrachte, auch wenn sie nicht an die »Weiße Göttin« glaubte.